典藏诵读版

扫一扫
免费赠送3种国学音频！

国家一级出版社 中国纺织出版社 全国百佳图书出版单位

内 容 提 要

《荀子》汇集了荀子一生的思想精华，是中国古代思想的集大成者。全书共分三十二篇，内容可谓博大精深，涉及哲学思想、政治理论、治学方法、立身处世、学术论辩、经济军事等诸多方面，是研究先秦文化极其珍贵的资料。本书是《荀子》选译本，精心选取了整本书最精彩的篇章，以原典、注释和译文三个部分展现，力求以精准通俗的语言接近《荀子》，便于您更好地品读国学精萃，感知先贤智慧。衷心希望本书能成为您全方位感受和理解《荀子》这部传世名作的良师益友！

图书在版编目（CIP）数据

荀子全鉴：典藏诵读版 /（战国）荀子著；东篱子解译. —北京：中国纺织出版社，2019. 6（2023.6重印）
ISBN 978－7－5180－6134－1

Ⅰ. ①荀… Ⅱ. ①荀… ②东… Ⅲ. ①儒家 ②《荀子》—注释 ③《荀子》—译文 Ⅳ. ①B222. 6

中国版本图书馆 CIP 数据核字（2019）第 071608 号

策划编辑：张淑媛　　责任校对：王花妮　　责任印制：储志伟

中国纺织出版社出版发行
地址：北京市朝阳区百子湾东里 A407 号楼　邮政编码：100124
销售电话：010—67004422　传真：010—87155801
http://www. c-textilep. com
E-mail：faxing@ c-textilep. com
中国纺织出版社天猫旗舰店
官方微博 http://weibo. com/2119887771
永清县晔盛亚胶印有限公司印刷　各地新华书店经销
2019年6月第1版　2023年6月第2次印刷
开本：710×1000　1/16　印张：20
字数：239千字　定价：68.00元

前言

两千五百多年前，孔子创立了儒家学派，并从此确立了儒学的显学地位。孔子去世后的百余年间，诸侯群雄纷纷并立，各诸侯国的国君喜好各不相同，对各家各派的学说取舍标准也是各异，从而出现了盛极一时的“百家争鸣”的辉煌局面。在这种情形下，儒学因其主张王道、仁政，反对诸侯间的兼并战争，反对霸道，显得“不合时宜”，因此呈现出渐趋衰微的态势。

在天下异说纷纭、儒学衰微之际，孟子、荀子相继而出，二人以继承儒家道统，弘扬儒学精神为己任，勤奋求索，力排众议，各自对儒学复兴做出了不朽的贡献，也对中国文化的发展做出了杰出的贡献。其中，荀子更是成为孔门儒家学派的一位“青出于蓝”的英儒和俊士，先秦儒家思想的集大成者。

荀子（约前307—前213），名况，字卿，又称荀卿、孙卿，战国时赵国人，是战国末叶著名的思想家、文学家，他与孔子、孟子一起被称为先秦儒学最重要的三个人物。其弟子甚众，著名的有韩非、李斯、浮丘伯等。

荀子所处的时代，正当楚、燕、韩、赵、魏、齐、秦七国争雄最激烈的时代，是我国封建社会逐步趋向深化进而进入高级阶段急遽变革的动荡时代。当时的荀子，十五岁便游学于齐，在稷下留居了较长时间。齐威王、齐宣王当政时期，招贤纳士，学者云集，是齐国最繁荣的时期，儒、道、法、阴阳、五行等重要学术流派的著名学者都曾汇聚于此。他们在此讨论学术问题，或各自著书立说，或为齐王提供治国安邦的建议，其中有七十多人被尊为齐国的“上大夫”。齐湣王末年，稷下学宫开始衰落，学者们纷纷离去，荀子这时也离开齐国来到楚国。到齐襄王时，稷下又再度兴盛，荀子等一批学者又返回稷下，成为了齐国最有名望的学者。荀子也曾经向秦昭王和赵孝成王推荐他的政治主张，但都没有被采纳。后来在楚国为官，春申君死被免官。以后一直著书立说，教学授徒，直至去世。

荀子一生不仅以好学闻名于世，而且以善于劝人为学，善为人师而名垂史册。他在长期的刻苦研究中，总结出了丰富的治学经验，这些经验如今保留在他的鸿篇巨著《荀子》一书中。

《荀子》全书共分三十二篇，大部分为荀子亲笔所写，少部分为他的弟子记录整理。这部著作综合了战国道家、墨家、名家、法家诸家的思想成分，对儒学做出了创造性的发展，其中特别重要的是荀子关于宇宙自然、人性、礼制、名实关系的学说，这一学说构成了荀子整个思想体系的基础。《荀子》是战国末期儒家思想的代表著作，反映出这一时期儒家学说的特点。

荀子是战国时期杰出的进步思想家，这突出地表现在他对宇宙自然所持的观点方面。先秦时期的哲学领域，儒家将“天”视作有意志、有精神的宇宙万物的主宰者，而人的命运由上天决定。孔子和孟子所持的观点相同，都赞同“死生有命，富贵在天”。荀子在对这种“天人合一”的唯心主义“天命论”进行尖锐批判的基础上，吸收了道家天道自然的宇宙观，但同时摒弃了老、庄消极无为的思想，大胆地提出了“明于天人之分”（《天论》）的唯物主义自然观。在荀子看来，天是无意志、无目的的自然界，有其自身的运行规律，并不以个人的意志为转移，社会的治乱和国家的兴亡与天没有关系，是由政治造成的。所以荀子提出了“制天命而用之”的口号，他指出，人们只要充分发挥个人的主观能动性，积极地去认识和掌握自然规律，就可以改造并很好地利用自然界。荀子的这种“人定胜天”的光辉命题在我国思想史上无疑具有划时代的革命意义。

荀子关于人性的思想学说，可以说是他思想中最具特色的部分。这一学说构成了《荀子》整个思想体系的基础。孔子讲“性相近也，习相远也”，但未肯定人性的善恶;孟子主张“人性善”；荀子则以“人性恶”的观点而闻名。在荀子看来，人生来就有好欲、逐利的本性，而从根本上来说，这种本性与儒家的辞让、忠信、礼义等善的价值观是对立的。人倘若顺从自己的天性，社会就会陷入混乱的局面，因此，他认为人性非但不善，而且根本就是恶的，换句话说，人性本身是不能产生美和善的，美和善只能产生于后天的“伪”，这里的“伪”，即指人类后天的教化和努力，其核心内容就是我们接下来要重点阐释的礼制。

礼制是《荀子》思想中的又一个重要方面。荀子认为，所谓礼制，即上下、尊卑、贵贱有序的社会制度。在他看来，正因为人生而有欲，所以一旦欲望得不到满足，人们就会去追逐，就会产生争夺和混乱，这时就需要用礼制来规范人们的行为，矫正人们的天性，使其能够符合礼义的要求，进而达到社会的稳定。就对礼制的理解而言，孔子、孟子、荀子这三位儒学大师的侧重点可以说各有不同。孔子的重点是说明礼乐的本意，孟子则着重说明礼乐的源头，而荀子重点说明礼制，将侧重点放在阐明礼乐制度的实效上。实效即指要树立起有序的人文世界，令自然世界的天地、自然的人性都得以条理化。荀子指出“天地生君子，君子理天地”（《王制》），也就是说自然世界的天地被人文世界的君子所主宰。

名实关系是荀子所处时期思想界的重要论题。荀子创作了著名的《正名》篇，将名分为“刑名”“爵名”“文名”和“散名”，回答了需要命名的原因和相应的依据，以及制名的枢要等问题。在荀子看来，之所以需要命名，原因在于借制名来指实，就可以明贵贱、别同异。制定不同名称的依据来自于“天官”，即人天生具有的感官。人天生的感官具有共同的生理基础，对相同事物的感觉相同，因此以“名”大致地模拟事物就可以通晓。因为人的感官和心灵对不同的事物会有不同的感知，因此就有了不同的“名”。他认为“名”来自人们在感官和心灵对事物的共同感知基础上的约定俗成。虽然名的制定并非非此不可，但是一旦约定俗成，名与实的关系确定，则不可随意变乱。在本篇，荀子对当时思想界流行的探讨形名关系的若干观点进行了分类批评，主张“名定而实辨”，而“用名以乱名”“用实以乱名”“用名以乱实”均非“名定而实辨”。

另外，《荀子》篇中绝大多数是说理散文。其说理清晰，论辩透辟，严谨周详，不仅单篇行文独立成篇，层层论述，首尾一贯，并且全书各章相互照应，逻辑严密；常用譬喻陈说事理，使深奥的理论浅显易懂；还善用大量排比句法，或者使用韵语来描写、抒情，读起来朗朗上口，具有很强的艺术感染力。这些对后代散文有广泛而深远的影响。

总之，《荀子》一书内容丰富，涉及社会生活中的多个方面，并且思想精湛、蹊径独辟。荀子既师法有源，又不抱残守缺，反映了荀子的思想体系和特点，无论对我们了解、研究先秦诸子思想，还是提升自己的道德修养、为人处世和立业等，均具有十分重要的参考价值。因此，《荀子》值得我们仔细阅读。

《荀子全鉴》（典藏诵读版）是《荀子》选译本，萃取了整本书最精彩的篇章，以原典、注释和译文三个部分展现，力求以精准通俗的语言去接近《荀子》，便于您更好地品读国学精萃，感知先贤智慧。衷心希望本书能成为您全方位感受和理解《荀子》这部传世名作的良师益友！

同时，本书将纸质图书和配乐诵读音频完美结合，以二维码的方式在内文和封面等相应位置呈现，读者扫一扫即可欣赏、诵读经典片段。诵读音频由中国国际广播电台、中央人民广播电台专业播音员，以及中国传媒大学等知名高校播音系教师构成的实力精英团队录制完成，朗读中融进了对传统文化的理解，声音感染力极强。

衷心希望本书能成为您全方位感受和理解《荀子》这部传世名作的良师益友！

解译者

2019 年 5 月

目录

劝学

【原典】

君子曰：学不可以已。青，取之于蓝而青于蓝；冰，水为之而寒于水。木直中绳，𫐓以为轮①，其曲中规，虽有槁暴，不复挺者，𫐓使之然也。故木受绳则直，金就砺则利，君子博学而日参省乎己，则知明而行无过矣。故不登高山，不知天之高也；不临深溪，不知地之厚也；不闻先王之遗言，不知学问之大也。干、越、夷、貉（mò）之子，生而同声，长而异俗，教使之然也。诗曰："嗟尔君子，无恒安息。靖共尔位，好是正直。神之听之，介尔景福。"神莫大于化道，福莫长于无祸。

吾尝终日而思矣，不如须臾之所学也。吾尝跂（qǐ）而望矣，不如登高之博见也。登高而招，臂非加长也，而见者远；顺风而呼，声非加疾也，而闻者彰。假舆马者②，非利足也，而致千里；假舟楫者，非能水也，而绝江河③。君子生非异也，善假于物也。

南方有鸟焉，名曰蒙鸠，以羽为巢，而编之以发，系之苇苕（tiáo），风至苕折，卵破子死。巢非不完也，所系者然也。西方有木焉，名曰射（yè）干，茎长四寸，生于高山之上，而临百仞之渊，木茎非能长也，所立者然也。蓬生麻中，不扶而直；白沙在涅，与之俱黑。兰槐

之根是为芷，其渐之滫[④]，君子不近，庶人不服。其质非不美也，所渐者然也。故君子居必择乡，游必就士，所以防邪僻而近中正也。

物类之起，必有所始。荣辱之来，必象其德。肉腐出虫，鱼枯生蠹（dù）。怠慢忘身，祸灾乃作。强自取柱，柔自取束。邪秽在身，怨之所构。施薪若一，火就燥也；平地若一，水就湿也。草木畴生，禽兽群焉，物各从其类也。是故质的张而弓矢至焉，林木茂而斧斤至焉，树成荫而众鸟息焉。醯（xī）酸而蜹（ruì）聚焉。故言有召祸也，行有招辱也，君子慎其所立乎！

积土成山，风雨兴焉；积水成渊，蛟龙生焉；积善成德，而神明自得，圣心备焉。故不积跬（kuǐ）

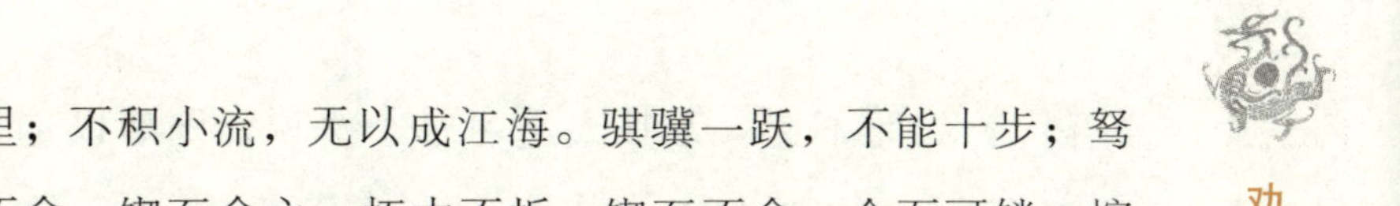

步，无以至千里；不积小流，无以成江海。骐骥一跃，不能十步；驽马十驾，功在不舍。锲而舍之，朽木不折；锲而不舍，金石可镂。螾（yǐ）无爪牙之利，筋骨之强，上食埃土，下饮黄泉，用心一也。蟹六跪而二螯[5]，非蛇蟺（shàn）之穴无可寄托者，用心躁也。是故无冥冥之志者，无昭昭之明；无惛惛之事者，无赫赫之功。行衢（qú）道者不至，事两君者不容。目不能两视而明，耳不能两听而聪。螣（téng）蛇无足而飞，梧鼠五技而穷。《诗》曰："鸤鸠在桑，其子七兮。淑人君子，其仪一兮。其仪一兮，心如结兮。"故君子结于一也。

昔者瓠（hù）巴鼓瑟而流鱼出听，伯牙鼓琴而六马仰秣。故声无小而不闻，行无隐而不形。玉在山而草木润，渊生珠而崖不枯。为善不积邪，安有不闻者乎？

学恶乎始？恶乎终？曰：其数则始乎诵经，终乎读礼；其义则始乎为士，终乎为圣人。真积力久则入。学至乎没而后止也。故学数有终，若其义则不可须臾舍也。为之，人也；舍之，禽兽也。故《书》者，政事之纪也；《诗》者，中声之所止也；《礼》者，法之大分，类之纲纪也。故学至乎《礼》而止矣。夫是之谓道德之极。《礼》之敬文也，《乐》之中和也，《诗》《书》之博也，《春秋》之微也，在天地之间者毕矣。

君子之学也，入乎耳，箸乎心，布乎四体，形乎动静。端而言，蝡而动，一可以为法则。小人之学也，入乎耳，出乎口；口、耳之间则四寸耳，曷足以美七尺之躯哉！古之学者为己，今之学者为人。君子之学也，以美其身；小人之学也，以为禽犊。故不问而告谓之傲，问一而告二谓之囋。傲，非也；囋，非也；君子如向矣。

学莫便乎近其人。《礼》《乐》法而不说，《诗》《书》故而不切，

《春秋》约而不速。方其人之习君子之说，则尊以遍矣，周于世矣。故曰：学莫便乎近其人。

学之经莫速乎好其人，隆礼次之。上不能好其人，下不能隆礼，安特将学杂识志，顺《诗》《书》而已耳。则末世穷年，不免为陋儒而已。将原先王，本仁义，则礼正其经纬蹊径也。若挈裘领，诎五指而顿之，顺者不可胜数也。不道礼宪，以《诗》《书》为之，譬之犹以指测河也，以戈舂黍也，以锥飡壶也，不可以得之矣。故隆礼，虽未明，法士也；不隆礼，虽察辩，散儒也。

问楛者勿告也，告楛者勿问也，说楛者勿听也，有争气者勿与辩也。故必由其道至，然后接之，非其道则避之。故礼恭而后可与言道之方，辞顺而后可与言道之理，色从而后可与言道之致。故未可与言而言谓之傲，可与言而不言谓之隐，不观气色而言谓之瞽。故君子不傲、不隐、不瞽，谨顺其身。《诗》曰："匪交匪舒，天子所予。"此之谓也。

百发失一，不足谓善射；千里跬步不至，不足谓善御；伦类不通，仁义不一，不足谓善学。学也者，固学一之也。一出焉，一入焉，涂巷之人也；其善者少，不善者多，桀、纣、盗跖也。全之尽之，然后学者也。

君子知夫不全不粹之不足以为美也，故诵数以贯之，思索以通之，为其人以处之，除其害者以持养之。使目非是无欲见也，使耳非是无欲闻也，使口非是无欲言也，使心非是无欲虑也。及至其致好之也，目好之五色，耳好之五声，口好之五味，心利之有天下。是故权利不能倾也，群众不能移也，天下不能荡也。生乎由是，死乎由是，夫是之谓德操。德操然后能定，能定然后能应。能定能应，夫是之谓成人。

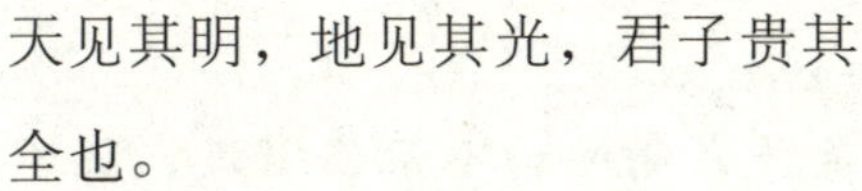
天见其明，地见其光，君子贵其全也。

【注释】

①輮（róu）：通“煣”，用火烤使木条弯曲（一种手工艺）。

②假：凭借，利用。

③绝：横渡。

④滫（xiǔ）：泔水，已酸臭的淘米水。

⑤六：疑当作“八”。螯：螃蟹的大钳子。

【译文】

君子说：学习是不可以故步自封的。靛青，是从蓼蓝中提取出来的，但比蓼蓝更青；冰，是由水凝固而成的，但比水更寒冷。木材挺直得仿佛木工的墨线，但熏烤的工艺使其弯曲而做成车轮，它的曲度就像圆规画出来的一样，即使再经过烈火的烘烤，太阳的暴晒，也不能恢复原样了，这是因为经过了加工，使它成为这样的。所以木材用墨线量过，再经辅具加工就能取直，金属刀剑在磨刀石上磨过才能锋利，君子学习广泛，而又能每天检查反省自己，就会见识高明而行为不会有过失了。

因此，不登上高山，就不知道天是多么高远；不亲临深溪，就不知道地是多么深厚；没有听到过前代圣王的遗言，就不知道学问是多么渊博。吴国、越国、夷族和貊族的孩子，刚刚降临到这个世界的时候，他们的啼哭声是一样的，但长大后彼此的习性却大不相同，这是因为后天的教化使他们这样的啊。《诗经》上说："你们这些君子啊，不要总是贪图安逸，要安心供奉你的职位，爱好正直的德行。神明听到这一切，就会赐给你洪福祥瑞。"精神修养没有比受道德熏陶感染更大的了，福分没有比无灾无祸更长远的了。

我曾经整天思索，但不如学习片刻获得的教益多；我曾经踮起脚远望，但不如登到高处看得广阔。登上高处招手，手臂并没有加长，可是别人在远处也能看见；顺着风呼叫，声音没有更加洪亮，可是听的人（在远处也能）听得很清楚。利用车马远行的人，并非善于走路，但能够到达千里之外；借助船桨渡河的人，并非善于游泳，却能够横渡江河。君子的生性并非与别人有什么不同，只不过是善于借助外物罢了。

南方有一种叫"蒙鸠"的鸟，它用羽毛做窝，再用毛发编织起来，系结在芦苇穗子上，大风吹来，芦苇穗子就会折断，窝里的鸟蛋跌落，幼鸟就会被摔死。这并不是窝做得不好，而是窝所系的地方使它这样的。西方有种叫"射干"的草，茎长四寸，生长在高山上，因而能俯临七百多尺的深渊。这并不是由于它的茎能长这么高，而是它生长的位置使它这样的。蓬草生在丛麻当中，不需要扶持它也能长得挺直；白沙混入黑土中，就会变得跟黑土一样黑。兰槐的根就是芷，如果将其浸入到尿中，君子就不再接近它，普通百姓也不再佩戴它。

这并不是它的本质不美，是因为浸泡的尿液使它这样的。所以君子居住要选择好的地方，交游要接近贤士，这是防止自己误入邪途而接近正道的方法。

各种事物的发生，一定有它的原因；荣辱的到来，必定和他德行相适应。肉腐烂了，就会生蛆；鱼枯死了，就会生虫。懈怠疏忽忘记了做人准则就会招致灾祸。物体太过坚硬就容易断裂，太柔弱又容易受到束缚。邪恶污秽的东西存在于自身，就会为人憎恶。铺开的柴好像都一样，但火总是向干燥的一方烧去；土地好像一样平整，但水总是向低湿的地方流去。草木总是丛聚生长，禽兽总是成群居住，万物都各自依附它们的同类。所以靶子设置好了，弓箭就向这里射来；森林的树木生长茂盛了，伐木者就拿着斧头来砍伐；树林繁茂荫凉，群鸟就会来这里栖息；醋发酸了，蚊子就飞来聚集。因此，说话有时会招致灾祸，做事有时会招致耻辱，君子为人处世不能不保持谨慎啊！

土堆积起来就成了山，风雨就会在这里兴起；积蓄水成为深潭，蛟龙就会在这里生长；积累善行养成高尚的品德，自会心智澄明，这样，圣人的思想境界也就具备了。因此，没有一步一步的积累，就无法达到千里之外的地方；没有众多小溪流的汇集，也就无法形成江海。骏马一跨越，也不足十步远；劣马跑十天，也可以达到千里之外。所以，成功就在于不停地前行。用刀子刻东西，如果半途放弃，即使是腐烂的木头也不能刻断；如果持之以恒、坚持不懈，就连金属和石头都能雕空。蚯蚓没有锐利的爪牙，也没有强壮的筋骨，却能向上可以吃到泥土，向下可以喝到泉水，这是因为它用心专一的缘故啊；螃蟹有八只脚两只螯，但如果没有蛇或鳝所居住的洞穴就无处安身，这是因为它用心浮躁的缘故啊。因此，一个人倘若没有刻苦钻研的精神，

就不能明辨事理；不专心致志地工作，就不可能有显赫的成绩。在歧路上行走是无法到达目的地的，同时事奉两个君主的人，两方都不会接受他的。这就如同眼睛无法同时看清楚两件东西，耳朵无法同时将两种声音全都听明白的道理一样。螣蛇没有脚却可以飞行，鼫鼠虽有五种技能却不能免于陷入困境。《诗经》说："布谷鸟居住在桑树上，悉心喂养着七只幼鸟；那些善人君子啊，始终坚持道义；坚持道义非常的专一，专一得就像思想打了结。"所以君子的意志坚定专一。

从前，瓠巴在弹瑟的时候，就连水底深处的鱼儿都浮出水面来听；伯牙弹琴的时候，就连拉车的马儿也被琴声所吸引，仰着头咧着嘴倾听。因此声音不会因为微弱而不被听见，行为不会因为隐秘而不被发现。

山中藏有宝玉，山上的草木都会滋润；深潭里生有珍珠，潭岸上就不显得干枯。是因为无法坚持做好事而善行未能积累起来吧，否则，哪会有不为人所知的呢？

学习究竟应该从何入手而又从何结束呢？回答是：如果从学习的科目顺序来说，从诵读《诗经》《尚书》开始，到读《礼经》结束；从学习的意义来说，是从做一个有知识的人开始，到成为圣人为止。真诚力行，长期积累，不断深入，学到老死后才停止。因此，从学习的科目来说是有终结的，但若从学习的意义上说不可以有片刻懈怠。致力于学习，就成为人；反之，与禽兽又有什么区别呢？《尚书》记载的是古代的政事；《诗经》收集的是有和谐乐律的诗歌；《礼经》是规范的要领、具体准则的总纲。所以学习到《礼经》就算到达了尽头了。这可以认为是到达了道德的顶点。《礼经》的恭敬节文，《乐经》的中正和谐，《诗经》《尚书》的内容渊博，《春秋》的微言大义，这些典籍几乎囊括了天地间的一切道理。

君子学习知识，要把所学听入耳中，牢记在心，融会贯通到整个身心，并表现在一举一动上；哪怕是极细微的言行，都可以成为别人效法的榜样。小人学习，只不过是从耳中听进去，从口中说出来。口、耳之间不过四寸罢了，这样怎么能完善自己的七尺之躯呢？古代的学者，学习是为了完善自我；而现在的学者，学习是为了炫耀于人。君子的学习，是用它来修正自己的身心；小人的学习，是为了向人卖弄、讨人欢心。所以别人不问，自己却去告诉他，这叫作急躁；别人问一件事，却告诉他两件事，这叫作唠叨。浮躁唠叨都是不对的，君子回答别人，问一答一，就如同回声回应本声一样。

学习的途径没有比接近良师更便捷的了。《礼经》《乐经》规定了法度典章、规章，但并未加详细解说，《诗经》《尚书》记载了古时的事情却不切近现实，《春秋》文辞简约而不易理解，仿效良师学习君子的学说，就能养成崇高的品德并获得广博的知识，也就能够通晓世事了。因此说学习没有比接近良师更便捷的途径了。

学习的途径，没有比向良师请教更有效更迅速的了，其次是尊崇礼法。如果既不请教良师，又不尊崇礼法，仅仅读一些杂家的书，读诵《诗经》《尚书》，那么尽其一生也不过是一介浅陋的书生罢了。要追溯先王的道德，寻找仁义的根本，从礼法入手才是能够融会贯通的捷径。这就好比是提起皮衣的领子，用弯曲的五个手指去抖动它一样，那些数不清的绒毛很容易就被理顺了。不遵循礼法，而仅仅学习《诗经》《尚书》，这就如同用手指去测量河的深浅，用长矛之类的兵器去舂捣黍子，用锥子代替筷子吃饭一样，是无法达到目的的。因此，尊崇礼法，即使对其精义领会得还不够透彻，也不失为有道德有修养之士；不遵祟礼法，即使明察善辩，也不过是身心散漫无真实修养的浅陋儒生而已。

问的事不合礼法，不要告诉他；告诉你的事不合礼法，不要去追问他；谈论的事不合礼法，不要去听他；那些态度蛮横的人，不要和他争辩。因此，必须遵循礼义之道来请教，然后才可以接待他；否则，就回避他。因此前来请教的人恭敬有礼，然后才可以同他谈论道义的学习方法；言辞和顺，然后才可以和他谈论有关道的具体内容；态度诚恳，然后才可以与其谈论道的精深意蕴。因此，和那些不可以与之交谈的人交谈了，叫作浮躁；不和那些可以与之交谈的人交谈，叫作隐瞒；不观察对方的表情而随意交谈，叫作盲目。因此君子不可急躁、不可隐瞒，更不可盲目，要谨慎地对待前来请教的人。《诗经》说：

"对人不过于急躁，也不有意怠慢，这是天子所赞许的。"说的就是这种情况。

射一百支箭，只要有一支没有射中，就不能称之为善于射箭；驾驭车马行千里的路程，即使只差半步还未走完，就不能称之为善于驾车；对事理不能融会贯通，对仁义之道不能专一奉行，就不能称之为善于学习。学习本是一件很需要专心至致的事情，一会儿学，一会儿不学，那是市井中的普通人的行为。好的行为少而坏的行为多，夏桀、商纣、盗跖就是这样的人；能够劝勉理解规范和仁义道德，尽心尽力地学习，才称得上是真正的学者。

君子知道，做学问不全面、不纯正是不足以称之为完美的，因此要反复诵读群书以求融会贯通，用心思索以求领会通晓，效仿良师益友来加以实践，摒除自身不良的作风来保养它。使眼睛不是正确的就不想看，耳朵不是正确的就不想听，嘴巴不是正确的就不想说，心不是正确的就不去思虑。等达到完全醉心于学习的理想境地，就像眼睛喜爱看青、黄、赤、白、黑五种颜色，耳朵喜爱听宫、商、角、徵、羽五种音调，嘴巴喜爱吃酸、甜、苦、辣、咸五种味道，心里追求拥有天下一样。因此权势再大也无法压倒他，人多势众也不能改变他，天下任何事情都无法使他动摇。活着是这样，死了也是这样，这叫作道德操守。只有具备了这样的道德操守，意志才能够坚定不移，意志坚定不移，就能够应付自如。能坚定操守，又能够正确对待事物，就称得上是成熟完美的人了。天显现出它的光明，地显现出它的广阔，君子的可贵之处，在于他重视品德、操守的完美无缺。

修身

【原典】

见善，修然必以自存也[①]；见不善，愀然必以自省也。善在身，介然必以自好也；不善在身，菑然必以自恶也[②]。故非我而当者，吾师也；是我而当者，吾友也；谄谀我者，吾贼也。故君子隆师而亲友，以致恶其贼。好善无厌，受谏而能诫，虽欲无进，得乎哉？小人反是，致乱而恶人之非己也，致不肖而欲人之贤己也，心如虎狼，行如禽兽，而又恶人之贼己也。谄谀者亲，谏争者疏，修正为笑，至忠为贼，虽欲无灭亡，得乎哉？《诗》曰："噏噏呰呰，亦孔之哀。谋之其臧，则具是违；谋之不臧，则具是依。"此之谓也。

扁善之度[3]，以治气养生，则身后彭祖；以修身自强，则名配尧、禹。宜于时通，利以处穷，礼信是也。凡用血气、志意、知虑，由礼则治通，不由礼则勃乱提僈[4]；食饮、衣服、居处、动静，由礼则和节，不由礼则触陷生疾；容貌、态度、进退、趋行，由礼则雅，不由礼则夷固僻违，庸众而野。故人无礼则不生，事无礼则不成，国家无礼则不宁。《诗》曰："礼仪卒度，笑语卒获。"此之谓也。

以善先人者谓之教，以善和人者谓之顺；以不善先人者谓之谄，以不善和人者谓之谀。是是、非非谓之知，非是、是非谓之愚。伤良曰谗，害良曰贼。是谓是，非谓非曰直。窃货曰盗，匿行曰诈，易言曰诞。趣舍无定谓之无常[5]。保利弃义谓之至贼。多闻曰博，少闻曰浅。多见曰闲，少见曰陋。难进曰偍，易忘曰漏。少而理曰治，多而乱曰秏。

治气养心之术：血气刚强，则柔之以调和；知虑渐深，则一之以易良；勇毅猛戾，则辅之以道顺；齐给便利，则节之以动止；狭隘褊小，则廓之以广大；卑湿重迟贪利，则抗之以高志；庸众驽散，则劫之以师友；怠慢僄弃，则炤之以祸灾；愚款端悫，则合之以礼乐，通之以思索。凡治气养心之术，莫径由礼，莫要得师，莫神一好。夫是之谓治气养心之术也。

志意修则骄富贵，道义重则轻王公，内省而外物轻矣。传曰："君子役物，小人役于物。"此之谓矣。身劳而心安，为之；利少而义多，为之。事乱君而通，不如事穷君而顺焉。故良农不为水旱不耕，良贾不为折阅不市，士君子不为贫穷怠乎道。

体恭敬而心忠信，术礼义而情爱人，横行天下，虽困四夷，人莫不贵。劳苦之事则争先，饶乐之事则能让，端悫诚信，拘守而详，横

行天下，虽困四夷，人莫不任。体倨固而心势诈，术顺墨而精杂污，横行天下，虽达四方，人莫不贱。劳苦之事则偷儒转脱，饶乐之事则佞兑而不曲，辟违而不悫，程役而不录，横行天下，虽达四方，人莫不弃。

行而供冀，非渍淖也；行而俯项，非击戾也；偶视而先俯，非恐惧也。然夫士欲独修其身，不以得罪于比俗之人也。

夫骥一日而千里，驽马十驾则亦及之矣。将以穷无穷、逐无极与？其折骨绝筋，终身不可以相及也。将有所止之，则千里虽远，亦或迟或速、或先或后，胡为乎其不可以相及也？不识步道者，将以穷无穷、逐无极与？意亦有所止之与？夫坚白、同异、有厚无厚之察，非不察也，然而君子不辩，止之也；倚魁之行[6]，非不难也，然而君子不行，止之

也。故学曰："迟，彼止而待我，我行而就之，则亦或迟或速、或先或后，胡为乎其不可以同至也?"故跬步而不休，跛鳖千里；累土而不辍，丘山崇成。厌其源，开其渎，江河可竭；一进一退，一左一右，六骥不致。彼人之才性之相县也，岂若跛鳖之与六骥足哉？然而跛鳖致之，六骥不致，是无他故焉，或为之，或不为尔。道虽迩，不行不至；事虽小，不为不成。其为人也多暇日者，其出入不远矣。

好法而行，士也；笃志而体，君子也；齐明而不竭，圣人也。人无法，则伥伥然[7]；有法而无志其义，则渠渠然；依乎法而又深其类，然后温温然[8]。

礼者，所以正身也；师者，所以正礼也。无礼，何以正身？无师，吾安知礼之为是也？礼然而然，则是情安礼也；师云而云，则是知若师也。情安礼，知若师，则是圣人也。故非礼，是无法也；非师，是无师也。不是师法而好自用，譬之是犹以盲辨色，以聋辨声也，舍乱妄无为也。故学也者，礼法也。夫师，以身为正仪而贵自安者也。《诗》云："不识不知，顺帝之则。"此之谓也。

端悫顺弟，则可谓善少者矣；加好学逊敏焉，则有钧无上，可以为君子者矣。偷儒惮事，无廉耻而嗜乎饮食，则可谓恶少者矣；加惕悍而不顺，险贼而不弟焉，则可谓不详少者矣，虽陷刑戮可也。老老而壮者归焉，不穷穷而通者积焉，行乎冥冥而施乎无报，而贤、不肖一焉。人有此三行，虽有大过，天其不遂乎[9]？

君子之求利也略，其远害也早，其避辱也惧，其行道理也勇。君子贫穷而志广，富贵而体恭，安燕而血气不惰，劳倦而容貌不枯，怒不过夺，喜不过予。君子贫穷而志广，隆仁也；富贵而体恭，杀势也；安燕而血气不惰，柬理也；劳倦而容貌不枯，好交也；怒不过夺，喜不过予，是法胜私也。《书》曰："无有作好，遵王之道。无有作恶，遵王之路。"此言君子之能以公义胜私欲也。

【注释】

①修然：整饬的样子。

②菑：通"灾"，害。菑然：灾害在身的样子。

③扁：通"遍"。

④勃：通"悖"。提僈：松弛怠慢。

⑤趣：通"取"。

⑥倚魁：奇怪，怪异。

⑦伥伥（chāng）然：迷茫的样子。

⑧温温然：平和的样子。

⑨遂：通"坠"，毁灭。

【译文】

见到善良的行为，一定要一丝不苟地拿它来对照自己；见到不善的行为，一定会心怀忧惧地自我反省；自己身上拥有良好的品行，就会因此而坚定不移地珍视自己；自己身上存在不良的品行，就如会因此而被伤害似的痛恨自己。因此，指出我的缺点而批评又中肯的人，就是我的老师；肯定我而赞赏又恰当的人，就是我的朋友；阿谀奉承我的人，就是害我的寇贼。所以君子要尊重老师、亲近朋友，而极其憎恨那些对自己阿谀奉承的贼人。追求良好的品行而永远不知满足，受到劝告能够警惕，这样即使不想进步，可能吗？小人则与此相反，自己胡作非为，却痛恨别人对自己的责备；自己极其无能，却期望别人说自己贤能；自己心肠狠毒，行为如同禽兽，却又痛恨别人指出其罪恶。他们亲近阿谀奉承自己的人，疏远直言规劝自己改正错误的人，把善良正直的话当作对自己的嘲笑，把极端忠诚的行为当作对自己的戕害，这样的人即使不想灭亡，可能吗？《诗经》说："胡乱吸取，乱加诋毁，实在是可悲啊。计划本来很完善，却偏偏将其违背；本来计划并不怎么样，反而一一依从。"说的就是这样的小人。

使人无往而不善的法则是：用调理血气来保养身体，那么自己的寿命会仅次于彭祖；用善行来洁身自好，那么就能使自己的名声和尧、禹相媲美。既适宜于显达时立身处世，也有利于穷困时立身处世，这全在于礼法义。凡是使用血气、意志、智慧和思虑的时候，遵循礼义就会通达顺利，不遵循礼义就会颠倒错乱、懈怠散漫；在吃饭、穿衣、居处及活动的时候，遵循礼义的行为就会和谐适当，不遵循礼义就会触犯禁忌而生病；人的容貌、态度、进退、行走，遵循礼义就会温雅可亲，不遵循礼义就显得鄙陋邪僻、庸俗粗野。因此，人没有礼义就不能生存，做事不讲礼义就无法办成，国家没有礼义就不能安宁。《诗经》说："礼仪完全符合法度，一言一笑完全得当。"说的就是这种情况。

用善行来引导他人叫作教导，用善行来附和他人叫作顺应，用不良的言行引导别人叫作谄媚，用不良的言行去附和别人叫作阿谀。对的就赞成、错的就反对叫作明智，反对正确的、赞成错误的叫作愚蠢。用言论中伤贤良叫作谗毁，用言论陷害良士叫作虐害。对的就说对、错的就说错是正直。窃取财物叫作偷窃，隐瞒自己的行为叫作欺骗，信口开河叫作虚妄，取舍不定叫作反复无常。为了保住利益而背信弃义叫作大贼。多听闻叫作广博，少听闻叫作浅薄，多听者则娴雅，少听则孤陋。难于进取叫作废弛，学过的经常遗忘叫作遗漏。遇事能举其要而有条理叫作治理，事多但繁多而杂乱无章叫作昏乱。

调理血气，修养思想的方法是：对于血气刚强的人，就用心平气和来调和他；对于思想深沉而不明朗的人，就用坦率善良来同化他；对于勇猛乖张的人，就用疏导的方式辅助他；对于性急嘴快的人，就用动静相辅相成的方式来节制他；对于心胸狭窄的人，就用宽宏大量来开导他；对于卑下迟钝、贪图小利的人，就用高尚的志向来提点他；对于庸俗散漫的人，就用良师益友来管教他；对于怠慢轻薄、自暴自弃的人，就用将会招致灾祸来警醒他；对于愚钝朴实、端庄拘谨的人，就用礼仪音乐来协调他，用深思熟虑来开导他。凡是调理血气、修养思想的方法，没有比遵循礼义更直接的了，没有比得到好的老师的指

导更重要的了，没有什么比专心一致更神妙的了。这就是所说的调理血气、修养思想的方法。

志向美好就能傲视富贵，看重道义就能鄙薄王公贵族，内心省察自己就不会为外物所动。古书上说："君子支配外物，小人为外物所支配。"说的就是这个道理。身体虽然辛苦但心安理得的事，就去做它；利益少但合乎道义的事，就去做它；侍奉暴君违背礼仪而显达，不如侍奉穷困的君主而按照礼仪治理国家。因此，好的农夫不会因为遭到洪水或干旱的灾祸就不再耕种，好的商人不会因为亏本就不再做生意，有志向和学问的人也不会因为贫穷而怠慢道义。

外貌恭敬而内心忠诚，遵循礼义并且性情仁爱，这样的人走遍天下，即使困厄在边远的少数民族地区，也没有人不敬重他的；劳累辛苦的事抢先去做，有利可图、享乐的事却能让给别人，诚实守信、谨守法度而又明察事理，这样的人走遍天下，即使困厄在边远的少数民族地区，也没有人不信任他的。外表傲慢固执，内心阴险狡诈，遵循慎到、墨翟的学说而内心杂乱污浊，这样的人走遍天下，即使显贵四方也没有人不轻视他的；遇到劳累辛苦的事就逃避，遇到有利可图、得以享乐的事就花言巧语地谄媚，毫不谦让地迅速抢夺，邪僻恶劣又不忠厚，轻贱而不善良，这样的人走遍天下，即使显贵四方也没有人不摒弃他的。

行走时恭敬小心，不是因为怕陷于泥沼；走路时低头俯视，不是因为怕碰撞到什么；与别人对视而先低下头，不是因为惧怕对方。读书人这样做，只是想独自修养自己的身心，而不愿去得罪世俗之人。

千里马一天能奔跑千里，劣马跑十天也可以达到。但如果要去走尽没有穷尽的路途、赶那无限的行程，那么即使劣马跑断了骨头，走

断了脚筋，一辈子也不能赶上千里马啊！如果有一个终点，那么千里的路程虽然很遥远，也不过是快点、慢点，早点、晚点而已，怎么能达不到这个终点呢？不知道走小路的人，是用有限的力量去追逐那无限的目标呢？还是也有一定的范围和止境呢？对那些“坚白”“同异”“有厚无厚”等命题的考察辨析，不是不明察，然而君子对此并不去辩论，是由于有所节制的缘故啊。那些怪诞骇俗的行为，并不是不难做到，但是君子并不去做，也是由于有所节制的缘故啊。因此学者们说：“当别人停下来等我时，我就努力赶上去，这样或慢或快，或早或晚，怎么不能一同到达目的地呢？”所以只要一步一步地

走个不停，那么即使是瘸了腿的甲鱼也能走到千里之外；堆积泥土不中断，土山终究能够堆成；堵塞水源，开通沟渠，那么即使是长江、黄河也会枯竭；一会儿前进，一会儿后退，一会儿向左，一会儿向右，那么即使是六匹千里马拉车也无法抵达目的地。至于人的资质，即使相距悬殊，难道会像瘸了腿的甲鱼和六匹千里马那样悬殊吗？然而瘸了腿的甲鱼能够到达目的地，六匹千里马拉的车却不能到达，这没有其他的缘故啊，只不过是一个去做，一个不去做罢了！路程即使很近，但如果不走就不能到达；事情虽然很小，但不做就不能完成。那些无所事事的人，他们是不可能超过别人的。

遵守法度，而且能依其行事的，是学士；意志坚定，而且能够身体力行的，是君子；思虑敏捷而智慧又永不枯竭的，是圣人。人没有礼法，就会迷茫而无所适从；有礼法，却不知它的旨意所在，就会局促不安；遵循礼法而又深明事类，精确把握它的具体规则，然后才可以不慌不忙而泰然自若。

礼法，是借以端正身心的；老师，是借以正确阐明礼法的。没有礼法，用什么来端正人的身心呢？没有老师，我又如何知道礼是这样的呢？礼法怎样规定他就怎样去做，这是性情安于礼法；老师怎么说他就怎么说，这是理智顺从老师。性情安于礼法，理智顺从老师，这就是圣人了。因此，违背了礼法，就是无视法度；违背了老师，就是无视老师。不遵照老师的教导，违背礼法，喜欢刚愎自用，这就好像让盲人去分辨颜色，让聋子去分辨声音，除了胡说妄为是不会干出什么好事来的。因此，学习就是学礼法，老师就是要身为表率而又贵在安心于这样做。《诗经》说："不知不觉，顺应天帝的法则。"说的就是这种情况。

端正谨慎而顺从兄长，就可以称为好少年了；倘若还好学上进、谦虚敏捷，那就只有和他相等的人而没有能够超过他的人了，这样的人可以称为君子了。苟且偷安、懒惰怕事，没有廉耻而又贪图吃喝，就可以称为坏少年了；倘若还奸诈害人、不尊敬兄长，这可以称作凶险的少年了，这样的人即使遭受刑杀也是可以的。

尊敬老人，那么青壮年便会归附；不轻侮处境艰难的人，那么明通事理的人就都汇聚来了；暗中做好事，施惠不图报答，那么无论是贤能的人还是没有贤能的人都会归向你。人有这三种好德行，即使有天大的过失上天也会保佑他的。

君子对利益的追求是淡泊于心的，对于祸害早早远离，对于耻辱警惕而回避，对于道义的奉行则勇往直前。

君子即使身处贫困，志向是远大的；即使身处富贵，体态容貌却非常恭敬；即使生活安逸，但精神并不懈怠懒散；即使劳累疲乏，但容貌依然端庄；愤怒时不过分地惩罚人，高兴时也不过分地奖赏人。君子之所以处于贫困的境地而志向远大，是因为他要尊重仁德；得到富贵但容貌谦恭，是因为他不依势作威；生活安逸但精神并不松懈懒惰，是因为他明通道理；身体劳累但容貌依然端庄，是因为他爱好礼仪、注重礼节；发怒时、高兴时的赏罚不过度，是因为礼法战胜了私情。《尚书》中说："不要有所偏好，要循古代圣王的正道；不要有所偏恶，遵循古代圣王的正路。"说的就是君子能用公理正义战胜个人的欲望。

不苟

【原典】

君子行不贵苟难，说不贵苟察，名不贵苟传，唯其当之为贵。故怀负石而赴河，是行之难为者也，而申徒狄能之；然而君子不贵者，非礼义之中也。山渊平，天地比，齐、秦袭，入乎耳，出乎口，钩有须，卵有毛，是说之难持者也，而惠施、邓析能之；然而君子不贵者，非礼义之中也。盗跖吟口，名声若日月，与舜、禹俱传而不息；然而君子不贵者，非礼义之中也。故曰：君子行不贵苟难，说不贵苟察，名不贵苟传，唯其当之为贵。《诗》曰："物其有矣，维其时矣。"此之谓也。

君子易知而难狎，易惧而难胁，畏患而不避义死，

欲利而不为所非，交亲而不比，言辩而不辞。荡荡乎，其有以殊于世也。

君子能亦好，不能亦好；小人能亦丑，不能亦丑。君子能则宽容易直以开道人，不能则恭敬縛绌以畏事人[①]；小人能则倨傲僻违以骄溢人，不能则妒嫉怨诽以倾覆人。故曰：君子能则人荣学焉，不能则人乐告之；小人能则人贱学焉，不能则人羞告之。是君子、小人之分也。

君子宽而不僈[②]，廉而不刿，辩而不争，察而不激，直立而不胜，坚强而不暴，柔从而不流，恭敬谨慎而容，夫是之谓至文。《诗》曰："温温恭人，维德之基。"此之谓矣。

君子崇人之德，扬人之美，非谄谀也；正义直指，举人之过，非毁疵也；言己之光美，拟于舜、禹，参于天地，非夸诞也；与时屈伸，柔从若蒲苇，非慑怯也；刚强猛毅，靡所不信，非骄暴也。以义变应，知当曲直故也。《诗》曰："左之左之，君子宜之；右之右之，君子有之。"此言君子以义屈信变应故也。

君子，小人之反也。君子大心则敬天而道，小心则畏义而节；知则明通而类，愚则端悫而法；见由则恭而止，见闭则敬而齐；喜则和而治，忧则静而理；通则文而明，穷则约而详。小人则不然，大心则慢而暴，小心则淫而倾；知则攫盗而渐，愚则毒贼而乱；见由则兑而倨，见闭则怨而险；喜则轻而翾[③]，忧则挫而慑；通则骄而偏，穷则弃而儑[④]。传曰："君子两进，小人两废。"此之谓也。

君子治治，非治乱也。曷谓邪？曰：礼义之谓治，非礼义之谓乱也。故君子者，治礼义者也，非治非礼义者也。然则国乱将弗治与？曰：国乱而治之者，非案乱而治之之谓也。去乱而被之以治；人污而

修之者，非案污而修之之谓也，去污而易之以修。故去乱而非治乱也，去污而非修污也。治之为名，犹曰君子为治而不为乱，为修而不为污也。

君子絜其身而同焉者合矣，善其言而类焉者应矣。故马鸣而马应之，牛鸣而牛应之，非知也，其势然也。故新浴者振其衣，新沐者弹其冠，人之情也。其谁能以己之潐潐[5]，受人之掝掝者哉[6]！

君子养心莫善于诚，致诚则无它事矣，唯仁之为守，唯义之为行。诚心守仁则形，形则神，神则能化矣；诚心行义则理，理则明，明则能变矣。变化代兴，谓之天德。天不言而人推高焉，地不言而人推厚焉，四时不言而百姓期焉。夫此有常，以至其诚者也。君子至德，嘿然而喻，未施而亲，不怒而威。夫此顺命，以慎其独者也。善之为道者，不诚则不独，不独则不形，不形则虽作于心，见于色，出于言，民犹若未从也，虽从必疑。天地为大矣，不诚则不能化万物；圣人为知矣，不诚则不能化万民；父子为亲矣，不诚则疏；君上为尊矣，不诚则卑。夫诚者，君子之所守也，而政事之本也，唯所居以其类至，操之则得之，舍之则失之。操而得之则轻，轻则独行，独行而不舍则济矣。济而材尽，长迁而不反其初，则化矣。

君子位尊而志恭，心小而道大，所听视者近而所闻见者远。是何邪？则操术然也。故千人万人之情，一人之情是也。天地始者，今日是也；百王之道，后王是也。君子审后王之道而论于百王之前，若端拜而议。推礼义之统，分是非之分，总天下之要，治海内之众，若使一人，故操弥约而事弥大。五寸之矩，尽天下之方也。故君子不下室堂而海内之情举积此者，则操术然也。

有通士者，有公士者，有直士者，有悫士者，有小人者。上则能

尊君，下则能爱民，物至而应，事起而辨，若是，则可谓通士矣。不下比以闇上，不上同以疾下，分争于中，不以私害之，若是，则可谓公士矣。身之所长，上虽不知，不以悖君；身之所短，上虽不知，不以取赏；长短不饰，以情自竭，若是，则可谓直士矣。庸言必信之，庸行必慎之，畏法流俗而不敢以其所独甚，若是，则可谓悫士矣。言无常信，行无常贞，唯利所在，无所不倾，若是，则可谓小人矣。

公生明，偏生闇，端悫生通，诈伪生塞，诚信生神，夸诞生惑。此六生者，君子慎之，而禹、桀所以分也。

欲恶取舍之权：见其可欲也，则必前后虑其可恶也者；见其可利也，则必前后虑其可害也者；而兼权之，孰计之，然后定其欲恶取舍。如是，则常不失陷矣。凡人之患，偏伤之也。见其可欲也，则不虑其可恶也者；见其可利也，则不顾其可害也者。是以动则必陷，为

则必辱，是偏伤之患也。

人之所恶者，吾亦恶之。夫富贵者则类傲之，夫贫贱者则求柔之。是非仁人之情也，是奸人将以盗名于晻世者也，险莫大焉。故曰：盗名不如盗货。田仲、史鳝不如盗也。

【注释】

①缚（zūn）：通“撙”，抑制。绌：通“黜”。

②僈：怠惰，懈怠。

③翾（xuān）：通“儇”，轻佻。

④僎（án）：通“隰”，卑下。

⑤潐潐（jiào）：明察。

⑥掝掝（huò huò）：不明。

【译文】

君子对于行为，不以不正当的难能为可贵；对于学说，不以不正当的明察为宝贵；对于名声，不以不正当的流传为珍贵；只有它们符合了礼义才是宝贵的。所以怀里抱着石头而投河自杀，这是难以做到的行为，但申徒狄却能够这样做；然而君子并不认为他的行为可贵，原因就在于它不符合礼义的中正之道。高山和深渊高低相等，天和地高低一样，齐国、秦国相毗连，从耳朵中进去从嘴巴里出来，女人有胡须，蛋有羽毛，这些都是难以把握的学说，但惠施、邓析却能论证它们；然而君子并不认为他们的学说可贵，原因就在于它们不符合礼义的中正之道。盗跖为人们所广泛传颂，名声就如同太阳、月亮一样，没有人不知道，和舜、禹等一起流传而永不磨灭；然而君子并不认为他的名声可贵，原因就在于它不符合礼义的中正之道。因此说：君子对于行为，不以不正当的难能为可贵；对于学说，不以不正当的明察为宝贵；对于名声，不以不正当的流传为珍贵；只有它们符合了礼义才是宝贵的。《诗经》上说："既要有其物，又要得其时。"说的就是这个道理。

君子容易结交却不可亵渎，容易恐惧却难以胁迫，害怕祸患却甘愿为正义付出生命，希望得利却不做错误的事，与人结交很亲密却不结党营私，言谈雄辩但不玩弄辞藻。胸怀是多么宽广啊，他是和世俗有所不同的。

君子无论是有才能还是没有才能都是美好的，而小人无论是有才能还是没有才能都是丑恶的。君子有才能，就宽宏大量、诚心诚意地来启发引导别人；没有才能，就恭恭敬敬谦虚退让来小心侍奉别人。小人有才能，就骄傲自大邪僻悖理地来傲视欺凌别人；没有才能，就嫉妒怨恨诽谤来倾轧搞垮别人。因此说：君子有才能，那么别人就会以向他学习为荣；没有才能，那么别人就会乐意告诉他知识。小人有才能，那么别人就会以向他学习为耻；没有才能，那么别人就不愿意告诉他什么。这就是君子和小人的区别。

君子宽宏大量却不懈怠马虎，方正守节却不尖刻伤人，能言善辩却不去争吵，洞察一切却不过于激切，卓尔不群却不盛气凌人，坚定刚强却不粗鲁凶暴，宽柔和顺却不随波逐流；恭敬谨慎却待人宽和。这可以称为最文雅最合乎礼义的了。《诗经》上说："温柔谦恭的人们，是以道德为根本。"说的就是这样的人啊。

君子推崇别人的德行，赞扬别人的优点，并非出于谄媚阿谀；公正地议论、直接地指出别人的过错，并非出于诽谤污蔑；称说自己的美好，可以和舜、禹相比拟，和天地相并列，并非出于浮夸欺骗；随着时势的变化或退或进，柔顺得就如同香蒲和芦苇一样，并非出于胆小怕事；刚强坚毅，没有什么地方不挺直，并非出于骄横凶暴。这些都是能够遵照道义来随机应变、通晓因时或伸或屈的缘故啊。《诗经》中说：“该在左就在左，君子在左无不可；该在右就在右，君子在右也常有。”这说的就是君子能根据道义来屈伸进退随机应变的事。

君子，与小人相反。倘若君子往大的方面用心，就会敬奉自然而遵循规律；倘若往小的方面用心，就会敬畏礼义而有所节制；倘若聪明，就会明智通达而触类旁通；倘若愚钝，就会端正诚笃而遵守法度；倘若得到任用，就会恭敬而不放纵；倘若不被任用，就会戒慎而整治自己；倘若高兴，就会平和地去治理；倘若忧愁，就会冷静地去处理；倘若显贵，就会文雅而明智；倘若贫困，就会自我约束而明察事理。小人就不是这样，倘若往大的方面用心，就会傲慢而粗暴；倘若往小的方面用心，就会邪恶而倾轧别人；倘若聪明，就会巧取豪夺而用尽心机；倘若愚钝，就会狠毒残忍而作乱；倘若得到任用，就会高兴而傲慢；倘若不被任用，就会怨恨而险恶；倘若高兴，就会轻浮而急躁；倘若忧愁，就会垂头丧气而心惊胆战；倘若显贵，就会骄横而不公正；倘若贫困，就会自暴自弃而志趣卑下。古书上说："君子在相对的两种情况下都在进步，小人在相对的两种情况下都在堕落。"说的就是这种情况。

君子治理安定的国家，而不治理混乱的国家。这是什么意思呢？这是说：符合礼义叫作安定，违背礼义叫作混乱。因此君子治理符合礼义的国家，而不治理违背礼义的国家。那么国家混乱就不进行治理了吗？回答说：国家混乱而去治理，并非依据原有的混乱去治理，而是要先除去混乱，再进行治理。这就如同一个人的品行有污秽需要整治，并非在污秽的基础上去整治它，而是去掉污秽换上美好的品行。因此除去混乱并不等于整治混乱，除去污秽并不等于整治污秽。治理作为一个概念，就好比是说君子只治理安定的国家而不治理混乱的国家，只做美好的事而不做污秽的事。

君子洁身自好，那么与其志同道合的人就会聚拢而来；完善自己的学说，那么与其观点相同的人就会前来响应。所以马鸣叫就有马来应和它，牛鸣叫就有牛来应和它，并非由于它们富有智慧，而是客观形势就是如此。所以刚洗过澡的人总要抖一下自己的衣服，刚洗过头的人总要弹一下自己的帽子，这是人之常情啊。有谁能让自己的洁白，蒙受别人的玷污呢？

君子修身养性没有比真诚更好的了，做到了真诚，那就没有其他的事情了，只需坚守仁德、奉行道义就可以了。真心实意地坚守仁德，仁德就会在行为上表现出来，仁德在行为上表现出来，就显得神明，显得神明，就可以感化他人了；真心实意地奉行道义，就会变得理智，显得理智，就能明察事理，明察事理，就可以改造别人了。改造和感化交相作用，叫作天然的德行。上天不言说而人们都仰慕它的高远，大地不言说而人们都推崇它的深厚，四季不言说而人们都知道它们的变化。它们都是由于有各自的规律而达到真诚的，所以君子有了极高的德行，虽然沉默不言人们也都会明白，没有布施恩惠人们也来亲近，不用发怒也很威严。这是顺从了天道，真诚地专一于仁义。君子改造感化人之道是这样的：如果不真诚，就无法专一于仁义；无法专一于仁义，德行就不能在日常行动中表现出来；德行不能在日常行动中表现出来，那么即使发自内心，表现在脸色上，发表在言论中，人们仍然不会顺从他；即使顺从他，也一定迟疑不决。天地要算大的了，不真诚就无法化育万物；圣人要算明智的了，不真诚就无法感化万民；父子之间要算亲密的了，不真诚就会疏远；君主要算尊贵的了，不真诚就会受到鄙视。真诚，是君子的操守，也是政事的根本所在。只要立足于真诚，同类就会聚拢来了；保持真诚就会获得同类，丢掉真诚就会失去同类。保持真诚而获得了同类，那么感化他们就容易了；感化他们容易了，那么慎独的作风就能流行了；慎独的作风流行了再紧抓不放，那么人们的真诚就养成了。人们的真诚养成了，他们的才能就会完全发挥出来，使人们永远地趋向于真诚而不返回到他们邪恶的本性上，那么人们就完全被教化了。

君子的地位尊贵而态度谦恭，心只有方寸之地但志向很远大，能听到、能看到的很近，而见多识广。这是什么原因呢？是君子掌握了一定的方法才能这样。因为那千千万万个人的心情，和一个人的心情

是一样的；天地刚形成时的情形，和今天是一样的；上百代帝王的统治之道，和后代帝王是一样的。君子审察了当代帝王的统治之道，从而再去考察上百代帝王之前的政治措施，就像端正身体拱着手来议论般从容不迫。推究礼义的纲领，分清是非的界限，总揽天下的要领，治理天下的百姓，与役使一个人是同一个道理。所以掌握的方法越简约，能办成的事业就越大；就像五寸长的曲尺，能够画出天下所有的方形一样。所以君子不用走出内室厅堂而天下的情况就都聚集在他这里了，这是因为掌握了一定的方法。

有通达事理的人，有公正无私的人，有耿直爽快的人，有拘谨诚实的人，还有小人。上能尊敬君主，下能爱护百姓，事情来了能应付，事情发生了能处理，像这样就可以称得上是通达事理的人了。不在下面互相勾结去愚弄君主，不向上迎合君主去残害臣民，在一些事情中有了分歧争执，不以个人的私利去损害别人，像这样就可以称得上是公正无私的人了。个人的优点，君主即使不知道，也不会因此而怨恨；个人的缺点，君主即使不知道，也不因此骗取奖赏；优点和缺点都不加掩饰，都真实地表露出来，像这样就可以称得上是耿直爽快的人了。说一句平常的话也一定老老实实，做一件平常的事也一定小心谨慎，不敢效法流行的习俗，也不敢干他自己特别爱好的事，像这样就可以称得上是拘谨诚实的人了。说话经常不诚实，行为经常不忠贞，只要是有利可图的地方，就没有不使他倾倒的，像这样就可以说是小人了。

公正会产生聪明，偏私会产生愚昧；端正谨慎会产生通达，欺诈虚伪会产生闭塞；诚实可信会产生神明，大言自夸会产生糊涂。这六种相生，君子要谨慎对待，它也是禹和桀不同的地方。

喜爱还是厌恶、获取还是舍弃的权衡标准是：看到自己喜欢的事物，就必须前前后后考虑一下它可恶的一面；看见有利可图的事情，就必须前前后后考虑一下它可能造成的危害；两方面权衡一下，仔细考虑一下，然后决定是喜欢还是厌恶、是获取还是舍弃。如此，就不会经常出现偏差了。大凡人们的祸患，往往都是片面性害了他们：看到自己喜欢的事物，就不考虑它可恶的一面；看见有利可图的事情，就不去反顾一下它可能造成的危害。因此行动起来就必然失足，做了就必然受辱，这是片面性害了他们而造成的祸患啊。

别人所厌恶的，我也厌恶它。对那富贵的人一律傲视，对那贫贱的人一味屈就，这并不是仁人的性情，这是奸诈邪恶之徒借以在黑暗的社会里盗取名誉的手段，用心再险恶不过了。所以说："欺世盗名的不如偷窃财物的。"田仲、史䲡还不如一个贼。

荣辱

【原典】

憍泄者[1]，人之殃也；恭俭者，偋五兵也。虽有戈矛之刺，不如恭俭之利也。故与人善言，暖于布帛；伤人之言，深于矛戟。故薄薄之地，不得履之，非地不安也。危足无所履者，凡在言也。巨涂则让[2]，小涂则殆，虽欲不谨，若云不使。

快快而亡者，怒也；察察而残者，忮也[3]；博而穷者，訾也；清之而俞浊者，口也；豢之而俞瘠者，交也；辩而不说者，争也；直立而不见知者，胜也；廉而不见贵者，刿也；勇而不见惮者，贪也；信而不见敬者，好剸行也。此小人之所务，而君子之所不为也。

斗者，忘其身者也，忘其亲者也，忘其君者也。行其少顷之怒而丧终身之躯，然且为之，是忘其身也；室家立残，亲戚不免乎刑戮，然且为之，是忘其亲也；君上之所恶也，刑法之所大禁也，然且为之，是忘其君也。忧忘其身，内忘其亲，上忘其君，是刑法之所不舍也，圣王之所不畜也。乳彘不触虎，乳狗不远游，不忘其亲也。人也，忧忘其身，内忘其亲，上忘其君，则是人也，而曾狗彘之不若也。

凡斗者，必自以为是而以人为非也。已诚是也，人诚非也，则是已君子而人小人也；以君子与小人相贼害也。忧以忘其身，内以忘其亲，上以忘其君，岂不过甚矣哉！是人也，所谓“以狐父之戈钃牛矢”也[④]。将以为智邪？则愚莫大焉；将以为利邪？则害莫大焉；将以为荣邪？则辱莫大焉；将以为安邪？则危莫大焉。人之有斗，何哉？我欲属之狂惑疾病邪？则不可，圣王又诛之。我欲属之鸟鼠禽兽邪？则不可，其形体又人，而好恶多同。人之有斗，何哉？我甚丑之！

有狗彘之勇者，有贾盗之勇者，有小人之勇者，有士君子之勇者：争饮食，无廉耻，不知是非，不辟死伤，不畏众强，恈恈然唯利饮食之见[⑤]，是狗彘之勇也。为事利，争货财，无辞让，果敢而振，猛贪而戾，恈恈然唯利之见，是贾盗之勇

也。轻死而暴，是小人之勇也。义之所在，不倾于权，不顾其利，举国而与之不为改视，重死持义而不桡，是士君子之勇也。

鯈𩵼者，浮阳之鱼也，胠于沙而欲水[6]，则无逮矣。挂于患而欲谨，则无益矣。自知者不怨人，知命者不怨天；怨人者穷，怨天者无志。失之己，反之人，岂不迂乎哉！

荣辱之大分，安危利害之常体：先义而后利者荣，先利而后义者辱；荣者常通，辱者常穷；通者常制人，穷者常制于人，是荣辱之大分也。材悫者常安利，荡悍者常危害；安利者常乐易，危害者常忧险；乐易者常寿长，忧险者常夭折，是安危利害之常体也。

夫天生蒸民，有所以取之：志意致修，德行致厚，智虑致明，是天子之所以取天下也。政令法，举措时，听断公，上则能顺天子之命，下则能保百姓，是诸侯之所以取国家也。志行修，临官治，上则能顺上，下则能保其职，是士大夫之所以取田邑也。循法则、度量、刑辟、图籍，不知其义，谨守其数，慎不敢损益也；父子相传，以持王公，是故三代虽亡，治法犹存，是官人百吏之所以取禄秩也。孝弟原悫，軥录疾力[7]，以敦比其事业而不敢怠傲，是庶人之所以取暖衣饱食，长生久视，以免于刑戮也。饰邪说，文奸言，为倚事，陶诞、突盗，惕、悍、憍、暴[8]，以偷生反侧于乱世之间，是奸人之所以取危辱死刑也。其虑之不深，其择之不谨，其定取舍楛僈，是其所以危也。

材性知能，君子小人一也；好荣恶辱，好利恶害，是君子小人之所同也，若其所以求之之道则异矣。小人也者，疾为诞而欲人之信己也，疾为诈而欲人之亲己也，禽兽之行而欲人之善己也；虑之难知也，行之难安也，持之难立也，成则必不得其所好，必遇其所恶焉。故君子者，信矣，而亦欲人之信己也；忠矣，而亦欲人之亲己也；修正治辨矣，而亦欲人之善己也。虑之易知也，行之易安也，持之易立也，成则必得其所好，必不遇其所恶焉。是故穷则不隐，通则大明，身死而名弥白。小人莫不延颈举踵而愿曰："知虑材性，固有以贤人矣！"夫不知其与己无以异也，则君子注错之当，而小人注错之过也。故孰察小人之知能，足以知其有余，可以为君子之所为也。譬之越人安越，楚人安楚，君子安雅。是非知能材性然也，是注错习俗之节异也。仁义德行，常安之术也，然而未必不危也；污僈、突盗，常危之术也，然而未必不安也。故君子道其常而小人道其怪。

凡人有所一同：饥而欲食，寒而欲暖，劳而欲息，好利而恶害，是人之所生而有也，是无待而然者也，是禹、桀之所同也。目辨白黑美恶，耳辨音声清浊，口辨酸咸甘苦，鼻辨芬芳腥臊，骨体肤理辨寒暑疾养，是又人之所常生而有也，是无待而然者也，是禹、桀之所同也。可以为尧、禹，可以为桀、跖，可以为工匠，可以为农贾，在势注错习俗之所积耳。是又人之所生而有也，是无待而然者也，是禹、桀之所同也。为尧、禹则常安荣，为桀、跖则常危辱；为尧、禹则常愉佚，为工匠、农贾则常烦劳；然而人力为此而寡为彼，何也？曰：陋也。尧、禹者，非生而具者也，夫起于变故，成乎修为，待尽而后备者也。人之生固小人，无师无法则唯利之见耳。人之生固小人，又以遇乱世，得乱俗，是以小重小也，以乱得乱也。君子非得势以临之，则无由得开内焉。今是人之口腹，安知礼义？安知辞让？安知廉耻、隅积？亦呥呥而�，乡乡而饱已矣。人无师无法，则其心正其口腹也。今使人生而未尝睹刍豢稻粱也，惟菽藿糟糠之为睹，则以至足为在此也，俄而粲然有秉刍豢稻粱而至者，则瞲然视之曰[9]："此何怪也？"彼臭之而嗛于鼻，尝之而甘于口，食之而安于体，则莫不弃此而取彼

矣。今以夫先王之道，仁义之统，以相群居，以相持养，以相藩饰，以相安固邪？以夫桀、跖之道，是其为相县也，几直夫刍豢稻粱之县糟糠尔哉！然而人力为此而寡为彼，何也？曰：陋也。陋也者，天下之公患也，人之大殃大害也。故曰：仁者好告示人。告之示之，靡之儇之，鈆之重之[⑩]，则夫塞者俄且通也，陋者俄且僩也[⑪]，愚者俄且知也。是若不行，则汤、武在上曷益？桀、纣在上曷损？汤、武存，则天下从而治，桀、纣存，则天下从而乱。如是者，岂非人之情固可与如此，可与如彼也哉！

人之情，食欲有刍豢，衣欲有文绣，行欲有舆马，又欲夫余财蓄积之富也；然而穷年累世不知不足，是人之情也。今人之生也，方知畜鸡狗猪彘，又蓄牛羊，然而食不敢有酒肉；余刀布，有囷窌[⑫]，然而衣不敢有丝帛；约者有筐箧之藏，然而行不敢有舆马。是何也？非不欲也，几不长虑顾后，而恐无以继之故也。于是又节用御欲，收敛蓄藏以继之也。是于己长虑顾后，几不甚善矣哉！今夫偷生浅知之属，曾此而不知也，粮食大侈，不顾其后，俄则屈安穷矣，是其所以不免于冻饿，操瓢囊为沟壑中瘠者也[13]。况夫先王之道，仁义之统，《诗》《书》《礼》《乐》之分乎！彼固天下之大虑也，将为天下生民之属长虑顾后而保万世也，其沠长矣，其温厚矣[14]，其功盛姚远矣，非顺孰修为之君子，莫之能知也。故曰：短绠不可以汲深井之泉，知不几者不可与及圣人之言。夫《诗》《书》《礼》《乐》之分，固非庸人之所知也。故曰：一之而可再也，有之而可久也，广之而可通也，虑之而可安也，反鈆察之而俞可好也。以治情则利，以为名则荣，以群则和，以独则足乐，意者其是邪？

夫贵为天子，富有天下，是人情之所同欲也。然则从人之欲则势不能容，物不能赡也。故先王案为之制礼义以分之，使有贵贱之等，长幼之差，知愚、能不能之分，皆使人载其事，而各得其宜，然后使悫禄多少厚薄之称，是夫群居和一之道也。故仁人在上，则农以力尽田，贾以察尽财，百工以巧尽械器，士大夫以上至于公侯，莫不以仁厚知能尽官职，夫是之谓至平。故或禄天下而不自以为多，或监门、御旅、抱关、击柝，而不自以为寡。故曰："斩而齐，枉而顺，不同而一。"夫是之谓人伦。《诗》曰："受小共大共，为下国骏蒙。"此之谓也。

【注释】

①憍：同"骄"。泄：通"媟"，傲慢。

②让：通"攘"，扰攘。

③忮（zhì）：忌恨。

④镯（zhú）：刺。

⑤恈恈然：形容极其贪婪的样子。

⑥胠：通“阹”，遮拦。

⑦軥（qú）录：劳碌。

⑧惕：放荡。

⑨瞲（xuè）然：吃惊的样子。

⑩鈆（qiān）：通“沿”，遵循。

⑪僩（xiàn）：宽大。

⑫窌（jiào）：地窖。

⑬瘠：通“胔”，未完全腐烂的尸体。

⑭温：通“蕴”，积蓄。

【译文】

骄傲轻慢，是人的祸殃；恭敬谦逊，可以防止各种兵器的伤害，可见即使有戈矛的尖锐，也比不过恭敬谦逊的锋利。因此与他人说善意的话，比给他穿件衣服还温暖；用恶语去伤害别人，要比矛戟刺得还深。因而广阔的土地，不能踩在它上面，并不是因为地面不安稳；踮着脚也没有地方立足，都是由于说话伤了人的缘故啊。大路很拥挤，小路又很危险，即使想不谨慎，又好像有什么迫使其非谨慎不可。

逞一时之快而招致死亡，是因为愤怒；明察一切而遭到残害的，是因为嫉妒；知识渊博而处境困厄的，是因为诋毁；希望名声清白反而越来越坏的，是因为表达不当；供养款待别人而交情越来越淡薄，是因为待人接物不当；能言善辩而不被人喜欢，是因为好争执；立身正直而不被人理解，是因为盛气凌人；方正守节而不受人尊重，是因为尖刻伤人；勇猛无比而不受人敬畏，是因为贪婪；恪守信用而不受人尊敬，是因为喜欢独断专行。上述都是小人所做的，而君子是不会这样做的。

斗殴的人，忘记了自己的身体，忘记了自己的亲人，忘记了自己的君主。发泄了一时的愤怒，却丧失了生命，然而还是这样做，这便是忘记了自己的身体；家庭立刻会遭到摧残，亲戚也不免受刑被杀，然而还是去这样做，这便是忘记了自己的亲人；斗殴是君主所厌恶的，是刑法所严格禁止的，然而还是去这样做，这便是忘记了自己的君主。就可忧虑的事来说，是忘记了自身；从家庭内部来说，是忘记了亲人；对上来说，是忘记了君主；这是刑法所不能赦免的，也是圣明的帝王所不容的。哺乳的母猪不去触犯老虎，喂奶的母狗不到远处游逛，这是因为它们没忘记自己的亲骨肉啊。作为一个人，就可忧虑的事来说，忘记了自身；从家庭内部来说，忘记了亲人；对上来说，忘记了君主；从这个意义上来说，这种人就连猪狗都不如了。

凡是斗殴的人，一定认为自己是对的而别人是错的。自己如

果真是对的，别人如果真是错的，那么自己就是君子而别人就是小人了。这是以君子的身份同小人互相残害。就可忧虑的事来说，是忘记了自身；从家庭内部来说，是忘记了自己的亲人；对上来说，是忘记了自己的君主；这难道不是大错特错了吗？这种人，就是平常所说的用狐父出产的利戈来斩牛屎。认为他聪明吗？没有比这更愚蠢的了。认为他有利吗？没有比这更有害的了。认为他光荣吗？没有比这更耻辱的了。认为他安全吗？没有比这更危险的了。人们有斗殴的行为，究竟是什么原因呢？我想把这种行为归属于疯狂、惑乱等精神病吧，但不行，因为圣明的帝王还是要处罚这种行为的；我想把他们归到鸟鼠禽兽中去吧，但也不行，因为他们的形体还是人，而且爱憎也大多和别人相同。人们会发生斗殴，到底是为何啊？我认为这种行为是很丑恶的。

有狗和猪的勇敢，有商人和盗贼的勇敢，有小人的勇敢，有士与君子的勇敢。争夺吃喝，没有廉耻，不辨是非，不顾死伤，不怕众人的强大，贪婪得眼中只有吃的和喝的，这是狗和猪的勇敢。做事贪图利益，争夺财物，毫无谦让之心，行动果断大胆而振奋，心肠凶猛、贪婪而暴戾，贪婪得眼中只有财物和利益，这是商人和盗贼的勇敢。不在乎死亡而行为暴虐，是小人的勇敢。合乎道义的地方，就不屈服于权势，不顾虑个人的利益得失，把整个国家都给他也不改变观点，重视生命但为了坚持正义而永不屈服，这是士与君子的勇敢。

鲦鲉，是性喜浮于水面感受阳光的鱼；然而一旦搁浅在沙滩上再返回到水中，就来不及了。困在灾祸之中再想小心谨慎，就毫无裨益了。有自知之明的人不怪怨别人，懂得命运的人不埋怨上天；怪怨别人的人就会走投无路，埋怨上天的人就是没有见识。失误在自己，却

反过来去责难他人，岂不是离事实太远了吗？

光荣和耻辱的本质区别，安危和利害的通常情形是：以道义为先而以利益为后就会得到光荣，以利益为先而以道义为后就会受到耻辱；光荣的人常常显达，耻辱的人常常困窘；显达的人常常统治人，穷困的人常常被人统治：这便是光荣和耻辱的本质区别所在。有才能而又谨慎的人常常安全得利，放荡凶悍的人常常危险受害；安全得利的人常常快乐舒坦，危险受害的人常常忧愁而有危机感；快乐舒坦的人常常长寿；忧愁而有危机感的人常常夭折：这便是安危和利害的通常情形。

自然界造就了众人，都有取得各自地位的缘由：思想极其美好，德行极其宽厚，谋虑极其英明，这是天子取得天下的缘由。政令合乎法度，措施合乎时宜，处理事情公平公正，上能顺从天子的命令，下能安抚百姓，这是诸侯取得国家的缘由。志向和行为美好，为官善于管理，上能顺从国君，下能恪守自己的职责，这是士大夫取得田地封邑的缘由。遵从法令、度量、刑法、地图和户籍，即使不了解它们的意义，也严格地遵守具体条文，小心谨慎地不敢删减或增加，代代相传，用来扶助王公；因此夏、商、周三代虽然都灭亡了，但其政策法制仍然保留着，这是各级官吏取得俸禄职位的缘由。孝顺父母、敬爱兄长，忠厚诚实、勤劳努力来从事自己的事业而不敢懈怠轻慢，这是平民百姓丰衣足食、健康长寿而免受刑罚杀戮的缘由。粉饰邪恶的学说，美化奸诈的言论，行荒诞不经之事，招摇撞骗、强取豪夺，放荡凶悍、骄横残暴，苟且偷生于混乱的社会而不安其位，这是奸邪的人自取危险、耻辱、死亡、刑罚的缘由。他们考虑问题不够深入，他们选择人生道路不够谨慎，他们确定自己的取舍太过草率，这是他们之

所以危亡的原因啊。

若论资质、秉性、智慧、才能，君子、小人是一样的。喜欢光荣而厌恶耻辱，爱好利益而憎恶祸害，在这一点上君子、小人是相同的，而对于他们用来求取光荣、利益的途径就大不相同了。至于小人，肆意妄言却还要别人相信自己，竭力欺诈却还要别人亲近自己，行为如同禽兽一般却还要别人善待自己。他们考虑问题难以通达事理，做事难以稳当妥帖，坚持的一套难以成立，结果就一定不能得到他们所喜欢的光荣和利益，而必然会遭受他们所厌恶的耻辱和祸害。至于君子，对人诚实，也希望别人相信自己；为人忠诚，也希望别人亲近自己；善良正直，处事得当，也希望别人善待自己。他们考虑问题容易通达事理，做起事来容易稳当妥帖，坚持的主张容易成立，结果就一定能得到他们所喜欢的光荣和利益，一定不会遭受他们所厌恶的耻辱和祸害。因此他们失意时名声也不会遭到埋没，而得意时名声就会十分显赫，死后名

声也会更加辉煌。对此，小人无不伸长了脖子踮起了脚跟十分羡慕地说："这些人的智慧、思虑、资质、秉性，一定有着过人之处啊。"他们不知道君子的资质才能与自己并没有什么不同，只是君子举措得当，而小人举措失当罢了。所以仔细地考察一下小人的智慧才能，就能够知道他们是绰绰有余地可以做君子所做的一切的。打个比方来说，越国人安居在越国，楚国人安居在楚国，君子安居在华夏；这并非智慧、才能、资质、秉性造成的，而是由于行为举止和习俗不同所形成的啊。

奉行仁义道德，是常常能得到安全的办法，然而不一定就不发生危险；污秽卑鄙、强取豪夺，是常常会遭受危险的根源，但是不一定就得不到安全。君子遵循那正常的途径，而小人遵循那怪僻的途径。

大凡人都有一致相同的地方：饥饿了就想吃食物，寒冷了就想暖和，劳累了就想休息，喜欢得利而厌恶受害，这是人生来就有的本性，它是无须依靠什么就会这样的，是禹和桀所共有的；眼睛能辨别白黑美丑，耳朵能辨别音声清浊，口舌能辨别酸咸甜苦，鼻子能辨别芳香腥臭，身体皮肤能辨别冷热痛痒，这又是人生下来就有的资质，它是不必依靠什么就会这样的，是禹和桀所共有的。人们可以去做尧、禹那样的贤君，也可以去做桀、跖那样的暴君，可以去做工匠，可以去做农夫、商人，这都在于各人的行为举止以及习俗的长期积累罢了。做尧、禹那样的人常常安全而光荣，做桀、跖那样的人常常危险而耻辱，做尧、禹那样的人常常愉悦而安逸，做工匠、农夫、商人常常麻烦而劳累。然而人们尽力做这种危辱烦劳的事而很少去做那种光荣悦逸的事，是什么缘故呢？这是由于浅陋无知。像尧、禹这样的人，并不是生下来就具备了当圣贤的条件，而是从改变他原有的本性开始的，由于整治身心才成功，而整治身心的所作所为，是根除了原有的恶劣本性之后才具有的啊。

人生下来时原本就是小人，如果没有老师教导，没有法度约束，就只会看到利益。人生下来时原本就是小人，又由于赶上了混乱的年代、接触了昏乱的习俗，这样，就在渺小卑鄙的本性上又加上了渺小卑鄙，使昏乱的资质又染上了昏乱的习俗。君子如果得不到权势来统治他们，那就无法打开他们的心门来引导他们向善。如今这些人只知口腹之欲，哪里知道什么叫礼节道义？哪里知道什么叫推辞谦让？哪里知道什么叫廉洁和羞耻、局部的小道理和综合的大道理？也只是知道慢吞吞地嚼东西、香喷喷地吃个饱罢了。人倘若没有老师的教导、没有法度的约束，那么他们的心灵也就正如他们的口腹一样。假如人生下来后从来没有看见过牛羊猪狗等肉食和稻米谷子等细粮，只见过豆叶之类的蔬菜和糟糠之类的粗食，就会认为这些就是最好的食物了；但如果一会儿有人拿着肉食和细粮来到跟前，他就会瞪着眼惊奇地看着它说："这是什么怪东西呀？"他闻闻它味道香香的，尝尝它嘴巴里甜甜的，吃了它身体感到很舒服，那就没有谁不抛弃粗粮而选取肉食细粮了。现在是用那古代帝王的办法和仁义的纲领，来帮助人们合群居住，帮助人们得到保养，帮助人们得到服饰，帮助人们得到安全和稳定呢，还是用那桀、跖的办法？二者相差太远了，岂止是肉食细粮和粗粮之间的差别呢！但是，人们竭力走桀、跖的这条道路而很少去施行古代帝王圣道，这是什么原因呢？原因就在于：浅陋无知。浅陋无知，实在是天下人的通病，是人们的大灾大难啊。因此说：讲究仁德的人喜欢把道理告诉、示范给别人。把道理告诉、示范给别人，使他们顺从，使他们明智，使他们遵循仁义之道，向他们反复重申，那么那些闭塞的人很快就会开窍，孤陋寡闻的人很快就会眼界开阔，愚蠢的人很快就会聪明了。倘若不这样做，那么商汤、周武王这样的贤君处在上位又有什么好处？夏桀、商纣王这样的暴君处在君位又有什么损害？商汤、周武王在，那么天下随之而安定；夏桀、商纣王在，那么天下便跟着混乱。像这样看来，难道不是因为人们的性情原来就可以像这样也可以像那样的啊！

人之常情，吃东西希望有美味佳肴，穿衣服希望有华丽的纹彩锦绣，出行希望有车马，又希望富裕得拥有绰绰有余的财产积蓄。然而一年年、一代代不知满足，这就是人之常情。所以现在人们活着，知道畜养鸡狗猪，又畜养牛羊，但是吃饭时却不敢有酒肉；钱币有余，又有粮仓地窖，但是穿衣却不敢穿绸缎；藏着一箱箱的贵重物品，但是出行却不敢用车马。这是什么原因呢？并非不想，而是作长远打算、顾及以后怕没有什么东西继续维持生活的缘故啊。于是他们省吃俭用、节制欲望、收聚财物、贮藏粮食，以此来继续维持以后的生活，这种为了自己的长远打算、顾及今后的生活，难道不是很好吗？如今那些苟且偷生、浅陋无知之辈，竟连这些道理也不明白：他们极端浪费，根本不考虑自己以后的生计，不久便消费得精光而陷于困境了。这就是他们不免受冻挨饿、拿着讨饭的瓢儿布袋成为山沟中的饿死鬼的原因。他们连如何过维持生计都不明了于心，更何况是那些古代圣王的思想原则，仁义的纲领，《诗》《书》《礼》《乐》的道理呢！那些原则、纲领之类本来就是治理天下的重大规划，是要为天下的百姓作长远打算，照顾到以后的生计从而保住子孙万代的；它的流传已很长久了，它的蕴积已很深厚了，它的丰功伟绩已很遥远了，如果不是顺从它、精通它、学习它、实行它的君子，是无法明白这些道理的。因此说：短绳不可以用来汲取深井中的泉水，知识达不到的人不能与他谈论圣人的言论。那《诗》《书》《礼》《乐》的道理，本来就不是常人所能明白的。因此说：知道了其一，就可以知道其二；掌握了它，就可以长期运用；推广运用它们，就可以事事通达；时常思考它，就可以平安无事；始终遵循、观察它，就会更喜欢它。用它来陶冶性情就会受益无穷，用它来成就名声就会荣耀无比，用它来和众人相处就能和睦融洽，用它来独善其身就能心情快乐，想来大概就是这样的吧！

贵为天子，富有天下，这是人心所共同追求的；但如果顺从人们的欲望，那么从权势上来说是不能容许的，从物质上来说是不能满足的。因此先王给人们制定了礼义来分别高下，使人们有高贵与低贱的等级，有年长与年幼的差别，有聪明与愚蠢、有才能和无才能的分别，使每个人都承担自己的工作而各得其所，然后使俸禄的多少厚薄与他们的工作

和地位相称，这就是使人们群居在一起而能协调一致的办法啊。

因此仁人处在君位上，农民就会将所有的精力都花在种好庄稼上，商人就会把自己的精明全都用在理财上，各种工匠就把自己的技巧全都用在制造器械上，士大夫以上直到公爵、侯爵没有不将自己的仁慈宽厚聪明才能都用在履行公职上，这便称得上是大治了。因此有的人富有天下，也不认为自己拥有的多；有的人看管城门、招待旅客、守卫关卡、巡逻打更，也不认为自己所得的少。因此说："有了参差才能达到整齐，有了枉曲才能归于顺，有了不同才能统于一。"这就叫作人的伦常关系。《诗经》中说："接受小的法度与大的法度，庇护各国安天下。"说的就是这个道理啊。

非相

【原典】

相人，古之人无有也，学者不道也。古者有姑布子卿，今之世，梁有唐举，相人之形状颜色而知其吉凶妖祥，世俗称之。古之人无有也，学者不道也。故相形不如论心，论心不如择术；形不胜心，心不胜术。术正而心顺之，则形相虽恶而心术善，无害为君子也；形相虽善而心术恶，无害为小人也。君子之谓吉，小人之谓凶。故长短、小大、善恶形相，非吉凶也。古之人无有也，学者不道也。

盖帝尧长，帝舜短，文王长，周公短，仲尼长，子弓短。昔者，卫灵公有臣曰公孙吕，身长七尺，面长三尺，焉广三寸，鼻目耳具，而名动天下。楚之孙叔敖，期思之鄙人也，突秃长左，轩较之下，而以楚霸。叶公子高，微小短瘠，行若将不胜其衣然。白公之乱也，令尹子西、司马子期皆死焉，叶公子高入据楚，诛白公，定楚国，如反手尔，仁义功名善于后世。故事不揣长，不揳大，不权轻重，亦将志乎尔。长短、大小，美恶形相，岂论也哉！且徐偃王之状，目可瞻马。仲尼之状，面如蒙倛。周公之状，身如断菑[①]。皋陶之状，色如削瓜。闳夭之状，面无见肤。傅说之状，身如植鳍。伊尹之状，面无须麋[②]。禹跳，汤偏，尧、舜参牟子[③]。从者将论志意，比类文学邪？直将差长短，辨美恶，而相欺傲邪？

古者，桀、纣长巨姣美，天下之杰也；筋力越劲，百人之敌也，然而身死国亡，为天下大僇[4]，后世言恶则必稽焉。是非容貌之患也，闻见之不众，议论之卑尔。今世俗之乱君，乡曲之儇子[5]，莫不美丽姚冶，奇衣、妇饰，血气、态度拟于女子；妇人莫不愿得以为夫，处女莫不愿得以为士，弃其亲家而欲奔之者，比肩并起。然而中君羞以为臣，中父羞以为子，中兄羞以为弟，中人羞以为友，俄则束乎有司而戮乎大市，莫不呼天啼哭，苦伤其今而后悔其始。是非容貌之患也，闻见之不众，议论之卑尔。然则，从者将孰可也？

人有三不祥：幼而不肯事长，贱而不肯事贵，不肖而不肯事贤，是人之三不祥也。人有三必穷：为上则不能爱下，为下则好非其上，是人之一必穷也；乡则不若，偝则谩之[6]，是人之二必穷也；知行浅薄，曲直有以相县矣，然而仁人不能推，知士不能明，是人之三必穷也。人有此三数行者，以为上则必危，为下则必灭。《诗》曰："雨雪瀌瀌，宴然聿消。莫肯下隧，式居屡骄。"此之谓也。

人之所以为人者，何已也？曰：以其有辨也。饥而欲食，寒而欲暖，劳而欲息，好利而恶害，是人之所生而有也，是无待而然者也，是禹、桀之所同也。然则人之所以为人者，非特以二足而无毛也，以其有辨也。今夫狌狌形笑，亦二足而无毛也，然而君子啜其羹，食其胾。故人之所以为人者，非特以其二足而无毛也，以其有辨也。夫禽兽有父子而无父子之亲，有牝牡而无男女之别。故人道莫不有辨。

辨莫大于分，分莫大于礼，礼莫大于圣王。圣王有百，吾孰法焉？故曰：文久而息，节族久而绝，守法数之有司极礼而褫。故曰：欲观圣王之迹，则于其粲然者矣，后王是也。彼后王者，天下之君也。舍后王而道上古，譬之是犹舍己之君而事人之君也。故曰：欲观千岁，则数今日；欲知亿万，则审一二；欲知上世，则审周道；欲审周道，则审其人所贵君子。故曰：以近知远，以一知万，以微知明。此之谓也。

夫妄人曰："古今异情，其所以治乱者异道。"而众人惑焉。彼众人者，愚而无说，陋而无度者也。其所见焉，犹可欺也，而况于千世之传也！妄人者，门庭之间，犹可诬欺也，而况于千世之上乎！圣人何以不可欺？曰：圣人者，以己度者也。故以人度人，以情度情，以类度类，以说度功，以道观尽，古今一也。类不悖，虽久同理，故乡乎邪曲而不迷，观乎杂物而不惑，以此度之。五帝之外无传人，非无贤人也，久故也。五帝之中无传政，非无善政也，久故也。禹、汤有传政而不若周之察也，非无善政也，久故也。传者久则论略，近则论详，略则举大，详则举小。愚者闻其略而不知其详，闻其详而不知其大也。是以文久而灭，节族久而绝。

凡言不合先王，不顺礼义，谓之奸言，虽辩，君子不听。法先王，顺礼义，党学者，然而不好言，不乐言，则必非诚士也。故君子之于言也，志好之，行安之，乐言之，故君子必辩。凡人莫不好言其所善，而君子为甚。故赠人以言，重于金石珠玉；观人以言，美于黼黻文章；听人以言，乐于钟鼓琴瑟。故君子之于言无厌。鄙夫反是：好其实不恤其文，是以终身不免埤污、佣俗[7]。故《易》曰："括囊，无咎无誉。"腐儒之谓也。

凡说之难，以至高遇至卑，以至治接至乱。未可直至也，远举则病缪，近世则病佣。善者于是间也，亦必远举而不缪，近世而不佣，与时迁徙，与世偃仰，缓急嬴绌，府然若渠匽檃栝之于己也。曲得所谓焉，然而不折伤。故君子之度己则以绳，接人则用抴[8]。度己以绳，故足以为天下法则矣；接人用抴，故能宽容，因众以成天下之大事矣。

故君子贤而能容罢，知而能容愚，博而能容浅，粹而能容杂，夫是之谓兼术。《诗》曰：“徐方既同，天子之功。”此之谓也。

谈说之术：矜庄以莅之，端诚以处之，坚强以持之，譬称以喻之，分别以明之，欣驩芬芗以送之，宝之珍之，贵之神之，如是则说常无不受。虽不说人，人莫不贵。夫是之谓为能贵其所贵。传曰：“唯君子为能贵其所贵。”此之谓也。

君子必辩。凡人莫不好言其所善，而君子为甚焉。是以小人辩言险而君子辩言仁也。言而非仁之中也，则其言不若其默也，其辩不若其呐也；言而仁之中也，则好言者上矣，不好言者下也。故仁言大矣。起于上所以道于下，正令是也；起于下所以忠于上，谋救是也。

故君子之行仁也无厌。志好之，行安之，乐言之，故言君子必辩。小辩不如见端，见端不如见本分。小辩而察，见端而明，本分而理，圣人、士君子之分具矣。

有小人之辩者，有士君子之辩者，有圣人之辩者。不先虑，不早谋，发之而当，成文而类，居错迁徙，应变不穷，是圣人之辩者也。先虑之，早谋之，斯须之言而足听，文而致实，博而党正[9]，是士君子之辩者也。听其言则辞辩而无统，用其身则多诈而无功，上不足以顺明王，下不足以和齐百姓，然而口舌之均，噡唯则节[10]，足以为奇伟偃却之属，夫是之谓奸人之雄。圣王起，所以先诛也，然后盗贼次之。盗贼得变，此不得变也。

【注释】

①菑（zī）：立着的枯树。

②麋：通“眉”。

③牟：通“眸”。

④僇：通“戮”，耻辱。

⑤儇（xuān）子：轻薄巧慧的人。

⑥偝：同“背”。

⑦埤（pí）：低下。

⑧拙：通“楫”，船桨。此处代指船。

⑨党：通“谠”，正直。

⑩噡（zhān）：多言。

【译文】

通过观察人的相貌来推断其祸福，古人没有这种事，学者也不谈论这种事。古时有个名叫姑布子卿的人；当今之世，魏国有个名叫唐举的人。他们通过观察人的形体相貌就可以知道对方的吉凶、祸福，世俗之人都称道他们。古人没有这种事，学者也不谈论这种事。因此，观察人的相貌不如考察他的思想，考察他的思想不如辨别他的行为。相貌不如思想重要，思想行为更重要。行为正确而思想又顺应了它，那么即使形体相貌丑陋而思想和行为美好，也不会妨碍他成为君子；形体相貌即使好看而思想和行为恶劣，也不能掩盖他成为小人。君子可以说是吉，小人可以说是凶。所以高矮、大小、美丑等形体相貌上的特点，并不是吉凶的标志。古人没有这种事，学者也不谈论这种事。

据说帝尧个子高，帝舜个子矮；周文王个子高，周公旦个子矮；孔子个子高，冉雍个子矮。从前，卫灵公有个叫公孙吕的大臣，身高七尺，脸长三尺，额宽三寸，但鼻子、眼睛、耳朵都具备，而名声却传遍天下。楚国的孙叔敖，是期思这个地方的老百姓，发短而顶秃，左手长，站在轩车上个子还在车厢的横木之下，却成就了楚国的霸业。叶公子高，弱小矮瘦，走路时好像还撑不住自己的衣服似的；但白公作乱时，令尹子西、司马子期都死在白公手中，叶公子高却领兵入楚，杀掉白公，安定楚国，就像把手掌翻过来似的一样容易，他的仁义功名流传后世。所以对于士人，不是去测量个子的高矮，不是去围量身材的大小，不是去称量身体的轻重，而只要看他的志向就可以了。高矮、大小、美丑等形体相貌方面，难道还值得一谈吗？

再说徐偃王的形貌，眼睛可以向上看到前额；孔子的形貌，脸像戴了一个可怕的假面具；周公旦的形貌，身体仿佛一棵折断的枯树；皋陶的形貌，脸色如同削去了皮的瓜；闳夭的形貌，脸上的鬓须多得看不见皮肤；傅说的形貌，身体好像立起来的鱼鳍；伊尹的形貌，脸上没有胡须和眉毛。禹瘸了腿，走路一跳一跳的；汤半身偏枯；尧、

舜有三个眸子。信从相面的人是考察他们的志向思想、比较他们的学问呢，还是只区别他们的高矮、分辨他们的美丑来互相欺骗、互相傲视呢？

古时候，夏桀、商纣魁梧英俊，是天下相貌出众的人；他们的体魄敏捷强壮，足可对抗上百人。然而身死国灭，为天下人所耻笑，后世说到暴君，就一定会拿他们作例证。这并不是容貌造成的祸患，而是信从相面的人见闻不多、认识不明智的缘故。现在世上犯上作乱的人，乡村中的轻薄男子，没有不美丽妖艳的，他们穿着奇装异服，像妇女那样装饰打扮自己，神情态度都和女人相似；妇人们没有谁不想让他们做自己的丈夫，姑娘们没有谁不想让他们做自己的未婚夫，抛弃了自己的亲人、家庭想与他们私奔的女人，比比皆是。但是一般的国君羞于把他们作为臣子，一般的父亲羞于把他们当作儿子，一般的哥哥羞于把他们当作弟弟，一般的人羞于把他们当作朋友。不久，他们就会被官吏绑了去在大街闹市中处死，无不呼天喊地号啕大哭，都悲恸于自己如今的下场而悔恨自己当初的所作所为。这并不是容貌造成的祸患啊。是信从相面的人见闻不多、认识不明智的缘故。说到这儿，那么

在以相貌论人与以思想论人两者之间将赞同哪一种意见呢？

人有三种不吉利的事：年幼的不肯侍奉年长的，卑贱的不肯侍奉尊贵的，没有德才的不肯侍奉贤能的，这是人的三种不吉利。人有三种必然会陷于困厄的事：做了君主却不能爱护臣民，做了臣民却喜欢非议君主，这是人使自己必然陷于困厄的第一种情况；当面不顺从，背后又毁谤，这是人使自己必然陷于困厄的第二种情况；知识浅陋，品行浅薄，辨别是非曲直的能力与别人相差太远，然而对于仁人却又不推崇，对明智之士却不尊重，这是人使自己必然陷于困厄的第三种情况。人有了这三不祥、三必穷的行为，倘若做君主就必然危险，做臣民就必然灭亡。《诗经》中说："下雪纷纷满天飘，阳光灿烂便融消。人却不肯自引退，在位经常要骄傲。"说的就是这类人。

人之所以称为人，是因为什么呢？回答是：原因在于人具备区别事物的能力。饿了便想吃，冷了便想取暖，累了便想休息，喜欢得利而厌恶受害，这是人生来就有的本性，它是无须依靠学习就会这样的，这是禹、桀的相同之处。然而人之所以称为人，并不只是因为两只脚且身上没有毛，而是因为他们具备区别事物的能力。现在那猩猩的形貌与人相似，也是两只脚，只是有毛罢了，可是君子却尝它的肉羹，吃它的肉块。因此，人之所以称为人，并非仅仅因为他们长有两只脚、身上没有毛，而是因为他们具备区别事物的能力。那禽兽有父有子，但没有父子之间的亲情；有雌有雄，但没有男女之间的界限。而作为人类社会的道德规范，对各种事物都要有所区别。

对各种事物加以区别没有比确定名分更重要的了，确定名分没有比遵循礼法更重要的了，遵循礼法没有比效法圣明的帝王更重要的了。圣明的帝王有上百个，我们该效法谁呢？回答是：礼仪制度因为年代久远而湮没了，音乐的节奏因为年代久远而失传了，掌管礼法条文的有关官吏也因与制定礼法的年代相距久远而使礼法有所脱节了。因此说：想要观察圣明帝王的事迹，其中最显著的人物要算后代的帝王了。所谓后代的帝王，就是当今天下的君王；舍弃了后代的帝王而去称道上古的帝王，举例来说，这就好像舍弃了自己的君主去侍奉别国的君主。因此说：若想要了解千年的历史，就要观察现在；若想要了解成亿万，要先从一二数起；若想要知道上古的社会情况，就要审察当今周王朝的治国之道；若想要通晓周王朝的治国之道，那就要审察他们所尊重的君子。因此说："根据近世来了解远古，从一可以知道万，由隐微的东西来了解明显的东西。"说的就是这个意思。

那些狂妄无知的人说："古代与当今的情形不同，用来治乱的方法也不同。"于是众人迷惑不解。那些平庸之辈，是才性愚昧而说不出道理，见识浅陋而不会判断是非的人。他们亲眼看见的东西，尚且可以欺骗他们，更何况是那些几千年前的传闻呢！那些狂妄无知的人，就是近在大门与庭院之间的事，尚且可以欺骗人，更何况是几千年之前的事呢！

然而，圣人为什么不能被欺骗呢？原因就在于：圣人，是根据自己的切身体验来推断事物的人。因此说他根据现代人的情况去推断古代的人，根据现代的人情去推断古代的人情，根据现代的某一类事物去推断古代同类的事物，以流传下来的言论去推断古人的功业，以客观事物的规律去推断万事万物的道理，这在古代与当今都是一样的。只要是同类而不互相违背的事物，那么即使相隔很久，它们的基本性质还是相同的，因此圣人在邪说歪理面前也不会迷乱，观察杂乱无章的事物也不会困惑，就是因为他能按照这种道理去衡量它们。古代流传到后世的贤人，除了伏羲、神农、黄帝、尧、舜这五位帝王之外，没有其他人了。这并非那时没有贤能的人，而是由于年代太过久远的缘故；在这五位帝王之中没有流传到后世的政治措施，并非他们没有好的政治措施，而是由于年代太过久远的缘故；夏禹、商汤虽然有流传到后世的政治措施，但不及周代的清楚，并不是他们没有好的政治措施，而是由于年代太过久远的缘故。流传的东西时间一长，谈起来就简略了；近代的事情，谈起来才详尽。简略的，就只能列举它的大概；详尽的，才能列举它的细节。愚笨的人听到大略不知道详情，听到细节却不知大要。因此礼仪制度便因为年代久远而湮没了，音乐的节奏便因为年代久远而失传了。

凡是说的话不符合古代圣王的道德原则、不遵循礼义的，就叫作

邪说，即使讲得头头是道，君子也不会去听。效法古代圣王，遵循礼义，亲近有学识的人，却不喜欢言谈，不乐意宣传礼义，那也一定不是个真诚的学士。因而君子对于正确的言论，心里喜欢它，行动上一心遵循它，乐意宣传它。因此君子一定是能言善辩的。人都喜好谈论自己崇尚的东西，君子尤其如此。因此赠人以善言，比金饰珠宝还要贵重；用善言劝勉他人，比礼服上色彩斑斓的花纹还要华美；把善言讲给别人听，比钟鼓琴瑟还要悦耳动听。因此君子对于善言的宣传是永远也不会感到厌倦的。鄙陋之人则恰恰与之相反，他们只注重实惠，而不顾及文采，所以终身免不了卑贱庸俗。因此《周易》上说："就像扎住了口的袋子，既没有责怪，也没有赞誉。"说的就是这种迂腐的儒生。

大凡劝说的难处是：怀着极其崇高的思想境界去对待那些极其卑鄙的人，带着最理想的治国之道去接触那些最能把国家弄得混乱不堪的人，这是不能直截了当达到目的的。原因就在于举远古的事例容易流于谬误，举近代的事例容易流于庸俗，善于劝说的人在二者之间，一定能够做到举远古的事例而不发生谬误，举近代的事例又不显得庸俗；谈话内容随着时代的发展而变动，随着世俗的变化而抑扬；或缓或急，或伸或曲，应对自如，就仿佛阻拦流水的渠坝、矫正竹木的工具那样控制自己；婉转地把所要说的话都说给了对方听，但是又不挫伤他。

因此，君子正己要如同木工用墨线来取直一样严格要求自己，待人要如同船工用舟船来接客一样热情耐心。正己如同木工用墨线来取直一样严格要求自己，因此能够成为天下人效法的榜样；待人如同船工用舟船来接客一样热情耐心，因此能够对他人宽容，也就能依靠他

人来成就治理天下的大业了。君子贤能而能容纳无能的人，聪明而能容纳愚昧的人，博闻多识而能容纳孤陋寡闻的人，道德纯洁而能容纳品行驳杂的人，这叫作兼容并蓄之法。《诗经》中说："徐国已经来顺从，这是天子的大功。"说的就是这个意思。

谈话劝说的方法是：以严肃庄重的态度去面对他，以端正真诚的心地去对待他，以坚定刚强的意志去扶持他，用比喻称引的方法来启发他，用条分缕析的方法来开导他，用和蔼可亲的方式将自己的思想传达给他，使自己的话显得宝贵、珍异、重要、神妙。像这样，那么劝说起来就不会不被接受，即使不能令对方高兴，对方也没有不尊重的。这叫作能使自己所珍重的东西得到珍重。古书上说："只有君子才能使自己所珍重的东西得到珍重。"说的就是这种情况啊。

君子必定能言善辩。人都喜好谈论自己崇尚的东西，君子尤其如此。小人能言善辩，是宣扬险恶之术；而君子能言善辩，是宣扬仁爱之道。言谈如果与仁爱之道不相吻合，那么他开口说话还不如沉默不语，他能说会道还不如笨嘴拙舌；言谈如果与仁爱之道相吻合，那么喜欢谈说的人就是上等的了，而不喜欢谈说的人就是下等的。因此合乎仁爱之道的言谈是伟大的。由上面制定用来引导下面的，是政策与命令；发起于下面用来忠于上面的，是建议与劝阻。因此君子奉行仁爱之道是永远不会厌倦的。心里喜欢它，行动上一心遵循它，乐意谈论它，因此说君子必定能言善辩。辩论细节不如揭示头绪，揭示头绪不如揭示固有的名分。辩论细节能明察秋毫，揭示头绪能明白清楚，固有的名分能治理好，那么圣人、士君子的身份就具备了。

有小人的辩说，有士君子的辩说，有圣人的辩说。不预先考虑，

不提早谋划，一说话就非常得当，既富有文采，又合乎礼法，措辞和改换话题，都能够应付自如，这是圣人的辩说。预先经过考虑，提前做了谋划，语言简短而动听，既有文采又细密实在，既渊博又公正，这是士君子的辩说。听他说话振振有词却不得要领，任用他做事则诡诈多端而没有功效；上不能顺从英明的帝王，下不能使老百姓和谐一致；但是他讲话很有分寸，或夸夸其谈，或唯唯诺诺，调节得宜，这类人足以靠口才而自夸自傲，可称得上是坏人中的奸雄。圣明的帝王一出现，必定要先诛杀这类人，然后把盗贼放在他们的后面进行惩处。因为盗贼还能够转变，而这种人是不可能悔过自新的。

非十二子

【原典】

假今之世，饰邪说，文奸言，以枭乱天下，矞宇嵬琐，使天下混然不知是非治乱之所存者有人矣。

纵情性，安恣睢，禽兽行，不足以合文通治；然而其持之有故，其言之成理，足以欺惑愚众。是它嚣、魏牟也。

忍情性，綦谿利跂[1]，苟以分异人为高，不足以合大众、明大分；然而其持之有故，其言之成理，足以欺惑愚众，是陈仲、史鳅也。

不知壹天下、建国家之权称，上功用、大俭约而僈差等，曾不足以容辨异，县君臣；然而其持之有故，其言之成理，足以欺惑愚众，是墨翟、宋钘也。

尚法而无法，下修而好作，上则取听于上，下则取从于俗，终日言成文典，反紃察之，则倜然无所归宿，不可以经国定分；然而其持之有故，其言之成理，足以欺惑愚众，是慎到、田骈也。

不法先王，不是礼义，而好治怪说，玩琦辞，甚察而不惠，辩而无用，多事而寡功，不可以为治纲纪；然而其持之有故，其言之成理，足以欺惑愚众，是惠施、邓析也。

略法先王而不知其统，犹然而犹材剧志大，闻见杂博。案往旧造说，谓之五行，甚僻违而无类，幽隐而无说，闭约而无解，案饰其辞而祗敬之曰："此真先君子之言也。"子思唱之，孟轲和之，世俗之沟犹瞀儒、嚾嚾然不知其所非也[②]，遂受而传之，以为仲尼、子弓为兹厚于后世：是则子思、孟轲之罪也。

若夫总方略，齐言行，壹统类，而群天下之英杰而告之以大古，教之以至顺；奥窔之间[③]，簟席之上，敛然圣王之文章具焉，佛然平世之俗起焉[④]；六说者不能入也，十二子者不能亲也；无置锥之地，而王公不能与之争名，在一大夫之位，则一君不能独畜，一国不能独容；成名况乎诸侯，莫不愿以为臣。是圣人之不得势者也，仲尼、子弓是也。一天下，财万物，长养人民，兼利天下，通达之属，莫不从服，六说者立息，十二子者迁化，则圣人之得势者，舜、禹是也。

今夫仁人也，将何务哉？上则法舜、禹之制，下则法仲尼、子弓之义，以务息十二子之说。如是则天下之害除，仁人之事毕，圣王之迹著矣。

信信，信也；疑疑，亦信也。贵贤；仁也；贱不肖，亦仁也。言而当，知也；默而当，亦知也。故知默犹知言也。故多言而类，圣人也；少言而法，君子也；多少无法而流湎然，虽辩，小人也。故劳力而不当民务谓之奸事，劳知而不律先王谓之奸心，辩说譬谕、齐给便利而不顺礼义谓之奸说。此三奸者，圣王之所禁也。知而险，贼而神，为诈而巧，言无用而辩，辩不惠而察，治之大殃也。行辟而坚，饰非而好，玩奸而泽，言辩而逆，古之大禁也。知而无法，勇而无惮，察辩而操僻，淫大而用之，好奸而与众，利足而迷，负石而坠，是天下之所弃也。

兼服天下之心：高上尊贵不以骄人，聪明圣智不以穷人，齐给速通不争先人，刚毅勇敢不以伤人；不知则问，不能则学，虽能必让，然后为德。遇君则修臣下之义，遇乡则修长幼之义，遇长则修子弟之义，遇友则修礼节辞让之义，遇贱而少者则修告导宽容之义。无不爱也，无不敬也，无与人争也，恢然如天地之苞万物。如是则贤者贵之，不肖者亲之。如是而不服者，则可谓訞怪狡猾之人矣[⑤]，虽则子弟之中，刑及之而宜。《诗》云："匪上帝不时，殷不用旧。虽无老成人，尚有典刑。曾是莫听，大命以倾。"此之谓也。

古之所谓士仕者，厚敦者也，合群者也，乐富贵者也，乐分施者也，远罪过者也，务事理者也，羞独富者也。今之所谓士仕者，污漫者也，贼乱者也，恣睢者也，贪利者也，触抵者也，无礼义而唯权势之嗜者也。

古之所谓处士者，德盛者也，能静者也，修正者也，知命者也，著是者也。今之所谓处士者，无能而云能者也，无知而云知者也，利心无足而佯无欲者也，行伪险秽而强高言谨悫者也，以不俗为俗，离纵而跂訾者也[⑥]。

士君子之所能不能为：君子能为可贵，不能使人必贵己；能为可信，不能使人必信己；能为可用，不能使人必用己。故君子耻不修，不耻见污；耻不信，不耻不见信；耻不能，不耻不见用。是以不诱于誉，不恐于诽，率道而行，端然正己，不为物倾侧：夫是之谓诚君子。《诗》云：“温温恭人，维德之基。”此之谓也。

士君子之容：其冠进，其衣逢，其容良；俨然，壮然，祺然，蕼然[⑦]，恢恢然，广广然，昭昭然，荡荡然，是父兄之容也。其冠进，其衣逢，其容悫；俭然，恀然[⑧]，辅然，端然，訾然，洞然，缀缀然，瞀瞀然，是子弟之容也。

吾语汝学者之嵬容：其冠絻，其缨禁缓，其容简连；填填然，狄狄然，莫莫然，瞡瞡然[⑨]，瞿瞿然，尽尽然，盱盱然；酒食声色之中则瞒瞒然，瞑瞑然；礼节之中则疾疾然，訾訾然；劳苦事业之中，则儢儢然[⑩]，离离然。偷儒而罔，无廉耻而忍謑訽[⑪]，是学者之嵬也。

弟佗其冠，衶禫其辞[⑫]，禹行而舜趋：是子张氏之贱儒也。正其衣冠，齐其颜色，嗛然而终日不言，是子夏氏之贱儒也。偷儒惮事，无廉耻而耆饮食，必曰君子固不用力，是子游氏之贱儒也。彼君子则不然，佚而不惰，劳而不僈，宗原应变，曲得其宜，如是然后圣人也。

【注释】

①綦豀（qí xí）：极深。

②嚾（huān）嚾然：喧嚣的样子。

③奥窔（yào）：堂室之内。

④佛然：兴起的样子。

⑤訞（yāo）：怪异。

⑥訾：通“跐”，走路。

⑦葸（sì）然：宽舒的样子。

⑧恀（shì）然：依顺的样子。

⑨瞡瞡（guī guī）然：见识短浅的样子。

⑩傫傫（lǚ lǚ）然：懈怠的样子。

⑪謑詬（xǐ gòu）：辱骂。

⑫神禫（zhòng dàn）：同“冲淡”，形容言语平淡无味。

【译文】

当今的世道，以粉饰邪恶的说法、美化奸诈的言论来扰乱天下，利用诡诈、浮夸、怪异、猥琐的手段，使天下人混混沌沌地不知道是与非、治与乱的根本所在，这样的人大有人在。

纵情任性，生活放荡，行为如同禽兽一般，不能够符合礼义而使国家得到治理；但是他们立论时却有根有据，解说论点时又有条有理，足以欺骗蒙蔽愚昧的民众。它嚣、魏牟就是这种人。

抑制性情，偏离大道，离世独行，不循礼法，以追求与众不同为高明，不能团结民众、遵守等级名分；但是他们立论时却有根有据，他们解说论点时又有条有理，足以欺骗蒙蔽愚昧的民众。陈仲、史鰌就是这种人。

不通晓统一天下、建立国家的礼法制度，崇尚功利实用、重视节俭而轻慢等级差别，以至于不容许人与人间存在差异，君臣之间有上下等级；但是他们立论时却有根有据，他们解说论点时又有条有理，足以欺骗蒙蔽愚昧的民众。墨翟、宋钘就是这种人。

崇尚法治却不讲法治，轻视贤能而好自作主张，上则听从君主，下则依从世俗，整日讲述着法律条文，反复考察研究，脱离实际而没有一个最终的着落点，不能够借以治理国家、确定名分；但是他们立

论时却有根有据，他们解说论点时又有条有理，足以欺骗蒙蔽愚昧的民众。慎到、田骈就是这种人。

不效法古代圣明的帝王，不赞成礼义，而喜欢钻研奇谈怪论，玩弄奇异的词语，明察秋毫却无价值可言，雄辩动听但不切实际，做的事很多却没有什么实际功效，不能够作为治国的纲领；但是他们立论时却有根有据，他们解说论点时又有条有理，足以欺骗蒙蔽愚昧的民众。惠施、邓析就是这种人。

大致上效法古代圣明的帝王却不了解他们的要领，还一副才气横溢、志向远大、见闻丰富广博的样子。根据往古旧说来创建新说，称其为“五行”，极其邪僻而与礼法不相吻合，幽深隐微而难以讲说，晦涩缠结而

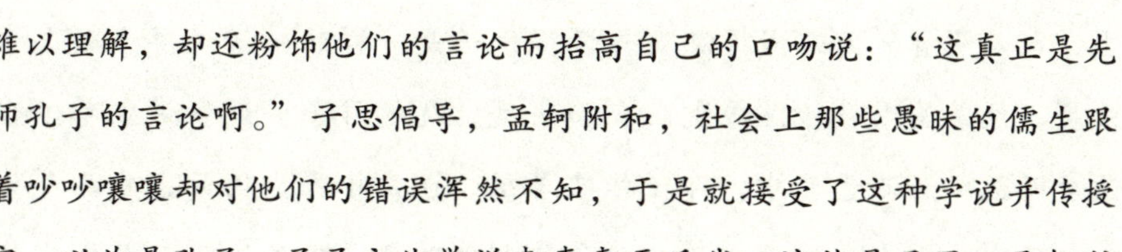

难以理解，却还粉饰他们的言论而抬高自己的口吻说："这真正是先师孔子的言论啊。"子思倡导，孟轲附和，社会上那些愚昧的儒生跟着吵吵嚷嚷却对他们的错误浑然不知，于是就接受了这种学说并传授它，以为是孔子、子弓立此学说来嘉惠于后代。这就是子思、孟轲所犯的错误。

至于总括治国的方针、策略，齐同人们的言论行动，统一治国的纲纪法度，汇聚天下的英雄豪杰，告诉他们上古先王的礼法，教给他们最合理的治国之道；在室堂之内、竹席之上，那圣明帝王的礼义制度集中地具备于此，那太平时代的风俗蓬勃地兴起于此。上面所提及的六种学说不可以侵入讲堂，那十二个人不可以接近讲席。虽然没有立锥之地，但王公大人们不能与他争名；虽身处一大夫之位，但一个国家的君王不能单独占有他，一个国家不能单独容纳他，他的盛名比同于诸侯，各国诸侯无不愿意让他们来当自己的臣子。这是圣人中没有得到权势的人啊，孔子、子弓就是这样的人。

统一天下，利用万物，养育人民，使天下人都得到好处；凡能到达的地方，没有人不向往服从的，上面所提及的六种学说立刻销声匿迹，十二个人也弃邪从正。这是圣人中得到了权势的人啊，舜、禹就是这种人。

当今讲究仁德的人该致力于什么呢？上应师法舜、禹的政治制度，下应师法仲尼、子弓的道义，以求消除上述十二个人的学说。像这样，天下的祸害除去了，仁人的任务就完成了，圣明帝王的事迹也就彰明了。

相信可信的东西，是诚实；怀疑可疑的东西，也是诚实。尊崇贤人，是仁爱；鄙视不肖之徒，也是仁爱。说话得体，是明智；沉默得当，也是明智。因此懂得沉默与懂得说话是一样的。话说得多而合乎法度，便是圣人；话说得少而合乎法度，就是君子；说多说少都不合法度而放纵沉湎于其中，即使能言善辩，也是小人。因此，费尽气力而与民众的需求不相吻合，就叫作奸邪的政务；费尽心思而与古代圣王的法度不相吻合，就叫作奸邪的心机；辩说比喻起来迅速敏捷而不遵循礼义，就叫作奸邪的辩说。这三种奸邪的东西，是圣明的帝王所禁止的。智巧而险诈，手段恶毒而善变，行为诡诈而巧妙，言论不切实际而雄辩动听，辩说毫无用处而明察入微，这是治理国家的大祸害。行为乖僻而顽固，掩饰过错而巧妙，玩弄奸计而圆滑，能言善辩而违反常理，这在古代是大忌讳。聪明而不守法度，勇敢而肆无忌惮，明察善辩而所持论点怪僻不经，荒淫骄奢而刚愎自用，喜欢搞阴谋诡计而同党众多，这就像善于奔走而误入迷途、背着石头而失足掉下，这都是天下人所厌弃的啊。

使天下人对自己心悦诚服的办法是：不因身居要职、地位显贵而傲视别人，不因聪明睿智、通达事理而刁难别人，不因才思敏捷、迅速领悟而在别人面前抢先逞能，不因刚强坚毅、勇敢大胆而伤害别人。不懂就请教，不会就学习；即使有才能也要谦让，这样才算有道德。面对君主就奉行做臣子的道义，面对乡亲就讲求长幼的辈分，面对父母兄长就遵行子弟的规矩，面对朋友就讲求礼节谦让的行为规范，面对地位卑贱而年纪又小的人就以教导宽容为原则。无所不爱，无所不敬，从不与人争斗，心胸宽广得就如同天地包容万物一般。倘若做到了这一点，那么贤能的人就会尊重你，不贤的人也会亲近你。倘若做到了这一点，还不对你心悦诚服的，那就是一些怪异奸猾的人了，即使对方是自己的子弟中人，对其施加刑罚也是应该的。《诗经》中说：

“并不是上苍的过失，是纣王不用旧典章。虽然没有老成之臣，还有法典可依循。竟连这个也不听，国家因此而倾覆。”说的就是这个道理啊。

古代所说的做官的士人，是朴实厚道的人，是团结群众的人，是注重道德的人，是乐意施惠的人，是远离罪过的人，是做事有条理的人，是羞于独自富裕的人。如今所说的做官的士人，是污秽卑鄙的人，是破坏捣乱的人，是恣肆放荡的人，是贪图私利的人，是触犯法令的人，是置礼义于不顾而一心只贪求权势的人。

古代所说的隐士，是品德高尚的人，是能淡泊宁静的人，是正直善良的人，是乐天知命人，是宣扬正义的人。如今所说的隐士，是没有才能而自称有才能的人，是没有智慧而自称有智慧的人，是贪得无厌而假装没有私欲的人，是行为阴险肮脏而又自称谨慎老实的人，是把不同于世俗作为自己的习俗，背离世俗而独行自高的人。

士君子所能做到和不能做到的是：君子能做到品德高尚而为人所尊重，但不能使别人一定来尊重自己；能做到忠诚老实而为人所信任，但不能使别人一定信任自己；能做到多才多艺而为人所任用，但不能使别人一定任用自己。因此君子以品德不美好为羞耻，而不以遭人污蔑为耻辱；以自己不诚实为耻辱，而不以不被信任为耻辱；以自己无能为耻辱，而不以不被任用为耻辱。所以，君子不被荣誉所诱惑，也不被诽谤所吓退，遵循道义来做事，严肃地端正自己，不被外界事物弄得神魂颠倒，这叫作真正的君子。《诗经》中说：“温柔谦恭的人们，是以道德为根本。”说的就是这样的人啊。

士君子的仪容是：帽子高高竖起，衣服宽宽大大，面容温和、庄重、威武、安详、潇脱、宽宏、开阔、明朗、坦荡，这是做父兄的仪容。帽子高高竖起，衣服宽宽大大，面容谨慎诚恳、谦虚、温顺、亲热、端正、勤勉、恭敬、顺从、拘谨，这是做子弟的仪容。

我告诉你们那些学者的怪模样：帽子戴得很低，帽带和腰带束得很松，神态傲慢自大；得意扬扬，时而跳来跳去，时而一言不发，或眯起眼睛东张西望，或睁大眼睛盯着不放，似乎要一览无余的样子。吃喝玩乐时沉溺其中，神情迷乱；行礼节时面有怨色，口出怨言；从事艰苦的劳作时懒懒散散，躲躲闪闪，苟且偷安而无所顾忌，没有廉耻之心而能忍受污辱谩骂。这就是那些学者的怪模样。

帽子歪歪斜斜，说话平淡无味，模仿禹跛行、舜快走的样子，这是子张一派的贱儒。衣冠整齐，面容庄重，口里像含着什么东西似的

整天沉默不语，这是子夏一派的贱儒。苟且偷懒怕事，没有廉耻之心而热衷于吃喝，总是说“君子本来就不用从事体力劳动”，这是子游一派的贱儒。君子都不会这样做。他们虽然安逸却不懒惰，即使劳苦也不懈怠，尊奉根本的原则来应付各种事变，各方面处理得都很恰当，做到了这些，然后才可以成为圣人。

仲尼

【原典】

仲尼之门人，五尺之竖子，言羞称乎五伯。是何也？曰：然。彼诚可羞称也。齐桓，五伯之盛者也，前事则杀兄而争国；内行则姑姊妹之不嫁者七人，闺门之内，般乐奢汰，以齐之分奉之而不足；外事则诈邾袭莒，并国三十五。其事行也若是其险污淫汰也，彼固曷足称乎大君子之门哉！

若是而不亡，乃霸，何也？曰：於乎！夫齐桓公有天下之大节焉，夫孰能亡之？俠然见管仲之能足以托国也，是天下之大知也。安忘其怒，出忘其仇，遂立以为仲父，是天下之大决也。立以为仲父，而贵戚莫之敢妒也；与之高、国之位，而本朝之臣莫之敢恶也；与之书社三百，而富人莫之敢距也。贵贱长少，秩秩焉，莫不从桓公而贵敬之，是天下之大节也。诸侯有一节如是，则莫之能亡也；桓公兼此数节者

而尽有之，夫又何可亡也？其霸也宜哉！非幸也，数也。

然而仲尼之门，五尺之竖子言羞称乎五伯，是何也？曰：然。彼非本政教也，非致隆高也，非綦文理也[1]，非服人之心也。乡方略，审劳佚，畜积修斗而能颠倒其敌者也。诈心以胜矣，彼以让饰争，依乎仁而蹈利者也，小人之杰也，彼固曷足称乎大君子之门哉！

彼王者则不然：致贤而能以救不肖，致强而能以宽弱，战必能殆之而羞与之斗，委然成文[2]以示之天下，而暴国安自化矣，有灾缪者然后诛之。故圣王之诛也，綦省矣。文王诛四，武王诛二，周公卒业，至于成王则安无诛矣。故道岂不行矣哉！文王载百里地而天下一，桀、纣舍之，厚于有天下之势而不得以匹夫老。故善用之，则百里之国足以独立矣；不善用之，则楚六千里而为雠人役。故人主不务得道而广有其势，是其所以危也。

持宠处位终身不厌之术：主尊贵之，则恭敬而僔[3]；主信爱之，则谨慎而嗛[4]；主专任之，则拘守而详；主安近之，则慎比而不邪；主疏远之，则全一而不倍；主损绌之，则恐惧而不怨。贵而不为夸，信而不处谦，任重而不敢专，财利至则善而不及也，必将尽辞让之义然后受，福事至则和而理，祸事至则静而理，富则施广，贫则用节。可贵可贱也，可富可贫也，可杀而不可使为奸也，是持宠处位终身不厌之术也。虽在贫穷徒处之势，亦取象于是矣。夫是之谓吉人。《诗》云："媚兹一人，应侯顺德。永言孝思，昭哉嗣服。"此之谓也。

求善处大重，理任大事，擅宠于万乘之国，必无后患之术：莫若好同之，援贤博施，除怨而无妨害人。能耐任之，则慎行此道也。能而不耐任，且恐失宠，则莫若早同之，推贤让能而安随其后。如是，有宠则必荣，失宠则必无罪，是事君者之宝而必无后患之术也。故知者之举事也，满则虑嗛，平则虑险，安则虑危，曲重其豫，犹恐及其祸，是以百举而不陷也。孔子曰："巧而好度，必节；勇而好同，必胜；知而好谦，必贤。"此之谓也。愚者反是：处重擅权，则好专事而妒贤能，抑有功而挤有罪，志骄盈而轻旧怨，以叁啬而不行施道乎上，为重招权于下以妨害人。虽欲无危，得乎哉！是以位尊则必危，任重则必废，擅宠则必辱，可立而待也，可炊而傹也。是何也？则堕之者众[5]而持之者寡矣。天下之行术：以事君则必通，以为仁则必圣，立隆而勿贰也。然后恭敬以先之，忠信以统之，慎谨以行之，端悫以守之，顿穷则从之疾力以申重之。君虽不知，无怨疾之心；功虽甚大，无伐德之色；省求多功，爱敬不倦。如是，则常无不顺矣。以事君则必通，以为仁则必圣，夫是之谓天下之行术。

少事长，贱事贵，不肖事贤，是天下之通义也。有人也，势不在人上而羞为人下，是奸人之心也。志不免乎奸心，行不免乎奸道，而求有君子圣人之名，辟之是犹伏而咶天，救经而引其足也[6]，说必不行矣，俞务而俞远。故君子时诎则诎，时伸则伸也。

【注释】

①文理：指礼仪制度。

②委然：有文采。

③僔：通“撙”，谦恭地后退。

④嗛：通“谦”，谦虚。

⑤堕：通“隳”，毁坏。

⑥经：通“缢”，上吊自杀。

【译文】

孔子门下，即使五尺高的童子，都以谈论春秋五霸为羞耻。这是什么原因呢？

回答说：春秋五霸的确不值得称道。齐桓公，是五霸中最负盛名的，但曾经为了争夺国家的政权杀死了自己的兄长；家庭内部姑姑、姐姐、妹妹中没出嫁的有七人，在宫廷之内，他更是纵情作乐、奢侈放纵，齐国收入的一半还不够他消费；对外，他欺骗邾国、袭击莒国，吞并了三十五个诸侯国。他的行为是如此之险恶肮脏、骄淫奢侈，这样的人哪有资格得到孔子的门下得所称道啊！

齐桓公这种行为，齐国没有灭亡反而称霸诸侯，这是什么原因呢？回答说：哎呀！齐桓公抓住了治理天下的关键所在，谁还能使其灭亡呢？他毫不怀疑管仲的才能，坚定不移地把国家托付给他，这是天下的大智慧啊！安定后忘掉了自己危急时的愤怒，忘记了管仲曾经射杀自己的一箭之仇，进而尊称他为“仲父”，这是天下最英明的决断啊！把管仲尊称为仲父，这样国内的亲族就没有人敢嫉妒他了；又给他高氏、国氏那样尊贵的地位，这样朝廷上的大臣没有谁敢怨恨他；给他三百社的封地，富人就没有谁敢与他为敌；高贵的、卑贱的、年长的、年轻的，都井然有序地追随齐桓公并尊重他。这些都是治理天下的关键所在。诸侯们只要掌握了其中的一个关键，就没有人能使其灭亡，何况齐桓公全部掌握了这几个关键，又怎么可能使其灭亡啊！他称霸诸侯，是理所当然的，不是侥幸得来的啊，这是有一定道理的。

但是孔子门下的弟子，即使五尺高的童子，都以谈论春秋五霸为羞耻。这是什么原因呢？

回答说：因为五霸不把政治教化作为治国的根本，没有尽力推崇礼仪，没有使礼仪制度条理化，不能使人心悦诚服；他们只是注重方法策略，注意使百姓劳逸结合、积蓄财物、加强战备因而能打败他们的敌人，他们依靠计谋取胜，以谦让来掩饰争夺，以仁爱的名义来谋求利益，他们是小人中的佼佼者，这样的人哪有资格得到孔子的门下得所称道啊！

那些王者就不是这样：他们极其贤能，能够去救助不贤的国君；极其强大，能够宽容弱国；一旦开战，就一定可以战胜对方，但以与那些国家争斗为耻辱；制定了完备的立法制度并将其公布于天下，而暴虐的国家就自然转变了；如果还有祸国殃民、谬误乖戾的，然后再去谴责惩罚他。因此圣明的帝王诛灭的国家是非常少的。周文王只讨伐了四个国家，而周武王只消灭了两个国家，周公完成了周朝称王天下的大业，到了周成王时天下安定就没可诛灭的了。因此礼义之道哪能不会实行呢！文王实行了礼义之道，虽然只占有百里见方的国土，但天下被他统一了；夏桀，商纣王抛弃了礼义之道，虽然实力雄厚得掌握了统治天下的权力，却不能像普通百姓一样终老。因此，善于运用治国之道，即使是百里见方的小国也可以独立生存；不善于运用治国之道，就会像楚国那样，即使拥有六千里广阔的土地也会被秦国所役使。因此，君主不致力于掌握治国之道而只求扩展自己的权势，是他之所以危亡的原因。

保持尊宠、守住官位、终身不被人厌弃的方法是：君主尊敬你，你就要恭敬而谦退；君主信任爱护你，你就要谨慎谦虚；君主将大权托付于你，你就要安于职守并详明法度；君主亲近你，你就要顺从而不邪恶；君主疏远你，你就要保持忠心耿耿的态度而不选择背叛；君主斥退你，你就要心怀恐惧而不怨恨。地位高贵，也不奢侈过度；君主信任，不忘记避嫌疑；身负重任，也不敢独断专行；财利到来时，倘若自己的功绩还不足以享有它，就一定要辞让之后才接受；幸福之事来临时，以一颗平和之心去对待它，灾祸之事来临时，冷静地去处理它；富裕了就广泛实行恩惠，贫穷了就节约费用。要做到可以富贵也可以卑贱，可以富裕也可以贫穷，可以杀身成仁却不可以行奸邪之事，这便是保持尊宠、居守官位，终身不被人厌弃的方法。即使处在贫穷孤立的境况下，也要遵照上述方式去做，这样就可称得上是吉祥的人了。《诗经》上说："受众人爱戴的武王，能够顺应祖先的德行。永远心怀忠孝之心，继承父业多修明！"说的就是这样的人啊。

寻求妥善地身居要位，掌握大权，能够在万乘大国独自拥有君主的恩宠而又没有后患的方法是：没有比与君主同心同德更好的了，引荐贤能的人，广泛地布施恩惠，消除怨恨而又不妨害他人。倘若自己具备担负起这项重大的职务的能力，那就谨慎地奉行它；倘若自己在担负起这项重大的职务方面能力还有所欠缺，同时又惧怕因此而失去君主对自己的宠爱，那就不如及早和君主同心同德，引荐贤能的人，将这项职务让给真正具备这种能力的人，而自己则心甘情愿地追随在后。倘若能够做到这一点，得到君主的恩宠就必定荣耀，失去君主的恩宠也肯定没有罪过。这是侍奉君主者的法宝，而且也是没有后患的方法。所以聪明人做事，圆满的时候就要考虑到不足，顺利的时候就要考虑到艰险，安全的时候就要考虑到危险，多方面做好准备，还担心会遭到祸患，倘若做到了这一点，无论做什么事也不会有大的失误了。孔子说："机智而又遵从法令制度，就必定可以做得恰到好处；勇敢而又善于跟别人合作，就必定可以取得胜利；学识渊博而又谦虚，就必定能够具备德才。"说的就是这个道理。愚蠢的人则与其恰恰相反：他们身居要职、大权在握的时候，喜好独断专行而又嫉贤妒能，压制有功的人，排挤有过的人，傲慢轻视与自己有结有旧仇的人。为人吝啬，不能对下施加恩惠；为了抬高身份，以招揽权力的手段去妨害别人，这样的人要是没有危险，可能吗？因此，这种人倘若身居高位就必定招致危险，权势大了就必然遭到罢免，虽然独受宠爱却一定

会遭受耻辱，这种结果站立片刻就可以到来，一顿饭的功夫就完成了。这是什么原因呢？原因就在于毁害他的人多而扶持他的人少啊。

能够通行于天下的办法是：用它来侍奉君主就一定会通达，用它来做人就必定会圣明。确立将立法作为最高的标准而绝不动摇，然后用恭敬的态度来引导它，用忠信来统率它，小心谨慎地实行它，端正诚实地保护它，处境困顿的时候就顺从它，并反复强调它；即使君主不了解，也没有怨恨之心；即使劳苦功高，也不夸耀自己；要求少，功劳多，敬爱君主而始终不会产生厌倦情绪。用这种方法侍奉君主就必然通达，用它来做人就一定会圣明，这就叫作能够通行于天下的办法。

年轻的侍奉年长的，卑贱的侍奉高贵的，不贤的侍奉贤能的，这是天下的普遍原则。

有些人地位不在别人之上，却耻于居于人下，这是奸邪之人的心思。思想上不免有奸邪的念头，行动不免有奸邪的做法，却企求得到君子、圣人的名声，这就好像是趴在地上去舔天，要救上吊的人却去拉他的脚，肯定是无法行得通的，反而会越去越远。因此，君子要根据时势变化，需要忍耐时就忍耐，容许施展抱负时就施展抱负。

儒效

【原典】

大儒之效：武王崩，成王幼，周公屏成王而及武王以属天下，恶天下之倍周 也。履天子之籍，听天下之断，偃然如固有之，而天下不称贪焉；杀管叔，虚殷国，而天下不称戾焉；兼制天下，立七十一国，姬姓独居五十三人，而天下不称偏焉。教诲开导成王，使谕于道，而能掩迹于文、武。周公归周，反籍于成王，而天下不辍事周，然而周公北面而朝之。天子也者，不可以少当也，不可以假摄为也。能则天下归之，不能则天下去之，是以周公屏成王而及武王以属天下，恶天下之离周也。成王冠，成人，周公归周反籍焉，明不灭主之义也。周公无天下矣；乡有天下[①]，今无天下，非擅也；成王乡无天下，今有天下，非夺也；变势次序节然也。故以枝代主而非越也，以弟诛兄而非暴也，君臣易位而非不顺也。因天下之和，遂文、武之业，明枝主之义，抑亦变化矣，天下厌然犹一也。非圣人莫之能为，夫是之谓大儒之效。

秦昭王问孙卿子曰："儒无益于人之国？"

孙卿子曰："儒者法先王，隆礼义，谨乎臣子而致贵其上者也。人主用之，则势在本朝而宜；不用，则退编百姓而悫[2]，必为顺下矣。虽穷困冻餧，必不以邪道为贪；无置锥之地，而明于持社稷之大义。呜呼而莫之能应，然而通乎财万物、养百姓之经纪。势在人上，则王公之材也；在人下，则社稷之臣、国君之宝也。虽隐于穷阎漏屋，人莫不贵之，道诚存也。

"仲尼将为司寇，沈犹氏不敢朝饮其羊，公慎氏出其妻，慎溃氏踰境而徙，鲁之粥牛马者不豫贾[3]，必蚤正以待之也。居于阙党，阙党之子弟罔不分，有亲者取多，孝弟以化之也。儒者在本朝则美政，在下位则美俗，儒之为人下如是矣。"

王曰："然则其为人上何如？"

孙卿曰："其为人上也，广大矣！志意定乎内，礼节修乎朝，法则度量正乎官，忠信爱利形乎下。行一不义、杀一无罪而得天下，不为也。此君义信乎人矣，通于四海，则天下应之如讙。是何也？则贵名白而天下治也。故近者歌讴而乐之，远者竭蹶而趋之，四海之内若一家，通达之属莫不从服。夫是之谓人师。《诗》曰：'自西自东，自南自北，无思不服。'此之谓也。夫其为人下也如彼，其为人上也如此，何谓其无益于人之国也？"

昭王曰："善！"

先王之道，仁之隆也，比中而行之。曷谓中？曰：礼义是也。道者，非天之道，非地之道，人之所以道也，君子之所道也。君子之所谓贤者，非能遍能人之所能之谓也；君子之所谓知者，非能遍知人之所知之谓也；君子之所谓辩者，非能遍辩人之所辩之谓也；君子之所谓察者，非能遍察人之所察之谓也：有所止矣。相高下，视墝肥[④]，序五种，君子不如农人；通财货，相美恶，辩贵贱，君子不如贾人；设规矩，陈绳墨，便备用，君子不如工人；不恤是非、然不然之情，以相荐撙，以相耻怍[⑤]，君子不若惠施、邓析。若夫谲德而定次，量能而授官，使贤不肖皆得其位，能不能皆得其官，

万物得其宜，事变得其应，慎、墨不得进其谈，惠施、邓析不敢窜其察，言必当理，事必当务，是然后君子之所长也。

凡事行，有益于理者，立之；无益于理者，废之。夫是之谓中事。凡知说，有益于理者，为之；无益于理者，舍之。夫是之谓中说。事行失中，谓之奸事；知说失中，谓之奸道。奸事、奸道，治世之所弃而乱世之所从服也。若夫充虚之相施易也，坚白、同异之分隔也，是

聪耳之所不能听也，明目之所不能见也，辩士之所不能言也，虽有圣人之知，未能偻指也[⑥]。不知无害为君子，知之无损为小人。工匠不知，无害为巧；君子不知，无害为治。王公好之则乱法，百姓好之则乱事。而狂惑戆陋之人[⑦]，乃始率其群徒，辩其谈说，明其辟称，老身长子，不知恶也。夫是之谓上愚，曾不如相鸡狗之可以为名也。《诗》曰："为鬼为蜮，则不可得。有靦面目，视人罔极。作此好歌，以极反侧。"此之谓也。

我欲贱而贵，愚而智，贫而富，可乎？

曰：其唯学乎！彼学者，行之，曰士也；敦慕焉，君子也；知之，圣人也。上为圣人，下为士君子，孰禁我哉！乡也，混然涂之人也，俄而并乎尧、禹，岂不贱而贵矣哉！乡也，效门室之辨，混然曾不能决也，俄而原仁义，分是非，图回天下于掌上而辨黑白，岂不愚而知矣哉！乡也，胥靡之人，俄而治天下之大器举在此，岂不贫而富矣哉！今有人于此，屑然藏千溢之宝[⑧]，虽行貣而食，人谓之富矣。彼宝也者，衣之不可衣也，食之不可食也，卖之不可偻售也，然而人谓之富，何也？岂不大富之器诚在此也？是杅杅亦富人已，岂不贫而富矣哉！故君子无爵而贵，无禄而富，不言而信，不怒而威，穷处而荣，独居而乐，岂不至尊、至富、至重、至严之情举积此哉！

故曰：贵名不可以比周争也，不可以夸诞有也，不可以势重胁也，必将诚此然后就也。争之则失，让之则至，遵道则积，夸诞则虚。故君子务修其内而让之于外，务积德于身而处之以遵道。如是，则贵名起如日月，天下应之如雷霆。故曰：君子隐而显，微而明，辞让而胜。《诗》曰："鹤鸣于九皋，声闻于天。"此之谓也。鄙夫反是：比周而誉俞少，鄙争而名俞辱，烦劳以求安利，其身俞危。《诗》曰："民之

无良，相怨一方，受爵不让，至于己斯亡。”此之谓也。

故能小而事大，辟之是犹力之少而任重也，舍粹折无适也。身不肖而诬贤，是犹伛伸而好升高也，指其顶者愈众。故明主谲德而序位，所以为不乱也；忠臣诚能然后敢受职，所以为不穷也。分不乱于上，能不穷于下，治辩之极也。《诗》曰：“平平左右，亦是率从。”是言上下之交不相乱也。

以从俗为善，以货财为宝，以养生为己至道，是民德也。行法至坚，不以私欲乱所闻，如是，则可谓劲士矣。行法至坚，好修正其所闻，以桥饰其情性，其言多当矣而未谕也，其行多当矣而未安也，其知虑多当矣而未周密也，上则能大其所隆，下则能开道不己若者，如是，则可谓笃厚君子矣。修百王之法若辨白黑，应当时之变若数一二，行礼要节而安之，若生四枝，要时立功之巧，若诏四时，平正和民之善，亿万之众而博若一人，如是，则可谓圣人矣。

井井兮其有理也，严严兮其能敬己也，分分兮其有终始也，猒猒兮其能长久也，乐乐兮其执道不殆也，炤炤兮其用知之明也，修修兮其用统类之行也，绥绥兮其有文章也，熙熙兮其乐人之臧也，隐隐兮其恐人之不当也，如是，则可谓圣人矣。此其道出乎一。曷谓一？曰：执神而固。曷谓神？曰：尽善挟治之谓神，万物莫足以倾之之谓固。神固之谓圣人。

圣人也者，道之管也：天下之道管是矣，百王之道一是矣。故《诗》《书》《礼》《乐》之道归是矣。《诗》言是，其志也；《书》言是，其事也；《礼》言是，其行也；《乐》言是，其和也；《春秋》言是，其微也。故《风》之所以为不逐者，取是以节之也；《小雅》之所以为《小雅》者，取是而文之也；《大雅》之所以为《大雅》者，

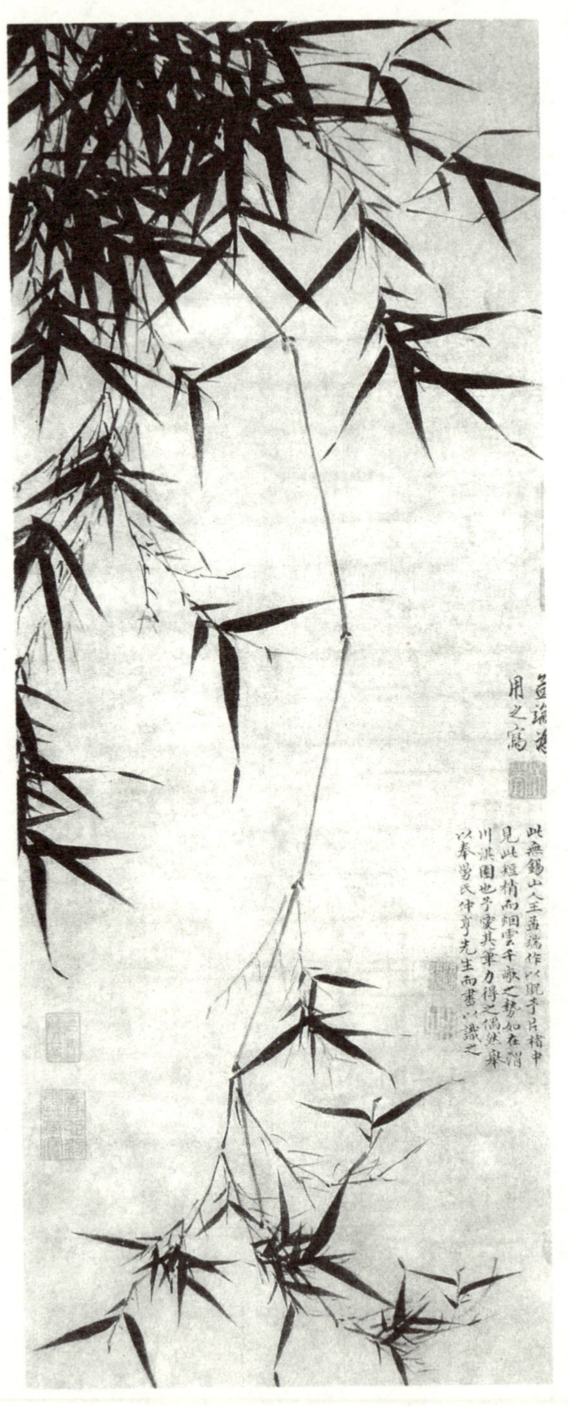

取是而光之也；《颂》之所以为至者，取是而通之也：天下之道毕是矣。乡是者臧，倍是者亡。乡是如不臧，倍是如不亡者，自古及今，未尝有也。

客有道曰：“孔子曰：‘周公其盛乎！身贵而愈恭，家富而愈俭，胜敌而愈戒。’”

应之曰：“是殆非周公之行，非孔子之言也。武王崩，成王幼，周公屏成王而及武王，履天子之籍，负扆而坐[9]，诸侯趋走堂下。当是时也，夫又谁为恭矣哉！兼制天下，立七十一国，姬姓独居五十三人焉，周之子孙苟不狂惑者，莫不为天下之显诸侯，孰谓周公俭哉！武王之诛纣也，行之日以兵忌，东面而迎太岁，至汜而泛，至怀而坏，至共头而山隧。

霍叔惧曰：'出三日而五灾至，无乃不可乎？'周公曰：'刳比干而囚箕子，飞廉恶来知政，夫又恶有不可焉？'遂选马而进，朝食于戚，暮宿于百泉，厌旦于牧之野。鼓之而纣卒易乡，遂乘殷人而诛纣。盖杀者非周人，因殷人也。故无首虏之获，无蹈难之赏。反而定三革，偃五兵，合天下，立声乐，于是武象起而韶护废矣。四海之内，莫不变心易虑以化顺之。故外阖不闭，跨天下而无蕲。当是时也，夫又谁为戒矣哉！"

造父者，天下之善御者也，无舆马则无所见其能。羿者，天下之善射者也，无弓矢则无所见其巧。大儒者，善调一天下者也，无百里之地则无所见其功。舆固马选矣，而不能以至远一日而千里，则非造父也。弓调矢直矣，而不能射远中微，则非羿也。用百里之地，而不能以调一天下、制强暴，则非大儒也。

彼大儒者，虽隐于穷阎漏屋，无置锥之地，而王公不能与之争名；在一大夫之位，则一君不能独畜，一国不能独容，成名况乎诸侯，莫不愿得以为臣；用百里之地，而千里之国莫能与之争胜，笞棰暴国，齐一天下，而莫能倾也。是大儒之征也。其言有类，其行有礼，其举事无悔，其持险应变曲当，与时迁徙，与世偃仰，千举万变，其道一也。是大儒之稽也。其穷也，俗儒笑之；其通也，英杰化之，嵬琐逃之，邪说畏之，众人媿之。通则一天下，穷则独立贵名，天不能死，地不能埋，桀、跖之世不能污，非大儒莫之能立，仲尼、子弓是也。

故有俗人者，有俗儒者，有雅儒者，有大儒者。不学问，无正义，以富利为隆，是俗人者也。逢衣浅带，解果其冠，略法先王而足乱世，术缪学杂举，不知法后王而一制度，不知隆礼义而杀《诗》《书》；其衣冠行伪已同于世俗矣，然而不知恶者；其言议谈说已无以异于墨子矣，然而明不能别；呼先王以欺愚者而求衣食焉，得委积足以揜其口，则扬扬如也；随其长子，事其便辟，举其上客，億然若终身之虏而不敢有他志：是俗儒者也。法后王，一制度，隆礼义而杀《诗》《书》；其言行已有大法矣，然而明不能齐法教之所不及，闻见之所未至，则知不能类也；知之曰知之，不知曰不知，内不自以诬，外不自以欺，以是尊贤畏法而不敢怠傲，是雅儒者也。法先王，统礼义，一制度；以浅持博，以古持今，以一持万，苟仁义之类也，虽在鸟兽之中，若别白黑；倚物怪变，所未尝闻也，所未尝见也，卒然起一方，则举统类而应之，无所儗㤰[10]；张法而度之，则晻然若合符节：是大儒者也。

故人主用俗人，则万乘之国亡；用俗儒，则万乘之国存；用雅儒，则千乘之国安；用大儒，则百里之地久，而后三年，天下为一，诸侯为臣，用万乘之国，则举错而定，一朝而伯。

不闻不若闻之，闻之不若见之，见之不若知之，知之不若行之。学至于行之而止矣。行之，明也；明之为圣人。圣人也者，本仁义，当是非，齐言行，不失豪厘，无它道焉，已乎行之矣。故闻之而不见，虽博必谬；见之而不知，虽识必妄；知之而不行，虽敦必困。不闻不见，则虽当，非仁也。其道百举而百陷也。

故人无师无法而知，则必为盗；勇，则必为贼；云能，则必为乱；察，则必为怪；辩，则必为诞。人有师有法而知，则速通；勇，则速威；云能，则速成；察，则速尽；辩，则速论。故有师法者，人之大宝也；无师法者，人之大殃也。人无师法，则隆性矣；有师法，则隆积矣。而师法者，所得乎情，非所受乎性，不足以独立而治。性也者，吾所不能为也，然而可化也；情也者，非吾所有也，然而可为也。注错习俗，所以化性也；并一而不二，所以成积也。习俗移志，安久移

质。并一而不二则通于神明，参于天地矣。

故积土而为山，积水而为海，旦暮积谓之岁，至高谓之天，至下谓之地，宇中六指谓之极，涂之人百姓，积善而全尽谓之圣人。彼求之而后得，为之而后成，积之而后高，尽之而后圣。故圣人也者，人之所积也。人积耨耕而为农夫，积斲削而为工匠，积反货而为商贾，积礼义而为君子。工匠之子莫不继事，而都国之民安习其服，居楚而楚，居越而越，居夏而夏，是非天性也，积靡使然也。故人知谨注错，慎习俗，大积靡，则为君子矣。纵性情而不足问学，则为小人矣；为君子则常安荣矣，为小人则常危辱矣；凡人莫不欲安荣而恶危辱，故唯君子为能得其所好，小人则日徼其所恶。《诗》曰：“维此良人，弗求弗迪；维彼忍心，是顾是复。民之贪乱，宁为荼毒。”此之谓也。

人论：志不免于曲私，而冀人之以己为公也；行不免于污漫，而冀人之以己为修也；甚愚陋沟瞀，而冀人之以己为知也，是众人也。

志忍私，然后能公；行忍情性，然后能修；知而好问，然后能才；公修而才，可谓小儒矣。志安公，行安修，知通统类：如是则可谓大儒矣。大儒者，天子三公也；小儒者，诸侯、大夫、士也；众人者，工农商贾也。礼者，人主之所以为群臣寸尺寻丈检式也，人伦尽矣。

君子言有坛宇，行有防表，道有一隆。言政治之求，不下于安存；言志意之求，不下于士；言道德之求，不二后王。道过三代谓之荡，法二后王谓之不雅。高之下之，小之巨之，不外是矣。是君子之所以骋志意于坛宇宫庭也。故诸侯问政不及安存，则不告也；匹夫问学不及为士，则不教也；百家之说不及后王，则不听也。夫是之谓君子言有坛宇，行有防表也。

【注释】

①乡：通“鄉（xiàng）”以前，从前。

②编：列次。此指编户口。

③粥：通“鬻（yù）”，卖。

④墝（qiāo）：土地贫瘠。

⑤以相耻怍：互相诋毁。

⑥偻指：屈指算来，指很快能够说清。

⑦戆（gàng）陋：指人愚蠢。

⑧溢：通“镒”，古代的度量单位，黄金二十两或二十四两为一镒。

⑨扆（yǐ）：古时宫殿中门与窗户之间的屏风。

⑩儗怍（yì zuò）：惭愧，疑惑。

【译文】

大儒所起的作用是：周武王去世之后，成王还年幼，周公担心天

下会有人背叛周朝，就拥护成王继承武王之位来统辖天下。他登上了天子之位，处理天下大事而心安理得，就如同这些权力他本来就应该拥有一样，但是天下的人并没有将周公的这种做法看作是贪图王位。周公杀了管叔，把殷国都城变成了废墟，但是天下的人并没有将周公的这种做法看作是残暴劣行。周公控制天下，分封七十一个诸侯国，其中姬姓的占了五十三个，但是天下的人并没有将周公的这种做法看作是偏私之举。周公教导成王，使他明白礼仪之道，使他能继承先辈的事业。周公把王位归还给成王，可是天下诸侯继续臣服于周，周公也回到臣位，北面而朝拜成王。天子这种职权，不可以让年幼的人掌管，也不可以由别人代理行使。能胜任这一职位的人，天下人就会归顺他，反之，天下人就会背离他。因此，周公拥护成王继承武王之位来统辖天下，这是深恐天下人背叛周王朝。成王到了二十岁，已经长大成人了，周公就把王位归还给他，以表明他不灭掉嫡长子的礼义法度。于是，周公就没有统治天下的权力了。他过去拥有天下，现在没有了，这并非禅让；成王过去没有天下，现在拥有了，这并非篡夺；这是因为地位次序的变化啊。因此，周公以旁支的身份来代替嫡长子执政并不算超越本分，弟弟诛杀兄长也不算残暴，周公与成王调换了地位并不算不顺位。依靠天下的安定，完成了文王和武王的功业，彰明了旁支和君权的大义，虽然有了这样的变化，可是天下仍安然如一。除了圣人没有人能够做到这一点，这就是大儒的作用。

秦昭王问荀子说："儒者对于人世间的国家没有什么益处吧？"荀子回答说："儒者效法先王，尊崇礼义，谨慎地做臣子，极其敬重他们的君主。倘若得到君主的任用，他们在朝廷内会做一个称职的臣子；倘若不为君主所任用，他们就会退居民间，在编入的户籍册中，做一

个诚实、顺服的老百姓。即使贫穷困苦、受冻挨饿，他们也一定不会用不正当的手段去谋取财利；即使贫穷得没有安身之处，也能深明维护国家的大义。虽然他们的呼声没有人响应，但是他通晓管理万物、养育百姓的纲纪。倘若他们的地位在别人之上，那就是当天子、诸侯的干才；倘若地位在人之下，他们也是国家的栋梁。即使隐居在偏僻的里巷与狭小简陋的房屋之中，人们也会以其为尊贵，因为他们确实掌握着治国的大道啊。

“孔子就要担任鲁国司寇了，奸商沈氏知道了，卖羊时，他就不敢在早晨把羊喂饱饮足以欺骗买主，公慎氏也休掉了淫乱的妻子，慎溃氏越境搬走了，鲁国卖牛马的也不再漫天要价了，这是孔子以正道对待他们的缘故啊。孔子寄居在阙党时，阙党子弟将捕获的鱼兽进行分配，其中有父母的人就分得多一些。这是孔子借孝悌之道教化他们的缘故啊。儒者在朝廷中担任官职，就能使

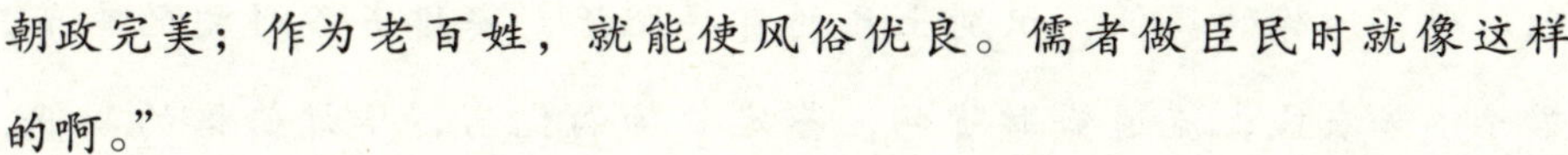

朝政完美；作为老百姓，就能使风俗优良。儒者做臣民时就像这样的啊。”

秦昭王问：“那么，儒者地位在人之上的时候，又是怎样呢？”

荀子回答说：“儒者在人之上，其影响就更深远了！他们意志坚定，用礼义制度修治朝廷，用各种规章制度整顿官府，百姓之中，忠诚、信实、仁爱、利他的美德蔚然成风。为了获得天下而做不合礼义的事情，错杀无罪的人，这样的事情，他们是一件也不会做的。这种做君主的道义被人民相信了，传遍了四面八方，那么天下的人就会异口同声地欢呼响应他。这是为什么呢？原因就在于他尊贵的名声远扬，天下的人都很仰慕啊。因此，近处的人歌颂他而且热爱他，远处的人竭力奔走来投奔他。这样，四海之内，如同一家一样，凡是交通能到达的地方，没有谁不服从。这就是为人楷模。《诗经》上说：“从西到东，从南到北，没有不臣服的。”说的就是这种情况。儒者做臣民的时候像上述那样，处在人之上是这个样子，怎么能说他们对于治理国家没有好处呢！”

昭王说：“讲得好！”

古代圣明帝王的政治原则，是“仁”的最高体现，是按照最适中的标准去实行的。什么叫作适中呢？回答说：就是礼义。这个“道”，不是天之道，也不是地之道，而是人们应该遵循的法则，君子应该遵循的法则。

君子的所谓贤能，并非能够全部做到别人所能做到的一切；君子的所谓明智，并非完全能知道别人所知道的一切；君子的所谓分辨，并非够完全分辨别人所能分辨的事物；君子的所谓详察，并非完全能够详察别人所能详察的意思。君子的能力与知识也是有一定限度的啊。观察地势的高低，识别土质的贫瘠肥沃，安排五谷种植的季节，君子不如农民；流通钱财货物，鉴定货物的优劣，争讨价格的高低，君子不如商人；设置圆规曲尺，陈设墨线，完善各种器具，君子不如工人；不顾是与非、对与错的实际情况，互相贬抑、相互讥羞，君子不如惠施、邓析。至于评估德行来确定等级，衡量人的才能而授予官职，使贤人与不贤的人各安其位，有才能与没有才能的人都得到应有的职事，使各种事物都得到适宜的处置，各种突发变化都得到相应的处理，慎到和墨翟也不能发表他们的议论，惠施、邓析不能渗透他们的诡辩，说话一定要符合理性，做事要有缓有急，这些才是君子所擅长的。

无论做什么事情，有益于原则的就去做；反之，就不做。这就叫正确处理事情。知识学说，有益于原则的就实行；反之，就舍弃。这就叫正确对待学说。事情和行为不得当，就叫奸邪的事；知识学说不得当，就叫奸邪的学说。奸邪的事与奸邪的学说，是太平盛世所抛弃的，但在混乱的社会却会有人遵从。至于虚实的相互转化，"离坚白""合同异"的分析，即使是耳朵灵敏的人也无法听懂，眼明的人也无法看清，善辩的人也无法讲明，也不能很快地将其点明。不懂得这些，并不妨碍他成为一个君子。懂得这些，也不能说他就不是一个小人。就如工匠，他不懂得这些，并不妨碍他成为能工巧匠；君子不懂得这些，也不妨碍治理国家大事。天子诸侯喜好奸事、奸道，就会搞乱法度；老百姓喜好奸事、奸道，就会搞乱事情。但是那些狂妄糊涂、愚蠢浅陋的人，却带领他们的徒众，申辩他们的奇谈怪论，并用譬喻和引证来阐明，一直到自己衰老了、儿子长大了，也不知道厌恶那一套。这可以说是最愚蠢的人了，还不如鉴别鸡狗优劣的人可以因此而获得名声。《诗经》上说："你若是鬼是怪，无影无形我自然看不清！你这样丑陋的面目，我终会将你看透。我作这支歌，就是要揭穿你的反复无常。"说的就是这个意思。

我想由卑贱变得高贵，由愚昧变得智慧，由贫困变得富有，可以吗？

回答说：只有借助学习了吧！那些学习的人，能遵行学到的东西，就可称为士人；能勤奋努力，就可称为君子；能精通学到的东西，就可称为圣人。既然最高可以成为圣人，就算次一等的也可成为士人、君子，那么谁能阻止我上进呢？过去还只是一个混混沌沌的平常人，一会儿就可以和尧、禹这样的贤君并列在一起，这难道不是由卑贱变成高贵吗？过去竟不能区分户内与户外礼节的区别，一会儿就能追溯仁义的本源，分辨是非，处理天下的大事就如同分辨手掌上的黑、白颜色一样简单，这难道不是由愚昧变成明智吗？过去一无所有，顷刻间治理天下的大权全部到了他手中，这难道不是由贫穷变得富有了吗？假如现在有这样一个人，他贮藏了无数的金银财宝，即使他靠外出乞讨来糊口，人们也会说他富有。他的财宝，既不能够穿，也不能够吃；即使卖它也不能很快出售。但是人们却说他富有，这是什么原因呢？这难道不是因为他这里确实有巨大的财富吗？这样看来，学识渊博也就成为富人了，这难道不是由贫困变得富有了吗？因此，君子没有官位也高贵，没有俸禄也富有，不用说话也能取信于人，不用发怒也有威严，处境穷困依然荣耀，处境孤独仍然快乐，君子那些最高贵、最富有、最庄重、最严肃的实质难道不都集中在这种学习之中了吗？

因此说：尊贵的名声，不能靠拉帮结派来争得，不能靠自我吹嘘去占有，也不能靠权势地位的威胁去获得，一定要真正地在学习上下了工夫，才能取得成就。争夺反而会失去，礼让反而会得到，谦虚反而会积累，夸耀吹嘘反而会落空。因此，君子致力于自己内在的思想修养，在行为上要谦让，应当致力于自身美德的积聚，遵循正确的原则处理事物。倘若做到了这一点，那么尊贵的名声就会如同日月一般彰明，天下的人就会像雷霆那样轰轰烈烈的响应他。因此说，即使君子隐居了，名声也仍然显著；即使身份卑微，地位却荣耀显赫；即使谦让，也会胜过他人。《诗经》上说："仙鹤在沼泽里鸣叫，声音直冲云霄。"说的就是这个意思。

鄙陋的人则恰恰与此相反。他们拉帮结伙，但党羽越来越少；借助卑鄙的手段去争夺名誉，名声反而越来越臭；尽心竭力去追求安逸与私利，而自身却越来越危险。《诗经》上说："有些人不善良，总是怨恨别人，他只知道争取官位，而不懂得谦让，最终自取灭亡。"说的就是这种人。

能力不足却想要做大事，这就如同气力很小而偏要去挑重担一

样，除骨折、腰损之外，再没有其他的结局了。自己不贤却妄称贤能，这就如同一个身躯佝偻的人总想爬高一样，指着他的头顶而笑话他的人就会更多。因此，英明的君主根据人的德行安排官位，是为了防止混乱；忠诚的臣子确实有能力胜任，然后才敢接受官职，是为了不使自己陷于困窘。君主安排官职不混乱，臣子按能力任职不会陷入窘境，这就是治国的最高境界了。《诗经》中说："君主身边的臣子都非常有才能，而且都很听从君上的命令。"这就是说，上下的关系不会互相错乱了。

以随从习俗作为美德，以钱财货物作为珍宝，以保养身体延续生命为自己的最高准则，这是普通百姓的德行。行为合乎法度，意志坚定，不因为个人的欲望扰乱所学到的东西，像这样就可以称得上是正直的士人了。行为合乎法度，意志坚定，喜欢改正自己所学到的东西，用来矫正自己原有的性情；他的言论多半恰当但未能全讲明白；他的行为多半恰当但还不完全妥当；所考虑的事多半是正确的，但还不周密；对上能发扬光大他所尊崇的礼义，对下能开导不如自己的人；像这样就可以称得上是忠厚老实的君子了。修习历代帝王的法度，就像分辨黑白一般明了；应付当时的变化，就像数一二那样容易；遵行礼节，处之泰然，就像运动身体四肢一样行动自如；抓住时机建立功业的技巧就像预告四季那样准确；治理政事，安定百姓，把亿万人团结得像一个人，这样就可以称为圣人了。

整整齐齐啊，他做事有条不紊；威风凛凛啊，他是那样受尊敬；坚定不移啊，他是那样始终如一、明明白白；心满意足啊，他能长久得安稳；痛痛快快啊，他是那样地执行原则毫不怠慢；洞察一切啊，他运用智慧多么英明；勤勤恳恳啊，他的行为多么符合礼义法度；安

泰自若啊，他掌握礼仪制度有根本；和和蔼蔼啊，他是那么喜爱别人的善美；忧心忡忡啊，他怕别人不守名分。像这样就称得上是圣人了。这是由于他的道产生于专一的缘故。

何谓专一？回答说：保持神明与稳固。什么叫作神明与稳固？答案是：以完备周全的方法治理国家叫作神明，任何事物都不能颠覆它就叫作稳固。既神明又稳固就称得上是圣人了。

圣人，是思想原则的枢纽。天下的思想原则都集中在他这里了，历代圣王的思想原则也统一在他这里了。因此，《诗经》《尚书》《礼经》《乐经》的思想原则也都归属在这里了。《诗经》中说的是圣人的意志；《书经》说的是圣人的政事；《礼经》说的是圣人的行为；《乐经》说的是圣人的协调；《春秋》说的是圣人的微言大义。因此，《国风》之所以不是放荡的作品，是因为以此节制它的缘故；《小雅》之所以为小雅，是因为用它来美化的缘故；《大雅》之所以为大雅，是因为用它来光大的缘故；《颂》之所以达到了诗的最高峰，是因为用它的精神来贯穿的缘故。天下的思想原则全在这里了。顺着它去做，就会得到昌盛，违背

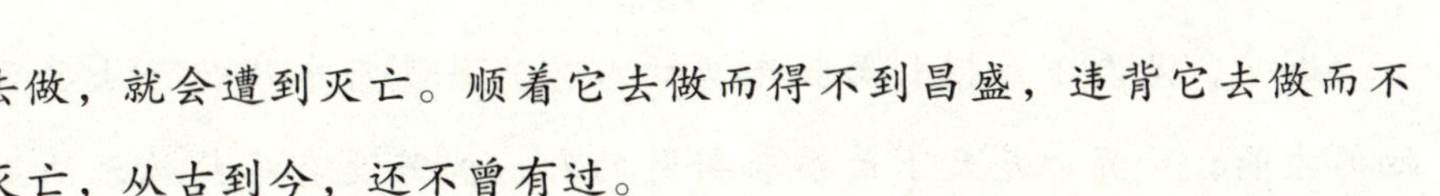

它去做，就会遭到灭亡。顺着它去做而得不到昌盛，违背它去做而不被灭亡，从古到今，还不曾有过。

有个客人说：“孔子说：‘周公多么伟大啊，他的地位高贵却更加谦恭有礼，他的家庭富有却节俭有加，战胜了敌人却更加戒备。’”

荀子回答说：“这恐怕不是周公的所作所为，也不是孔子的观点。武王去世之后，成王还年幼，周公担心天下有人会背叛周朝，就拥护成王继承武王之位来统辖天下。他登上天子之位，背靠屏风而立，诸侯在堂下小步快走来朝见。在那个时候，他又对谁谦恭有礼呢！确立了对天下的全面统治，分封了七十一个诸侯国，姬姓就有五十多个，周室的子孙只要不是狂妄愚蠢的，没有不成为显贵的诸侯的。谁又能说周公节俭呢？武王率兵征伐纣王的时候，出师那天恰逢兵忌之日，向东进兵冲犯了太岁，兵到汜水又遇江水泛滥，到了怀城又遇城墙倒塌，到了共头山又遇到山崩。霍叔害怕地说：‘出兵三天就遇到了五次灾难，恐怕讨伐的时机还不成熟吧？’周公却说：‘纣王将比干剖腹挖心，还囚禁了箕子，飞廉、恶来当政，又有什么不可以呢？’于是他挑选精兵继续前进，早晨在戚地吃饭，晚上在百泉宿营，第二天黎明时就逼近牧野。击鼓进攻，纣王的士兵就掉转方向倒戈起义了，于是，周军借用商人的力量诛杀了纣王。原来杀纣王的并不是周国的人，而是依靠了商朝的人。因此，周军将士没有斩获头颅和俘虏敌人，也没有冲锋陷阵的赏赐。周国的军队回去以后，就把盔甲和兵器收藏起来，统一了天下，会合天下诸侯，创作了乐曲，于是就用周乐《武》《象》代替了原来的《韶》《护》之乐。整个天下，没有不改变思想，而归顺周朝的。因此，家家不必关闭大门，走遍天下也没有什么边界。在这个时候，还要戒备谁呢？”

造父，是天下最擅长驾驶车马的人，倘若没有车马就无法显现出他的才能；后羿，是天下最擅长射箭的人，倘若没有弓箭就无法显现出他的技艺；大儒，是善于使天下百姓协调一致的人，倘若没有方圆百里的土地就无法显示他的功用。如果车子坚固，又有良马，却不能以日行千里的速度到达远方，那么他就不是造父了；弓调好了，箭也很直，却不能射中远处微小的目标，那他就不是后羿了；治理百里之地，却不能统一天下、制服强暴，那他就不是大儒了。

那些大儒，即使隐居在偏僻的里巷与狭小简陋的房子里，虽然自己贫穷得无立锥之地，但王公大人们不能与他争名；虽身处一大夫之位，但一个国家的君王不能单独占有他，一个国家不能单独容纳他，他的盛名比同于诸侯，各国诸侯无不愿意让他们来当自己的臣子。他统辖百里见方的封地，虽然他所管辖的仅是百里见方的小国，但是拥有千里大国的人不能同他相匹敌；打击暴虐的国家，统一天下，没有什么能够动摇他，这就是伟大的儒者所具有的特征。他的言行合乎礼义，做事果断，处理危机、应付突发的事变恰到好处；他顺应时世，因时制宜，不管外界怎样变化，他的道术是始终如一的，这就是大儒的典范。他穷困失意时，庸俗的儒生都耻笑他；他显达得志的时候，英雄豪杰都被他感化，怪诞鄙陋的人都逃避他，坚持邪说的人都惧怕他，一般民众都愧对他。在他显达时，就官运亨通，就能够统一天下；在他处于困境时，就能独自树立高贵的名声。上天不能使他死亡，大地也不能将他埋葬，即使夏桀、盗跖的时代也不能玷污他，如果不是大儒，就不能这样立身处世，而孔子、子弓就是这样的人。

所以，有庸俗的人，有庸俗的儒士，有高雅的儒士，有大儒。不学习，不讲求正义，把财富和利益作为一生的追求，这是庸俗的人。

穿着宽大的衣服并束着宽大的腰带，戴着中间高两旁低的帽子，粗略地效法先王而足以扰乱当今天下的道术；杂举荒谬的学说，不知道把实践礼义放在首要地位而把记诵《诗经》《尚书》放在次要地位；他的穿戴、行为已经和世俗一样了，然而却不知道厌弃；他的言谈议论已经和墨子没有什么不同了，然而他的智慧却不能辨别；他靠吹捧先王欺骗愚蠢的人，从而获得衣食，得到一点积蓄足以糊口就得意洋洋；顺从显贵的人，侍奉他们的亲信小人，吹捧他的座上客，心安理得地好像是他终生的奴仆，而

不敢有其他任何志向，这种人就是庸俗的儒士。效法后代的帝王，统一制度，推崇礼仪而把《诗经》《尚书》降到次要位置，他的言行已经合乎法度了，然而他的智慧还不能解决法度和教育没有涉及的问题，以及见闻所没有达到的事物，即使有智慧还不能触类旁通；知道

就说知道，不知道就说不知道，对内不欺骗自己，对外不欺骗别人，依照这样尊敬贤人畏惧法制而不敢懈怠骄傲，这种人即为高雅的儒士。效法古代的圣王，总括礼义，统一制度，能从浅显把握广博，根据古代把握现代，根据单一之事推知世间万事万物，如果是合乎仁义的事物，即使在鸟兽之中，就如同能够辨别黑白一样容易；奇特的事情，古怪的变化，从未曾听到过，也未曾看见过，突然发生了，也能拿礼义来应对，而没有什么疑惑与惭愧，应用礼法来衡量，就如同符节相合一样完全合拍，这就是大儒。

因此，君主用庸俗的人执政，那么万乘之国也会灭亡；任用庸俗的儒士执政，万乘大国也仅能保存；用高雅的儒士执政，千乘之国家就能保平安；任用大儒来执政，那么百里见方的小国最多不超过三年，就会统一天下，各国诸侯都来称臣；如果任用大儒治理万乘大国，就会政令布施，国家安定，很快就可以名扬天下。

没有听到不如听到，听到不如见到，见到不如理解，理解不如亲自实践。做到知行合一就达到极致了。通过实践，就能明白事理，明白事理，就能成为圣人。圣人，以仁义为根本，能恰当地判断是非，能使言行保持一致，丝毫不会有差错，这并没有其他窍门，就在于把学到的知识切实地付诸实践而已。所以听到而没有亲眼看到，即使听到的很多，也必然有谬误；见到了而不理解，虽然记住了，也必有错误；理解了而不付诸实践，即使知识很多，也将会陷入困境。没有听见，也没有看见，即使做对了，也不是仁，把偶然当作根本方法来做事，这种办法采取一百次会失误一百次。

所以，人如果没有老师的教导，不懂得法度，如果具有智慧，就必定会成为强盗；如果有勇气，就必定会成为小偷；如果有才能，就

必定会作乱；能够明察，就会发表奇谈怪论；如果善于辩驳，就一定会虚妄诡辩。但有了老师的教导，懂得法度，如果具有智慧，就会很快地通晓事理；如果有勇气，就会很快地树立威严；如果有才能，就能很快取得成功；如果能明察，就会迅速详尽地了解事物；如果善辩，就能很快判断是非。因此，有老师的教导和法度，就是人们最大的财富；反之，没有老师的教导和没有法度，是人们的大祸害。

没有老师的教导，不懂得法度，人就会任性而为；如果有老师教导，懂得法度，就会不断积累学习；而老师的法度本身也是通过学习的积累得来的，不是从先天本性那里秉承来的，不能独立地治理自己。本性，不是我们后天所能造成的，然而可以改变它；积累，不是我们先天所有的，却可以形成；行为习俗，是用来改变人的思想的，长久地受行为习俗的影响，就会改变人的本性。只要专心致志，不三心二意，就可以通于神明，与天地相并列了。

因此，泥土堆积起来能成为高山，细流汇积起来能形成大海，一朝一夕积累起来就叫作年，最高的地方是天，最低的地方是地，宇宙中上、下、东、西、南、北六个方向称为极，路上的普通老百姓积累善行而达到了尽善尽美就叫作圣人。那都是追求以后才能得到，努力之后才能成功，不断积累才能提高，最终达到完美就能成为圣人。因此，圣人就是普通人的善行日积月累的结果啊。人们积累了锄草耕田的经验就成为了农夫，积累了砍削的技巧就成为了工匠，积累了贩卖货物的经验就成为了商人，积累了合乎礼义的德行就成为了君子。工匠的儿子继承父亲的事业，国都里的居民安心习惯于本地的习俗。楚国有楚国的风俗习惯，越国有越国的风俗习惯，中原地带有中原地带的风俗习惯。这些都不是先天的本性，而是后天积累、磨炼的结果啊。

所以，如果人们行为谨慎，认真地对待风俗习惯，不断加强德行的修养和磨炼，就可以成为君子了；如果放纵本性而不重视学习，就会成为小人了。成为君子，就能经常安泰和荣耀了；成为小人，就经常遇到危险和耻辱了。没有人不希望安泰和荣耀而厌恶危险和耻辱的，然而唯有君子才可以得到他所喜好的，小人就只能每天招致他所厌恶的。《诗经》上说："对于这么多贤良的人，你不访求不进用；对那些狠毒的人，你却照顾他、看重他。人民想要反抗，难道甘愿受残害。"说的就是这种情况啊。

人的类别是：思想上不免于偏私，却总希望别人认为他大公无私；行为上不免于污秽，却希望别人认为他有修养；自己愚昧无知，却希望别人认为他聪明，这是一般人的想法。思想上摒弃私心然后才

能公正；行动战胜情欲，然后才能品德高尚；聪明而又乐于虚心请教，然后才能有才智。去私为公、行为美好又有才干，可以称为小儒了。思想上习惯于公正无私，行动上习惯于善良美好，拥有智慧，又能通晓各类事务的法则，这样就可以称为大儒了。大儒，可以担任天子身边的三公；小儒，可以担任诸侯的士大夫；一般民众，就只能做工匠、农民和商人了。礼制，是君主用来鉴定群臣等级的标准，人的类别用它来鉴定就能包罗无遗了。

君子的言论有界限，行为有标准，言行有所专重。谈到政治的要求，不能低于使百姓安定和生存；谈到志向的要求，不能低于一个士人的标准；谈到道德的要求，不能对后王有二心。夏、商、周三代以前的道，太过遥远，就是放荡荒诞的了；法度背离了当代的帝王，就是不正确的了。一个人的主张或高或低、或大或小，都不超出这些方面。君子发挥自己的思想，就是以此为界限。所以，诸侯询问政治问题，不涉及国家的安危存亡，就不告诉他；一般人来询问学习问题，如不涉及如何做士，就不教导他；诸子百家的学说，如不涉及当代帝王如何治理国家，就不要听信他。这就是君子说话有界限，行为有一定的标准。

王制

【原典】

请问为政？曰：贤能不待次而举，罢不能不待须而废，元恶不待教而诛，中庸民不待政而化。分未定也则有昭缪。虽王公士大夫之子孙也，不能属于礼义，则归之庶人。虽庶人之子孙也，积文学，正身行，能属于礼义，则归之卿相士大夫。故奸言、奸说、奸事、奸能、遁逃反侧之民，职而教之，须而待之，勉之以庆赏，惩之以刑罚。安职则畜，不安职则弃。五疾，上收而养之，材而事之，官施而衣食之，兼覆无遗。才行反时者死无赦。夫是之谓天德，是王者之政也。

听政之大分：以善至者待之以礼，以不善至者待之以刑。两者分别，则贤不肖不杂，是非不乱。贤不肖不杂则英杰至，是非不乱，则国家治。若是，名声日闻，天下愿，令行禁止，王者之事毕矣。

凡听：威严猛厉而不好假道人，则下畏恐而不亲，周闭而不竭。若是，则大事殆乎弛，小事殆乎遂。和解调通，好假道人而无所凝止之，则奸言并至，尝试之说锋起。若是，则听大事烦，是又伤之也。故法而不议，则法之所不至者必废；职而不通，则职之所不及者必队。故法而议，职而通，无隐谋，无遗善，而百事无过，非君子莫能。故公平者，听之衡也；中和者，听之绳也。其有法者以法行，无法者以类举，听之尽也；偏党而无经，听之辟也。故有良法而乱者，有之矣；有君子而乱者，自古及今，未尝闻也。传曰："治生乎君子，乱生乎小人。"此之谓也。

分均则不偏，势齐则不一，众齐则不使。有天有地而上下有差，明王始立而处国有制。夫两贵之不能相事，两贱之不能相使，是天数也。势位齐而欲恶同，物不能澹则必争，争则必乱，乱则穷矣。先王恶其乱也，故制礼义以分之，使有贫富贵贱之等，足以相兼临者，是养天下之本也。《书》曰："维齐非齐。"此之谓也。

马骇舆，则君子不安舆；庶人骇政，则君子不安位。马骇舆，则莫若静之；庶人骇政，则莫若惠之。选贤良，举笃敬，兴孝弟，收孤寡，补贫穷。如是，则庶人安政矣。庶人安政，然后君子安位。传曰："君者，舟也；庶人者，水也；水则载舟，水则覆舟。"此之谓也。故君人者，欲安，则莫若平政爱民矣；欲荣，则莫若隆礼敬士矣；欲立功名，则莫若尚贤使能矣。是君人者之大节也。三节者当，则其馀莫不当矣；三节者不当，则其馀虽曲当，犹将无益也。孔子曰："大节是也，小节是也，上君也；大节是也，小节一出焉，一入焉，中君也；大节非也，小节虽是也，吾无观其馀矣。"

成侯、嗣公，聚敛计数之君也，未及取民也；子产，取民者也，未及为政也；管仲，为政者也，未及修礼也。故修礼者王，为政者强，取民者安，聚敛者亡。故王者富民，霸者富士，仅存之国富大夫，亡国富筐箧，实府库。筐箧已富，府库已实，而百姓贫，夫是之谓上溢而下漏。入不可以守，出不可以战，则倾覆灭亡可立而待也。故我聚之以亡，敌得之以强。聚敛者，召寇、肥敌、亡国、危身之道也，故明君不蹈也。

王夺之人，霸夺之与，强夺之地。夺之人者臣诸侯，夺之与者友诸侯，夺之地者敌诸侯。臣诸侯者王，友诸侯者霸，敌诸侯者危。

用强者：人之城守，人之出战，而我以力胜之也，则伤人之民必甚矣。伤人之民甚，则人之民恶我必甚矣；人之民恶我甚，则日欲与我斗。人之城守，人之出战，而我以力胜之，则伤吾民必甚矣。伤吾民甚，则吾民之恶我必甚矣；吾民之恶我甚，则日不欲为我斗。人之民日欲与我斗，吾民日不欲为我斗，是强者之所以反弱也。地来而民去，累多而功少，虽守者益，所以守者损，是以大者之所以反削也。诸侯莫不怀交接怨而不忘其敌，伺强大之间，承强大之敝，此强大之殆时也。

知强大者不务强也，虑以王命，全其力，凝其德。力全则诸侯不能弱也，德凝则诸侯不能削也，天下无王霸主则常胜矣。是知强道者也。

彼霸者则不然：辟田野，实仓廪，便备用，案谨募选阅材伎之士，然后渐庆赏以先之，严刑罚以纠之。存亡继绝，卫弱禁暴，而无兼并之心，则诸侯亲之矣；修友敌之道以敬接诸侯，则诸侯说之矣。所以亲之者，以不并也，并之见，则诸侯疏矣；所以说之者，以友敌也，臣之见，则诸侯离矣。故明其不并之行，信其友敌之道，天下无王霸主，则常胜矣。是知霸道者也。

湣（mǐn）王毁于五国，桓公劫于鲁庄，无它故焉，非其道而虑之以王也。

彼王者不然：仁眇天下，义眇天下，威眇天下。仁眇天下，故天下莫不亲也；义眇天下，故天下莫不贵也；威眇天下，故天下莫敢敌也。以不敌之威，辅服人之道，故不战而胜，不攻而得，甲兵不劳而天下服，是知王道者也。知此三具者，欲王而王，欲霸而霸，欲强而强矣。

王者之人：饰动以礼义，听断以类，明振毫末，举措应变而不穷。夫是之谓有原。是王者之人也。

王者之制：道不过三代，法不贰后王；道过三代谓之荡，法贰后王谓之不雅。衣服有制，宫室有度，人徒有数，丧祭械用，皆有等宜。声则凡非雅声者举废，色则凡非旧文者举息，械用则凡非旧器者举毁。夫是之谓复古，是王者之制也。

王者之论：无德不贵，无能不官，无功不赏，无罪不罚，朝无幸位，民无幸生。尚贤使能而等位不遗，析愿禁悍而刑罚不过，百姓晓然皆知夫为善于家而取赏于朝也，为不善于幽而蒙刑于显也。夫是之谓定论。是王者之论也。

王者之法：等赋、政事、财万物，所以养万民也。田野什一，关

市几而不征，山林泽梁以时禁发而不税，相地而衰政。理道之远近而致贡，通流财物粟米，无有滞留，使相归移也。四海之内若一家，故近者不隐其能，远者不疾其劳，无幽闲隐僻之国，莫不趋使而安乐之。夫是之谓人师，是王者之法也。

北海则有走马吠犬焉，然而中国得而畜使之；南海则有羽翮（hé）、齿革、曾青、丹干焉，然而中国得而财之；东海则有紫、紶、鱼、盐焉，然而中国得而衣食之；西海则有皮革、文旄焉，然而中国得而用之。故泽人足乎木，山人足乎鱼，农夫不斲（zhuó）削、不陶冶而足械用，工贾不耕田而足菽粟。故虎豹为猛矣，然君子剥而用之。故天之所覆，地之所载，莫不尽其美，致其用，上以饰贤良，下以养百姓而安乐之。夫是之谓大神。《诗》曰："天作高山，大王荒之；彼作矣，文王康之。"此之谓也。

以类行杂，以一行万。始则终，终则始，若环之无端也，舍是而天下以衰矣。天地者，生之始也；礼义者，治之始也；君子者，礼义

之始也；为之，贯之，积重之，致好之者，君子之始也。故天地生君子，君子理天地。君子者，天地之参也，万物之总也，民之父母也。无君子，则天地不理，礼义无统，上无君师，下无父子，夫是之谓至乱。君臣、父子、兄弟、夫妇，始则终，终则始，与天地同理，与万世同久，夫是之谓大本。故丧祭、朝聘、师旅一也；贵贱、杀生、与夺一也；君君、臣臣、父父、子子、兄兄、弟弟一也；农农、士士、工工、商商一也。

水火有气而无生，草木有生而无知，禽兽有知而无义，人有气、有生、有知，亦且有义，故最为天下贵也。力不若牛，走不若马，而牛马为用，何也？曰：人能群，彼不能群也。人何以能群？曰：分。分何以能行？曰：义。故义以分则和，和则一，一则多力，多力则强，强则胜物；故宫室可得而居也。故序四时，裁万物，兼利天下，无它故焉，得之分义也。

故人生不能无群，群而无分则争，争则乱，乱则离，离则弱，弱则不能胜物，故宫室不可得而居也，不可少顷舍礼义之谓也。能以事亲谓之孝，能以事兄谓之弟，能以事上谓之顺，能以使下谓之君。

君者，善群也。群道当，则万物皆得其宜，六畜皆得其长，群生皆得其命。故养长时，则六畜育；杀生时，则草木殖；政令时，则百姓一，贤良服。

圣王之制也：草木荣华滋硕之时，则斧斤不入山林，不夭其生，不绝其长也；鼋鼍（yuán tuó）、鱼鳖、鳅鳣孕别之时，罔罟毒药不入泽，不夭其生，不绝其长也；春耕、夏耘、秋收、冬藏，四者不失时，故五谷不绝而百姓有馀食也；污池[①]、渊沼、川泽，谨其时禁，故鱼鳖优多而百姓有馀用也；斩伐养长不失其时，故山林不童而百姓有馀材也。

圣王之用也：上察于天，下错于地，塞备天地之间，加施万物之上，微而明，短而长，狭而广，神明博大以至约。故曰：一与一是为人者，谓之圣人。

序官：宰爵知宾客、祭祀、飨食、牺牲之牢数，司徒知百宗、城郭、立器之数，司马知师旅、甲兵、乘白之数。修宪命，审诗商，禁淫声，以时顺修，使夷俗邪音不敢乱雅，大师之事也。修堤梁，通沟浍，行水潦，安水臧，以时决塞，岁虽凶败水旱，使民有所耘艾，司空之事也。相高下，视肥墝，序五种，省农功，谨蓄藏，以时顺修，使农夫朴力而寡能，治田之事也。修火宪，养山林薮泽草木、鱼鳖、百索，以时禁发，使国家足用而财物不屈，虞师之事也。顺州里，定廛宅[②]，养六畜，闲树艺，劝教化，趋孝弟，以时顺修，使百姓顺命，安乐处乡，乡师之事也。论百工，审时事，辨功苦，尚完利，便备用，使雕琢文采不敢专造于家，工师之事也。相阴阳，占祲兆[③]，钻龟陈卦，主攘择五卜，知其吉凶妖祥，伛巫、跛击之事也。修采清，易道路，谨盗贼，平室律，以时顺修，使宾旅安而货财通，治市之事也。抃急禁悍，防淫除邪，戮之以五刑，使暴悍以变，奸邪不作，司寇之事也。本政教，正法则，兼听而时稽之，度其功劳，论其庆赏，以时慎修，使百吏免尽而众庶不偷，冢宰之事也。论礼乐，正身行，广教化，美风俗，兼覆而调一之，辟公之事也。全道德，致隆高，綦文理，一天下，振毫末，使天下莫不顺比从服，天王之事也。故政事乱，则冢宰之罪也；国家失俗，则辟公之过也；天下不一，诸侯俗反，则天王非其人也。

具具而王，具具而霸，具具而存，具具而亡。用万乘之国者，威强之所以立也，名声之所以美也，敌人之所以屈也，国之所以安危臧否也，制与在此亡乎人。王、霸、安存、危殆、灭亡，制与在我亡乎人。夫威强未足以殆邻敌也，名声未足以县天下也，则是国未能独立也，岂渠得免夫累乎！天下胁于暴国，而党为吾所不欲于是者，日与桀同事同行，无害为尧，是非功名之所就也，非存亡安危之所堕也。功名之所就，存亡安危之所堕，必将于愉殷赤心之所。诚以其国为王者之所，亦王；以其国为危殆灭亡之所，亦危殆灭亡。殷之日，案以中立无有所偏而为纵横之事，偃然案兵无动，以观夫暴国之相卒也[④]。案平政教，审节奏，砥砺百姓，为是之日，而兵剸天下劲矣；案然修仁义，伉隆高，正法则，选贤良，养百姓，为是之日，而名声剸天下之美矣。权者重之，兵者劲之，名声者美之。夫尧、舜者，一天下也，不能加毫末于是矣。

权谋倾覆之人退，则贤良知圣之士案自进矣；刑政平，百姓和，国俗节，则兵劲城固，敌国案自诎矣；务本事，积财物，而勿忘栖迟薛越也，是使群臣百姓皆以制度行，则财物积，国家案自富矣。三者

体此而天下服，暴国之君案自不能用其兵矣。何则？彼无与至也。彼其所与至者，必其民也，其民之亲我也欢若父母，好我芳如芝兰；反顾其上则若灼黥，若仇雠。彼人之情性也虽桀、跖，岂有肯为其所恶，贼其所好者哉！彼以夺矣。故古之人，有以一国取天下者，非往行之也，修政其所莫不愿，如是而可以诛暴禁悍矣。故周公南征而北国怨，曰："何独不来也？"东征而西国怨，曰："何独后我也？"孰能有与是斗者与？安以其国为是者王。殷之日，安以静兵息民，慈爱百姓，辟田野，实仓廪，便备用，安谨募选阅材伎之士；然后渐赏庆以先之，严刑罚以防之，择士之知事者使相率贯也，是以厌然畜积修饰而物用之足也。兵革器械者，彼将日日暴露毁折之中原，我今将修饰之，拊循之[⑤]，掩盖之于府库；货财粟米者，彼将日日栖迟薛越之中野，我今将畜积并聚之于仓廪；材技股肱、健勇爪牙之士，彼将日日挫顿竭之于仇敌，我今将来致之、并阅之、砥砺之于朝廷。如是，则彼日积敝，我日积完；彼日积贫，我日积富；彼日积劳，我日积佚。君臣上下之间者，彼将厉厉焉日日相离疾也，我今将顿顿焉日日相亲爱也[⑥]，以是待其敝。安以其国为是者霸。立身则从佣俗，事行则遵佣故，进退贵贱则举佣士，之所以接下之人百姓者则庸宽惠，如是者则安存。立身则轻楛，事行则蠲疑[⑦]，进退贵贱则举佞侻，之所以接下之人百姓者则好取侵夺，如是者危殆。立身则憍暴，事行则倾覆，进退贵贱则举幽险诈故，之所以接下之人百姓者，则好用其死力矣，而慢其功劳，好用其籍敛矣，而忘其本务，如是者灭亡。此五等者，不可不善择也，王、霸、安存、危殆、灭亡之具也。善择者制人，不善择者人制之；善择之者王，不善择之者亡。夫王者之与亡者，制人之与人制之也，是其为相县也亦远矣。

【注释】

①污池：池塘。

②廛（chán）：古代城市居民的房子。

③祲（jìn）：不祥之气，妖氛。

④卒：通“捽”，冲突。

⑤拊（fǔ）循：安抚。

⑥顿顿：形容诚恳敦厚的样子。

⑦蠲（juān）疑：迟疑。

【译文】

请问怎样治理国家？回答说：对于贤能的人，不依级别次序而破格提拔；对于无德无能的人，不等片刻而立即罢免；对于元凶首恶，无须教育就可以杀掉；对于普通民众，不靠行政手段而进行教育感化。名分尚未确定时，就应该像宗庙有昭穆的分别一样来排列臣民的等级次序。即使是帝王公侯士大夫的子孙，倘若不能遵从礼义，就将其归入到平民的行列中去；即使是平民的子孙，倘若积累了古代文献经典方面的知识，端正了身心的行为，能够遵从礼义，就将其归入卿相士大夫的行列。对于那些散布邪恶的言论，鼓吹邪恶的学说，干邪恶的事情，有邪恶的才能，逃亡流窜、不守本分的人，就强制他们工作并教育他们，静待他们转变，用赏赐去勉励他们，用刑罚去惩处他们。倘若能安心工作就留下来继续任用，倘若不能安心工作就将其流放。对患有五种残疾的人，君主收留并养活他们，根据才能使用他们，根据职事安排供给他们吃穿，全部加以照顾而不遗漏。对那些用才能和行为来反对现在的规矩的人，坚决处死，决不赦免。这叫作天德，是成就王业的圣王所采取的政治措施。

在朝廷上听取意见处理政事的要领：怀着善意而来的人，就用礼节对待他；怀着恶意而来的人，就用刑罚对待他。这两种情况能区别开来，那么贤能的人和无才无德的人就不会混杂在一起，是非也就不会混淆不清。贤能的人和无才无德的人不混杂，才智杰出的人就会到来；是非不混淆，国家就能得到治理。像这样，名声就会一天天传扬出去，天下的人就会仰慕向往，就能做到有令必行、有禁必止，做到了这些，圣王的事业也就完成了。

凡是在朝廷上听取意见、处理政事时，倘若威武严肃、凶猛刚烈而不喜欢宽容引导，臣下就会畏惧恐慌而不亲近，就会隐瞒真情而不把心里话全部说出来。倘若真的是这样，那么大事恐怕会废弛，小事恐怕会落空。倘若一味地温和待人，喜欢宽容地顺从别人而漫无限度，奸诈邪恶的言论就会纷至沓来，试探性的谈说就会蜂拥而起。倘若真的是这样，那么听到的事情就会面广量大而政事也就繁多琐碎了，这就又对处理政事有害了。因此制定了法律而不再依靠臣下讨论研究，那么法律尚未涉及的事情就必然会废弃。规定了各级官吏的职权范围而不彼此沟通，职权范围尚未涉及的地方就必然会落空。因此制定了法律而又依靠臣下的讨论研究，规定了各级官吏的职权范围而又彼此沟通，那就不会有隐匿的智谋，不会有遗漏的善行，各种工作也就不会有失误了，不是君子是无法达到这种程度的。公正无私，是处理政事的准则；中正平和，是处理政事的准绳。那些有法律依据的就按照法律来办理，没有法律条文可遵循的就按照类推的办法来办理，这是处理政事的最佳措施。偏袒而没有常规，是处理政事的歪道。因此，有了良好的法制而产生动乱，是有过这种情况的；有了君子而国家发生混乱的，从古到今还未曾听到过。古书上说："国家的安定产生于君子，国家的混乱产生于小人。"说的就是这种情况啊。

名分相同就不能有所偏重，权势相同就不能统一，众人平等就不能互相役使。自从有了天有了地，就有了上和下的差别；贤明的君主一开始当政，治理国家就有了一定的等级制度。两个同样高贵的人不能互相侍奉，两个同样卑贱的人不能互相役使，这是合乎自然道理的。倘若人们的权势地位相等，而爱好与厌恶又相同，那么由于财物不能满足需要，就一定会发生争夺；一发生争夺就一定会混乱，一混乱就一定会窘困。古代的圣王痛恨这种混乱，因此制定了礼义来加以区分，使人们有贫穷与富裕、高贵与卑贱的差别，使自己能够凭借这些来全面统治他们，这是统治天下的根本原则。《尚书》上说："要想整齐划一，就必须不整齐划一。"说的就是这个道理。

马在拉车时受惊了狂奔，君子就无法安稳地坐于车上；老百姓在政治上受惊了，君子就无法安稳地居于上位。马在拉车时受惊了，那就没有比使它安静下来更好的了；老百姓在政治上受惊了，那就没有比给他们恩惠更好的了。选拔、任用贤良的人，提拔忠厚恭谨的人，提倡孝顺父母、敬爱兄长，收养孤儿寡妇，救济贫穷的人，做到了这些，老百姓就会安于政治了。老百姓安于政治，然后君子才能够安居上位。古书上说："君主，好比是船；百姓，好比是水。水可以使船漂浮，水也可以使其倾覆。"说的就是这个道理。因此处在君位上的人，若想国泰民安，没有比政治平和、爱护人民更好的了；若想获得荣耀，没有比尊崇礼义、敬重文人更好的了；若想建立功名，就没有比推崇品德高尚的人、任用有才能的人更好的了。这是做好君主的三个重要方面。倘若这三个方面处理得当，那么其他的就没有什么不恰当了。倘若这三个方面处理不得当，那么其他的即使处处恰当，也仍然是丝毫没有意义的。孔子说："大节对，小节也对，这是上等的君主。大节对，小节有些出入，这是中等的君主。大节错了，小节即使对，我也不要再看其他的了。"

卫成侯、卫嗣公，是搜刮民财、精打细算的君王，未能得到民心；子产，得到了民心，却未能处理好政事；管仲，善于从理政事，却未能遵循礼义。遵循礼义的能够成就王者大业，善于处理政事的能够强大，取得民心的能够安定，搜刮民财的会灭亡。所以称王天下的君主使民众富足，称霸诸侯的君主使战士富足，勉强存在的国家使大夫富裕，即将灭亡的国家只是装满了国君的箱子、充实了国家的仓库。国君的箱子装满了，国家的仓库充实了，而老百姓却贫困了，这叫作上面漫出来而下面漏得精光。这样的国家，内不能防守，外不能征战，它距离灭亡的时日也就不远了。所以搜刮民财以招致灭亡，而敌人得到这些财物因而富强。搜刮民财，实是招致侵略者、肥了敌人、灭亡本国、危害自身的道路，所以贤明的君主是不走这条路的。

要称王天下的和别国争夺民心，要称霸诸侯的和别国争夺同盟国，只图逞强的和别国争夺土地。和别国争夺民心的可以使诸侯称臣，和别国争夺同盟国的可以使诸侯成为朋友，和别国争夺土地的则会使诸侯成为敌人。使诸侯臣服的能称王天下，同诸侯友好的能称霸诸侯，和诸侯为敌的就危险了。

使用强力争夺土地的，别国的人或者据城守卫，或者出城迎战，而我方用武力去战胜他们，那么对方的百姓必然受到严重伤害。对方的百姓受到严重伤害，必然极其仇恨我方。

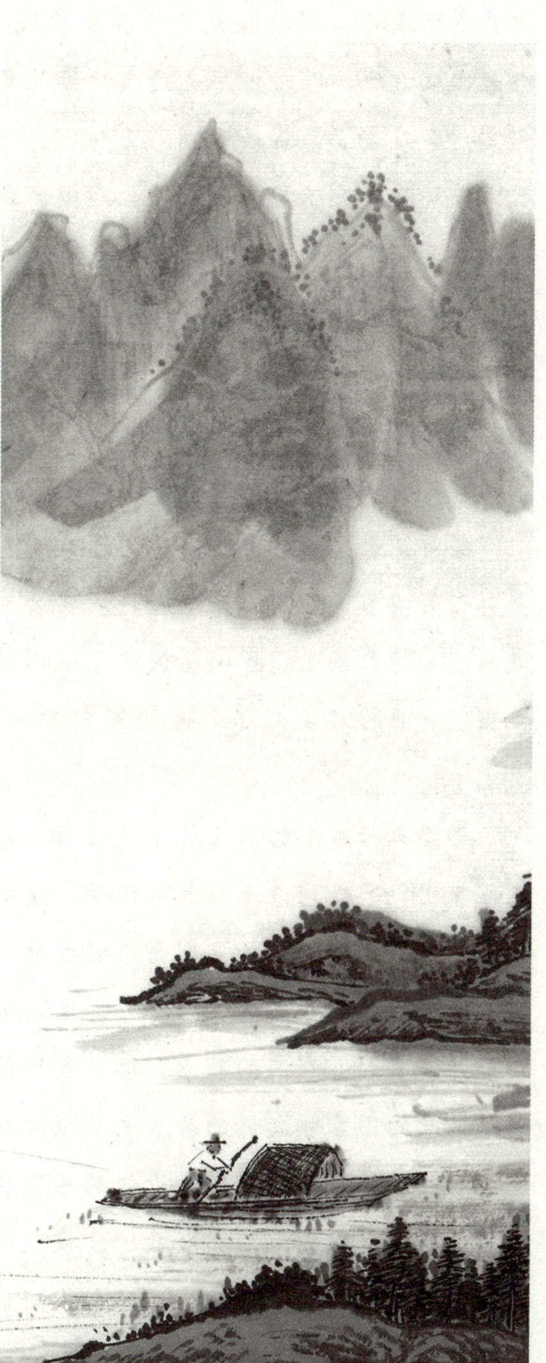

极其仇恨我方，那就会天天想和我方战斗。别国的人或者据城守卫，或者出城迎战，而我方用武力去战胜他们，那么我方的百姓必然受到严重伤害。我方的百姓受到严重伤害，必然极其仇恨我方。极其仇恨我方，那就天天不想为我战斗。别国的民众天天想和我方战斗，我方的民众天天不想为我战斗，这就是强国反而变弱的原因。土地夺来了而民众离心离德，忧患很多而功劳很少，虽然守卫的土地增加了，用来守卫土地的民众却减少了，这就是大国反而被割削的原因。诸侯无不私相结交、心怀怨恨而不忘记他们的敌人，他们窥测那强大之国的漏洞，趁着强大之国的衰败来进攻，这就是强大之国的危险时刻了。

懂得强大之道的君主不致力于武力，而是考虑用天子的命令来保全自己的实力，积累自己的美德。实力保全了，各国诸侯就无法使其衰弱；美德积累了，各国诸侯就无法削弱他了；天下如果没有能成就王业、霸业的君主，那么他就能常常取胜了。这是懂得强大之道的君主。

那些奉行霸道的君主就不是这样。他开垦田野，充实粮仓，改进设备器用，严格谨慎地招募、选择、接纳有才能技艺的士人，然后加重赏赐来引导他们，加重刑罚来督责他们；他使灭亡的国家能存在下去，使已经断绝了的后代继承关系能继续下去，保护弱小，禁止残暴，但是并没有吞并别国的野心，那么各国诸侯就会亲近他了。他遵行与力量匹敌的国家相友好的原则去恭敬地接待各国诸侯，那么各国诸侯就会喜欢他了。各国诸侯亲近他的原因在于他不吞并别国。如果吞并别国的野心暴露出来，那么各国诸侯就会疏远他了。各国诸侯喜欢他的原因在于他和力量匹敌的国家相友好。如果要使各国诸侯臣服的意图暴露出来，那么各国诸侯就会背离他了。因此，表明自己不会有吞

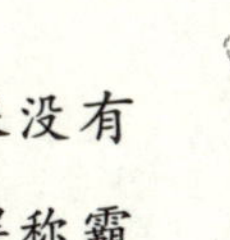

并别国的行为，信守自己和匹敌的国家相友好的原则，天下如果没有成就王业的君主，这奉行霸道的君主就能常常取胜了。这是懂得称霸之道的君主。

齐湣王被五国联合击败，齐桓公为鲁庄公的臣子所劫持，没有其他的原因，就是因为他们实行的不是王道却想靠它来称王。

那些奉行王道的君主就不是这样。他的仁德高于天下，道义高于天下，威势高于天下。仁爱高于天下，所以天下没有谁不亲近他。道义高于天下，所以天下没有谁不尊重他。威势高于天下，所以天下没有谁敢与他为敌。拿不可抵挡的威势去辅助使人心悦诚服的仁义之道，因此不用战斗就可以胜利，不用进攻就可以达到目的，不费一兵一甲天下就归服了，这是懂得称王之道的君主。懂得了上述或王、或霸、或强的条件的君主，想要称王就能称王，想要称霸就能称霸，想要致强就能致强。

奉行王道而成就王业的君主所拥有的辅佐大臣：能用礼义来端正

自己的行动，用法度来处理决断政事，明察得能揭发出毫毛末端般的细微小事，措施能应付事变而不会束手无策。这叫做掌握了根本。这就是奉行王道的君主所拥有的辅佐大臣。

奉行王道的君主所实行的制度：治国的原则不能超出夏、商、周三代，法度不背离后王。政治原则古得超过了三代便叫做荒诞，法度背离了当代的帝王便叫做不正。不同等级的人衣服各有规格，住房各有标准，随从人员各有一定的数目，丧葬祭祀用的器具各有相称的规定。音乐，凡是不合乎正声雅乐的都要予以废除；色彩，凡是不合乎原色文采的都要加以禁止；器具，凡是不同于原来器具的全部毁掉。这叫做复古。这就是奉行王道的君主所实行的制度。

奉行王道的君主对臣民的审察处理：没有德行的不能尊贵，没有才能的不能当官，没有功劳的不能赏赐，没有罪过的不能惩罚，朝廷上没有侥幸获得官位的，百姓中没有侥幸生存的，推崇有德才的人，任用有才能的人，使等级地位与德才相当而没有遗漏，制裁狡诈、禁止凶暴，施加的刑罚与罪行相当而不过分。百姓都明明白白地知道，即使在家里做好事，也能在朝廷上取得赏赐，即使在暗地里做坏事，也会在光天化日之下遭受刑罚。这叫做确定不变的审处。这就是奉行王道的君主对臣民的审察处理。

奉行王道的君主的法度：规定好赋税等级，管理好民众事务，管理好万物，来养育亿万民众。农田征收十分之一的田税，关卡和集市只进行检查而不征税，山林湖堤按时封闭和开放而不收税。察看土地的肥瘠来区别征税数额，区分道路的远近来规定进贡数量。使财物和粮食及时流通而无积压，使各地互通有无彼此供给，四海之内就像一家人一样。所以附近的人不隐藏自己的才能，远郊的人不在乎奔走的劳苦，即使是遥远偏僻的国家也无不乐于前来归附并听从驱使。这种君主叫作民众的师表。这就是奉行王道的君主所实行的法度。

北海有善于奔走的马和善于吠叫的狗，而中原各国可以得到并畜养、役使它们。南海有羽毛、象牙、犀牛皮、曾青、朱砂，而中原各国可以得到并使用它们。东海有紫色的粗麻布、鱼、盐，而中原各国可以得到并穿着、食用它们。西海有皮革和色彩斑斓的牦牛尾，而中原各国可以得到并使用它们。所以湖边打鱼的人会有足够的木材，山上伐木的人会有足够的鲜鱼；农民不砍削、不烧窑冶炼而有足够的器具，工匠、商人不种地而有足够的粮食。虎、豹要算是凶猛的了，但是君子能够剥下它们的皮来使用。因此苍天所覆盖的，大地所承载的，没有什么东西不充分发挥它们的优点、竭尽它们的效用，上用来装饰贤良的人、下用来养活老百姓使他们都安乐。这叫作大治。《诗经》中说：“上天生成高大的岐山，太王将它开辟。太王已经造此都，文王使它长安宁。”说的就是这个道理。

用各类事物的法则去治理各种纷繁复杂的事物，用统括一切的法则去治理万事万物，从开始到结束，从结束到开始，就像圆环没有开端一样。如果舍弃了这个原则，那么天下就要衰微了。天地，是生命的本源：礼义，是天下大治的本源；君子，是礼义的本源。实行礼义，贯彻礼义，积累增多礼义的知识，极其爱好礼义，这是做君子的开始。所以天地生养君子，君子治理天地。君子，是天地的参赞，万物的统帅，人民的父母。倘若没有了君子，那么天地就无法得到治理，礼义就没有头绪，上没有君主、师长的尊严，下没有父子之间的伦理道德，这叫作极其混乱。君臣、父子、兄弟、夫妻之间的伦理关系，从开始到结束，从结束到开始，它们与天地有上下之分是同样的道理，与万世同样长久，这叫作最大的根本。因此丧葬祭祀的礼仪，诸侯定期朝见天子的礼仪，军队中的礼仪，其道理也是一样的。使人高贵或卑贱，将人处死或赦免，给人奖赏或处罚，其道理是一样的。君主要像个君主，臣子要像个臣子，父亲要像个父亲，儿子要像个儿子，兄长要像个兄长，弟弟要像个弟弟，其道理是一样的。农民要像个农民，读书人要像个读书人，工人要像个工人，商人要像个商人，其道理也是一样的。

水、火有气却没有生命，草木有生命却没有知觉，禽兽有知觉却没有道义，人有气、有生命、有知觉，而且有道义，因此说人是天下最尊贵的。人的力气比不上牛，奔跑比不上马，但牛和马却为人所役使，这是什么原因呢？回答是：人能组合成群体，而牛和马无法组合成群体。人能组合成群体的原因是什么呢？回答是：因为有等级名分。等级名分能够实行的原因又是什么呢？回答是：因为有道义。因此用道义来确定名分，人们就能和睦相处，和睦相处就能团结一致，团结一致力量就能增多，力量增多就能强大，强大就能战胜外物，因此人才有可能在宫室中安居。所以能依次排列四季，裁制万物，使天下人都得到好处，这没有其他缘故，而是从名分和道义中得来的。

人要生存就不能脱离社会群体，但结合成了社会群体而没有等级名分的限制就会发生争夺，一旦发生争夺就会滋生动乱，一旦滋生动乱就会离心离德，离心离德就会使力量削弱，力量削弱就不能胜过外物，所以也就不能在房屋中安居了，这是说人一刻也不能舍弃礼。

能够按礼义来侍奉父母的叫作孝，能够按礼义来侍奉兄长的叫作悌，能够按礼义来侍奉君主的叫作顺，能够按礼义来役使臣民的叫作君。所说的君，即善于把人组织成社会群体的意思。组织社会群体的原则恰当，那么万物就可以得到合理的安排，六畜就可以得到应有的生长，一切生物就可以得到应有的寿命。因此养殖适时，六畜就生育兴旺；砍伐种植适时，草木就繁殖茂盛；政策法令适时，百姓就能统一，有德才的人就能被使用。

圣明帝王的制度：草木茂盛、开花、滋长、结果时，砍伐的斧头禁止进入山林，这样做是为了使它们的生命不夭折，使它们不断生长；鼋、鼍、鱼、鳖、泥鳅、鳝鱼怀孕产卵时，渔网、毒药不准投入湖泽，这样做是为了使它们的生命不夭折，使它们不断生长。春天耕种、夏天锄草、秋天收获、冬天储藏，这四件事都不错过时节，因此五谷就能够不断生长而百姓有多余的粮食；池塘、水潭、河流、湖泊严格禁止在规定时期外捕捞，因此鱼鳖丰饶繁多而百姓吃用不尽；树木的砍伐与养育不错过季节，因此山林不会光秃秃而老百姓有多余的木材。

圣明帝王所起的作用：上能明察天时的变化，下能安排好土地的开发；他的作用充满了天地之间，施加到万物之上；隐微而又明显，短暂而又长久，狭窄而又广阔；它圣明博大，却又极其简要。因此说：用统一的原则来统率一切事物的人，就叫作圣人。

叙述官吏的设置和职责：宰爵掌管接待宾客和祭祀时供给酒食和祭品的数量。司徒掌管宗族和城郭器械的数量。司马掌管军队和铠甲兵器车马士兵的数量。修订法令，审查诗歌乐章，禁止淫荡的音乐，按时去整治，使蛮夷的风俗和邪恶的音乐不敢扰乱正声雅乐，这是太师的职责。修理堤坝桥梁，疏通沟渠，排除积水，修固水库，按时开放和关闭，即使是饥荒歉收、涝灾旱灾不断的凶年，也使民众能够继续耕耘，从而有所收获，这是司空的职责。观察地势的高低，识别土质的肥沃与贫瘠，合理安排各种农作物

的种植季节，检查农事，认真储备，按时去整治，使农民质朴地尽力耕作而不求兼有其他技能，这是农官的职责。制定禁止焚烧山泽的法令，养护山林、湖泊中的草木、鱼鳖和各种蔬菜，按季节来封禁和开放，使国家有足够用的物资而不匮乏，这是虞师的职责。治理乡里，划定各店铺与民居的区域，使百姓饲养六畜，熟习种植，鼓励教化，促使人们孝顺父母、敬爱兄长，按时去整治，使百姓服从命令，安乐地住在乡里，这是乡师的职责。考查各种工匠的手艺，审察各个时节的生产事宜，辨别产品的精致和粗劣，提倡产品的坚固好用，改进设备器用，雕刻图案的器具与有彩色花纹的礼服不敢私家制造，这是工师的职责。观察阴阳的变化，视云气来预测吉凶，钻龟甲占卜，排列卦象，掌管驱除不祥，选择吉日以及分析占卜时出现的各种兆形，预见吉凶祸福，这是驼背的巫婆与瘸腿的男巫的职责。整治厕所，平整道路，严格地防范盗贼，公正地审定贸易抵债券，按时去整治，使商人旅客安全而货物钱财能流畅，这是管理市镇的官员的职责。制裁狡猾奸诈的人，禁止凶狠强暴的人，防止淫乱，铲除奸邪，用五种刑罚来惩治罪犯，使强暴凶悍之人因此而转变，使奸邪之事不再发生，这是司寇的职责。以政治教化为治国之根本，端正法律准则，多方听取意见并按时对臣民进行考核，衡量他们的业绩，评定对他们的奖赏，按时去整治，使各级官吏都尽心竭力而老百姓都不敢苟且偷生，这是宰相的职责。修订礼乐，端正行为，推广教化，改善风俗，全面地保护百姓并使他们协调统一，这是诸侯的职责。成全道德，达到崇高的政治境界，使礼仪制度极其完善，统一天下，明察得能发现毫毛末端般的细微小事，使天下没有谁不依顺亲近、听从归服，这是天子的职责。因此，倘若政事混乱，那是宰相的罪过；倘若国家风气败坏，那是诸侯的过错；天下不统一、诸侯想造反，那是由于天子并非理想之人选的缘故。

具备了相应的条件就可以称王，具备了相应的条件就能够称霸，具备了相应的条件就能安存，具备了相应的条件就会灭亡。治理拥有万乘兵车的大国的君王，其威势之所以能够确立，其名声之所以能够美好，其敌人之所以会屈服，其国家之所以会长存久安，关键在于自身而不在别人。是称王还是称霸，是安宁昌盛还是危殆乃至灭亡，关键都在自身而不在别人。威势还不能够震慑相邻的敌国，名声还不足以使天下人有口皆碑，那么这国家还不可以独立，哪里能够免除忧患呢？天下被强暴的国家所胁迫，而倘若这种情况是我方所不愿接受的，那么即使被迫而天天与桀那样的暴君一同做事、一同行动，也不妨害自己成为尧那样的贤君，因此说这不是成就功名的关键，也不是存亡安危的根本原因。成就功名的关键，以及存亡安危的根本原因，必定取决于事业得志、国家富强时而自己一颗赤诚之心专注在什么地方。假使一心要把自己的国家变成一个实行王道的地方，也就能成就帝王之业；假使要把自己的国家变成危机四伏、覆亡在即的地方，也就会危

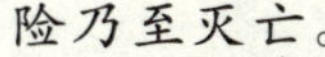

险乃至灭亡。

在国家强盛时，要采取中立的态度，不可有所偏袒而去行合纵连横之事，要偃旗息鼓地按兵不动，来静观那些残暴的国家互相争斗。要整治政治教化，审察礼节制度，磨炼百姓，倘若做到了这一点，那他的军队就是天下最为强劲的了；奉行仁义之道，达到崇高的政治境界，整治法律条令，选拔贤良的人，使百姓休养生息，倘若做到了这一点，那他的名声就是天下最美好的了。权势，使其举足轻重；军队，使其强劲有力；名声，使其美好无比。即使是尧、舜那样统一了天下的人，也无法在上述各个方面再增加一丝一毫了。

玩弄权术阴谋、专搞倾轧陷害的小人被废黜了，那么有德行才能、明智圣哲的人自然就得到任用了；刑罚政令公平，百姓和睦协调，国家的风俗节约俭朴，那么兵力就强大、城防就坚固，敌国自然就屈服了；致力于农业生产，积聚财物，而不要随意去遗弃、糟蹋，使群臣百姓都按照制度来办事，那么财物就能得以积累，国家也自然就富裕了。倘若能够按照这三个方面去做事，那么天下就会顺从我们，强暴之国的君主也就自然不能对我们用兵了。这是什么原因呢？因为他已经没有人一起来攻打我们了。跟随他一起前来的，一定是他统治下的民众；而他的民众亲近我就如同亲近父母一样，热爱我就像酷爱芳香的芝兰一样，而回头看到他们的国君，却像看到了烧烤皮肤、刺脸涂墨一样害怕，像看到了仇人一样愤怒；那些人的本性即使像夏桀、盗跖一样，难道会愿意为他所憎恶的人去残害他所喜爱的人吗？他们已经被我们争取过来了。因此古人有凭借一个国家来夺取天下的，他并不是靠武力前往他国去夺取，而是在自己国家内修明政治，结果没有人不仰慕他，像这样就可以铲除强暴制止凶悍了。所以周公向南征伐时，北方的国家都抱怨，说：“为何偏偏不来我们这里呢？”向东征伐时，西面的国家都抱怨，说：“为何单单将我们丢在后面呢？”谁能同这种人争斗呢？能够把自己的国家治理成这样的君王就可以称王天下了。

在国家强盛时，停止用兵，让人民休养生息，爱护百姓，开垦田野，充实粮仓，改进器用，谨慎地招募、选择、接纳有才能技艺的士人；然后加重赏赐来引导他们，加重刑罚来督责他们，选择其中明白事理的人来率领他们，他们因此就会安心地积蓄财物、修理改进兵器用具，因此财物器用就充足了。武器装备之类，别国天天把它们丢弃毁坏在原野之中，而我们却对其加以修理改进和进行相应的护养，并保存在府库里；财物粮食之类，别

国天天把它们遗弃糟蹋在田野之中，而我们却将其储存集聚在粮仓里；有才能技艺的辅佐大臣、健壮勇敢的武士，别国是一天天让他们在敌人手中受挫折、遭困顿、被消耗，而我们却在朝廷上招募、容纳、激励他们。像这样，别国一天天衰败，我们却一天天完善；别国一天天贫困，我们却一天天富裕；别国一天天疲劳，我们却一天天安逸。君臣、上下之间，别国是恶狠狠地一天天互相疏远憎恨，我们却诚恳地一天天互相亲近友爱，以此来等待别国的衰败。能够把自己的国家治理成这样的君王就可以称霸诸侯了。

做人则依从一般的风俗习惯，做事遵循平常的惯例，在任用、罢免、提升、贬抑方面则提拔平庸无能的人，他用来对待下面的老百姓的态度则是用宽容和仁爱，像这样的君王只能安全生存。

做人则骄傲暴虐，做事则搞倾轧破坏，在任用、罢免、提升、贬抑方面则提拔阴险狡诈的人，用来对待百姓的态度是只令其为自己卖命而怠慢其功劳，一味搜刮聚敛而不扶持农业，喜欢利用他们上交税收而不管他们的本业，像这样的君主就会灭亡。

以上这五种不同的情况，不能不好好地加以选择，它们是称王、称霸、安存、危险、灭亡的条件。善于选择的，就能制服别人；不善于选择的，别人就要制服他；善于选择的，就能称王天下；不善于选择的，就会灭亡。那称王和灭亡、制服别人和被人制服，它们之间相差也太远了。

王霸

【原典】

国者，天下之利用也；人主者，天下之利势也。得道以持之，则大安也，大荣也，积美之源也。不得道以持之，则大危也，大累也，有之不如无之，及其綦也，索为匹夫不可得也，齐湣、宋献是也。故人主天下之利势也，然而不能自安也，安之者必将道也。

故用国者，义立而王，信立而霸，权谋立而亡。三者，明主之所谨择也，仁人之所务白也。絜国以呼礼义而无以害之，行一不义，杀一无罪而得天下，仁者不为也。擽然扶持心国[①]，且若是其固也。之所与为之者，之人则举义士也；之所以为布陈于国家刑法者，则举义法也；主之所极然帅群臣而首乡之者，则举义志也。如是，则下仰上以义矣，是綦定也[②]。綦定而国定，国定而天下定。仲尼无置锥之地，诚义乎志意，加义乎身行，著之言语，济之日，不隐乎天下，名垂乎后世。今亦以天下之显诸侯，诚义乎志意，加义乎法则度量，著之以政事，案申重之以贵贱杀生，使袭然终始犹一也。如是，则夫名声之部发于天地之间也，岂不如日月雷霆然矣哉！故曰：以国齐义，一日而白，汤武是也。汤以亳，武王以鄗[③]，皆百里之地也，天下为一，诸侯为臣，通达之属，莫不从服，无它故焉，以济义矣。是所谓义立而王也。

德虽未至也，义虽未济也，然而天下之理略奏矣[4]，刑赏已诺，信乎天下矣，臣下晓然皆知其可要（yāo）也。政令已陈，虽睹利败，不欺其民；约结已定，虽睹利败，不欺其与。如是，则兵劲城固，敌国畏之，国一綦明，与国信之；虽在僻陋之国，威动天下，五伯是也。非本政教也，非致隆高也，非綦文理也，非服人之心也，乡方略，审劳佚，谨畜积，修战备，齺然上下相信[5]，而天下莫之敢当。故齐桓、晋文、楚庄、吴阖闾（hé lǘ）、越勾践，是皆僻陋之国也，威动天下，强殆中国，无它故焉，略信也。是所谓信立而霸也。

絜国以呼功利，不务张其义、齐其信，唯利之求，内则不惮诈其民而求小利焉，外则不惮诈其与而求大利焉，内不修正其所以有，然常欲人之有，如是，则臣下百姓莫不以诈心待其上矣。上诈其下，下诈其上，则是上下析也，如是，则敌国轻之，与国疑之，权谋日行而国不免危削，綦之而亡，齐闵、薛公是也。故用强齐，非以修礼义也，非以本政教也，非以一天下也，绵绵常以结引驰外为务。故强，南足以破楚，西足以诎秦，北足以败燕，中足以举宋。及以燕、赵起而攻之，若振槁然，而身死国亡，为天下大戮，后世言恶，则必稽焉。是无它故焉，唯其不由礼义而由权谋也。

三者，明主之所以谨择也，而仁人之所以务白也。善择者制人，不善择者人制之。

国者，天下之大器也，重任也，不可不善为择所而后错之，错险则危；不可不善为择道然后道之，涂薉则塞[⑥]；危塞则亡。彼国错者，非封焉之谓也，何法之道，谁子之与也。故道王者之法，与王者之人为之，则亦王；道霸者之法，与霸者之人为之，则亦霸；道亡国之法，与亡国之人为之，则亦亡。三者，明主之所以谨择也，而仁人之所以务白也。

故国者，重任也，不以积持之则不立。故国者，世所以新者也，是惮惮，非变也，改玉改行也。故一朝之日也，一日之人也，然而厌焉有千岁之国，何也？曰：援夫千岁之信法以持之也，安与夫千岁之信士为之也。人无百岁之寿，而有千岁之信士，何也？曰：以夫千岁之法自持者，是乃千岁之信士矣。故与积礼义之君子为之则王，与端诚信全之士为之则霸，与权谋倾覆之人为之则亡。三者，明主之所以谨择也，而仁人之所以务白也。善择之者制人，不善择之者人制之。

彼持国者，必不可以独也，然则强固荣辱在于取相矣。身能相能，如是者王，身不能，知恐惧而求能者，如是者强；身不能，不知恐惧而求能者，安唯便僻左右亲比己者之用，如是者危削，綦之而亡。国者，巨用之则大，小用之则小；綦大而王，綦小而亡，小巨分流者存。巨用之者，先义而后利，安不恤亲疏，不恤贵贱，唯诚能之求，夫是之谓巨用之。小用之者，先利而后义，安不恤是非，不治曲直，唯便僻亲比己者之用，夫是之谓小用之。巨用之者若彼，小用之者若此，小巨分流者亦一若彼，一若此也。故曰："粹而王，驳而霸，无一焉而亡。"此之谓也。

国无礼则不正。礼之所以正国也，譬之犹衡之于轻重也，犹绳墨之于曲直也，犹规矩之于方圆也，既错之而人莫之能诬也。《诗》云："如霜雪之将将，如日月之光明，为之则存，不为则亡。"此之谓也。

国危则无乐君，国安则无忧民。乱则国危，治则国安。今君人者，急逐乐而缓治国，岂不过甚矣哉！譬之是由好声色而恬无耳目也，岂不哀哉！夫人之情，目欲綦色，耳欲綦声，口欲綦味，鼻欲綦臭，心欲綦佚。此五綦者，人情之所必不免也。养五綦者有具，无其具，则五綦者不可得而致也。万乘之国，可谓广大富厚矣，加有治辨、强固之道焉，若是，则恬愉无患难矣，然后养五綦之具具也。故百乐者，生于治国者也；忧患者，生于乱国者也。急逐乐而缓治国者，非知乐者也。故明君者必将先治其国，然后百乐得其中；闇君必将急逐乐而缓治国，故忧患不可胜校也，必至于身死国亡然后止也，岂不哀哉！将以为乐，乃得忧焉；将以为安，乃得危焉；将以为福，乃得死亡焉，岂不哀哉！於乎！君人者亦可以察若言矣。故治国有道，人主有职。若夫贯日而治详，一日而曲列之，是所使夫百吏官人为也，不足以是伤游玩安燕之乐。若夫论一相以兼率之，使臣下百吏莫不宿道乡方而务，是夫人主之职也。若是，则一天下，名配尧、禹。之主者，守至约而详，事至佚而功，垂衣裳，不下簟席之上，而海内之人莫不愿得以为帝王。夫是之谓至约，乐莫大焉。

人主者，以官人为能者也；匹夫者，以自能为能者也。人主得使人为之，匹夫则无所移之。百亩一守，事业穷，无所移之也。今以一人兼听天下，日有馀而治不足者，使人为之也。大有天下，小有一国，必自为之然后可，则劳苦秏顇（hào cuì）莫甚焉，如是，则虽臧获不肯与天子易势业。以是县天下，一四海，何故必自为之？为之者，役夫之道也，墨子之说也。论德使能而官施之者，圣王之道也，儒之所谨守也。传曰："农分田而耕，贾分货而贩，百工分事而劝，士大夫分职而听，建国诸侯之君分土而守，三公总方而议，则天子共己而已矣。"出若入若，天下莫不平均，莫不治辨，是百王之所同也，而礼法之大分也。

百里之地可以取天下，是不虚，其难者在人主之知之也。取天下者，非负其土地而从之之谓也，道足以壹人而已矣。彼其人苟壹，则其土地且奚去我而适它？故百里之地，其等位爵服足以容天下之贤士矣，其官职事业足以容天下之能士矣，循其旧法，择其善者而明用之，足以顺服好利之人矣。贤士一焉，能士官焉，好利之人服焉，三者具而天下尽，无有是其外矣。故百里之地，足以竭势矣。致忠信，著仁义，足以竭人矣，两者合而天下取，诸侯后同者先危。《诗》曰："自西自东，自南自北，无思不服。"一人之谓也。

羿、蠭（féng）门者，善服射者也；王良、造父者，善服驭者也；聪明君子者，善服人者也。人服而势从之，人不服而势去之，故王者已于服人矣。故人主欲得善射，射远中微，则莫若羿、蠭门矣；欲得善驭，及速致远，则莫若王良、造父矣；欲得调壹天下，制秦、楚，则莫若聪明君子矣。其用知甚简，其为事不劳而功名致大，甚易处而綦可乐也。故明君以为宝，而愚者以为难。夫贵为天子，富有天下，名为圣王，兼制人，人莫得而制也，是人情之所同欲也，而王者兼而有是者也。重色而衣之，重味而食之，重财物而制之，合天下而君之，饮食甚厚，声乐甚大，台谢甚高，园囿甚广，臣使诸侯，一天下，是又人情之所同欲也，而天子之礼制如是者也。制度以陈，政令以挟，官人失要则死，公侯失礼则幽，四方之国有侈离之德则必灭，名声若日月，功绩如天地，天下之人应之如景向，是又人情之所同欲也，而王者兼而有是者也。故人之情，口好味而臭味莫美焉，耳好声而声乐莫大焉，目好色而文章致繁妇女莫众焉，形体好佚而安重闲静莫愉焉，心好利而谷禄莫厚焉，合天下之所同愿兼而有之，睪牢天下而制之若制子孙，人苟不狂惑戆（zhuàng）陋者，其谁能睹是而不乐也哉！欲是之主并肩而存，能建是之士不世绝，千岁而不合，何也？曰：人主不公，人臣不忠也。人主则外贤而偏举，人臣则争职而妒贤，是其所以不合之故也。人主胡不广焉，无恤亲疏，无偏贵贱，惟诚能之求？若是，则人臣轻职业让贤而安随其后，如是，则舜、禹还至，王业还起。功壹天下，名配舜、禹，物由有可乐，如是其美焉者乎？呜呼！君人者，亦可以察若言矣。杨朱哭衢涂[⑦]，曰："此夫过举跬步而觉跌千里者夫！"哀哭之。此亦荣辱安危存亡之衢已，此其为可哀，甚于衢涂。呜呼哀哉！君人者，千岁而不觉也。

无国而不有治法，无国而不有乱法；无国而不有贤士，无国而不有罢士；无国而不有愿民，无国而不有悍民；无国而不有美俗，无国而不有恶俗。两者并行而国在，上偏而国安，在下偏而国危；上一而王，下一而亡。故其法治，其佐贤，其民愿，其俗美，而四者齐，夫是之谓上一。如是，则不战而胜，不攻而得，甲兵不劳而天下服。故汤以亳，文王以鄗，皆百里之地也，天下为一，诸侯为臣，通达之属，莫不从服，无它故焉，四者齐也。桀、纣即序于有天下之势，索为匹夫而不可得也，是无它故焉，四者并亡也。故百王之法不同，若是，所归者一也。

上莫不致爱其下而制之以礼，上之于下，如保赤子。政令制度，所以接下之人百姓，有不理者如豪末，则虽孤独鳏（guān）寡必不加焉。故下之亲上，欢如父母，可杀而不可使不顺。君臣上下，贵贱长幼，至于庶人，莫不以是为隆正。然后皆内自省以谨于分，是百王之所同也，而礼法之枢要也。然后农分田而耕，贾分货而贩，百工分事

而劝，士大夫分职而听，建国诸侯之君分土而守，三公总方而议，则天子共己而止矣。出若入若，天下莫不平均，莫不治辨，是百王之所同而礼法之大分也。若夫贯日而治平，权物而称用，使衣服有制，宫室有度，人徒有数，丧祭械用皆有等宜，以是用挟于万物，尺寸寻丈，莫得不循乎制度数量然后行，则是官人使吏之事也，不足数于大君子之前。故君人者，立隆政本朝而当，所使要百事者，诚仁人也，则身佚而国治，功大而名美，上可以王，下可以霸。立隆正本朝而不当，所使要百事者非仁人也，则身劳而国乱，功废而名辱，社稷必危，是人君者之枢机也。故能当一人而天下取，失当一人而社稷危。不能当一人而能当千人百人者，说无之有也。既能当一人，则身有何劳而为，垂衣裳而天下定。故汤用伊尹，文王用吕尚，武王用召公，成王用周公旦。卑者五伯，齐桓公闺门之内，县乐、奢泰、游抏之修，于天下不见谓修，然九合诸侯，一匡天下，为五伯长，是亦无它故焉，知一政于管仲也，是君人者之要守也。知者易为之兴力而功名綦大。舍是而孰足为也？故古之人，有大功名者，必道是者也；丧其国，危其身者，必反是者也。故孔子曰："知者之知，固以多矣，有以守少，能无察乎？愚者之知，固以少矣，有以守多，能无狂乎？"此之谓也。

治国者，分已定，则主相、臣下、百吏，各谨其所闻，不务听其所不闻；各谨其所见，不务视其所不见。所闻所见诚以齐矣，则虽幽闲隐辟，百姓莫敢不敬分安制以化其上，是治国之征也。

主道治近不治远，治明不治幽，治一不治二。主能治近则远者理，主能治明则幽者化，主能当一则百事正。夫兼听天下，日有馀而治不足者，如此也，是治之极也。既能治近，又务治远；既能治明，又务见幽；既能当一，又务正百，是过者也，过犹不及也，辟之是犹立直木而求其影之枉也。不能治近，又务治远；不能察明，又务见幽；不能当一，又务正百，是悖者也，辟之是犹立枉木而求其影之直也。故明主好要而闇主好详，主好要则百事详，主好详则百事荒。君者，论（lún）一相，陈一法，明一指，以兼覆之，兼炤之，以观其盛者也。相者，论列百官之长，要百事之听，以饰朝廷臣下百吏之分，度其功劳，论其庆赏，岁终奉其成功以效于君。当则可，不当则废。故君人劳于索之，而休于使之。

用国者，得百姓之力者富，得百姓之死者强，得百姓之誉者荣。三得者具而天下归之，三得者亡而天下去之；天下归之之谓王，天下去之之谓亡。汤、武者，循其道，行其义，兴天下同利，除天下同害，天下归之。故厚德音以先之，明礼义以道之，致忠信以爱之，赏贤使能以次之，爵服赏庆以申重之，时其事、轻其任以调齐之，潢然兼覆之，养长之，如保赤子。生民则致宽，使民则綦理，辩政令制度，所以接天下之人百姓，有非理者如豪末，则虽孤独鳏寡必不加焉。是故百姓贵之如帝，亲之如父母，为之出死断亡而不愉者，无它故焉，道德诚明，利泽诚厚也。乱世不然：污漫、突盗以先之，权谋倾覆以示之，俳优、侏儒、妇女之请谒以悖之，使愚诏知，使不肖临贤，生民则致贫隘，使民则綦劳苦。是故百姓贱之如尫（wāng），恶之如鬼，日欲司间而相与投藉之，去逐之。卒（cù）有寇难之事，又望百姓之为己死，不可得也，说无以取之焉。孔子曰："审吾所以适人，适人之所以来我也。"此之谓也。

伤国者何也？曰：以小人尚民而威，以非所取于民而巧，是伤国之大灾也。大国之主也，而好见小利，是伤国；其于声色、台榭、园囿也，愈厌而好新，是伤国。不好循正其所以有，啖啖常欲人之有[8]，是伤国。三邪者在匈中，而又好以权谋倾覆之人断事其外，若是，则权轻名辱，社稷必危，是伤国者也。大国之主也，不隆本行，不敬旧法，而好诈故，若是，则夫朝廷群臣亦从而成俗于不隆礼义，而好倾覆也。朝廷群臣之俗若是，则夫众庶百姓亦从而成俗于不隆礼义，而好贪利矣。君臣上下之俗莫不若是，则地虽广，权必轻；人虽众，兵必弱；刑罚虽繁，令不下通。夫是之谓危国，是伤国者也。

儒者为之不然，必将曲辨：朝廷必将隆礼义而审贵贱，若是，则士大夫莫不敬节死制者矣。百官则将齐其制度，重其官秩，若是，则百吏莫不畏法而遵绳矣。关市几而不征，质律禁止而不偏，如是，则商贾莫不敦悫（què）而无诈矣。百工将时斩伐，佻其期日而利其巧任，如是，则百工莫不忠信而不楛矣[⑨]。县鄙则将轻田野之税，省刀布之敛，罕举力役，无夺农时，如是，则农夫莫不朴力而寡能矣。士大夫务节死制，然而兵劲。百吏畏法循绳，然后国常不乱。商贾敦悫无诈则商旅安，货财通，而国求给矣。百工忠信而不楛，则器用巧便而财不匮矣。农夫朴力而寡能，则上不失天时，下不失地利，中得人和，而百事不废。是之谓政令行，风俗美。以守则固，以征则强，居则有名，动则有功。此儒之所谓曲辨也。

【注释】

①檪（luò）然：形容非常坚固稳定。

②綦（qí）：根基，基础。

③鄗（hào）：同“镐”，西周的都城，在今陕西境内。

④奏：通“凑”，聚集。

⑤齺（zōu）然：形容牙齿上下相对，此指配合默契。

⑥薉（huì）：通“秽”，荒芜。涂薉：道路荒芜。

⑦衢（qú）涂：十字路口。

⑧啖啖（dàn dàn）：形容贪得无厌的样子。

⑨楛（kǔ）：粗劣。

【译文】

国家，是天下最有力的工具；君主，处于天下最有利的地位。如果得到了正确的政治原则去掌握国家与君权，就会非常安定，非常荣耀，成为积聚美好功名的源泉；如果得不到正确的政治原则去掌握它，就会非常危险，非常烦劳，有了它还不如没有它，这种情况最严重的时候，即使君主想做一个平民百姓也是不可能的了，齐湣王、宋献公就是这样。因此，君主处于天下最有利的地位，但是他并不能自行安

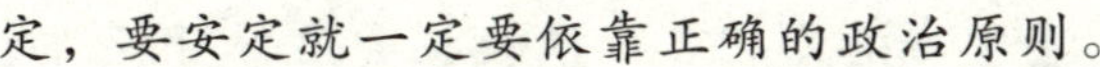
定，要安定就一定要依靠正确的政治原则。

因此，掌握国家的人，实行了礼义就能称王，建立了信用就能称霸，玩弄阴谋诡计就会灭亡。这三种情况，是英明的君主都必须慎重选择的，是仁人一定要明白的。用礼义来治理国家，而不用别的东西去危害它，仁义的人绝不会为了得到天下，去做一件不合乎礼义的事，处死一个无罪的人。他坚定地用礼义来维护自己的思想和国家，就像磐石一样坚固。凡是与他一道从事政治的人，都遵循礼义；凡是颁布的国家法律条文，都严格遵循礼义的规定；他率领群臣急切追求的目标，都是合乎礼义的。这样，臣民以礼义来仰慕君主，基础就稳固了。基础稳固了，国家也就能够得以安定了，国家安定了，天下也就得以平定。虽然孔子没有立锥之地，但他真诚地用礼义来指导自己的思想，用礼义来约束自己的行为，一旦获得成功，他的名声就会流传于世，不被天下的人埋没。现在如果也让天下那些显赫的诸侯真诚地用礼义指导自己的思想，用道义衡量各种法令制度，并在政事中加以实行，始终如一按照道义进行赏罚。这样，他的声望就会布散于天地之间，难道不正像日月雷霆那样光明、

响亮啊！因此说：整个国家都遵循礼义，名声很快就会显赫于天下，商汤王和周武王就是这样的人。起初，商汤定都亳地，周武王定都镐京，都是只有方圆百里的地方，而后来却一统天下，各地诸侯皆来臣服，凡是能到达的地方没有不归顺的，这有什么其他原因呢？正是由于他们遵从礼义的缘故啊。这就是说人们遵循礼义可以称王天下。

虽然德行尚未尽善尽美，道义尚未完备，然而天下的道理大体都聚集在这里了，惩罚、奖赏、禁止、允许，都已经取信于天下了，臣民都清楚地知道君主是值得信赖的。政令已经颁布，即使看到他的利益有所损失，也不欺骗百姓；盟约已经签订，即使看到他的利益有所损失，也不欺骗他的盟国。像这样，就能兵力强大，城池坚固，敌对的国家就会害怕；全国上下一致不失信用，盟国就会信赖，即使是偏僻落后的国家，它的威名也能震动天下。春秋五霸就是这样。他们虽然没有追求完备的礼义，没有完善礼法制度，没有使人心悦诚服，但注重方法策略，倡导劳逸得当，注意积蓄财物，做好战斗准备，上下互相信任就如同齿牙上下相合那样紧密，因此，天下没有人敢同他们对抗。所以，虽然齐桓公、晋文公、楚庄王、吴王阖闾、越王勾践都是处于地处偏远的国家的国君，可是他们威震天下，他们强大的使中原国家感到危险，这没有别的原因，是因为他们能取信于天下而已。这就是人们所说的建立了信用就能够称霸了。

领导全国人民去提倡功利，不致力于伸张道义、成就信用，而只是唯利是图，对内则肆无忌惮地欺诈他的人民以追求小利，对外则恣意妄为地欺骗他的盟国以追求大利，对内不治理好自己已经拥有的一切，却常常想取得别人所拥有的土地财富。像这样，那么臣民就没有不用欺诈之心对待自己君主的。君主欺诈臣民，臣民欺诈君主，这就

是上下离心离德。像这样，敌国就会轻视他，盟国就会怀疑他，天天玩弄阴谋，国家免不了危险削弱，甚至遭到灭亡，齐湣王、孟尝君就是这样。他们在强大的齐国执政，不是用手中的权力去修明礼义，不因此而把政治教化作为立国之本，不凭借它来统一天下，而是不断地以勾结别国、向外扩张。所以他们强大的时候，南能攻破楚国，西能使秦国屈服，北能打败燕国，中能攻占宋国；但等到燕国、赵国来进攻他们的时候，就像摧枯拉朽一样，湣王便身死国亡了，成为天下的奇耻大辱，后代人谈起恶人，就会把齐国作为例证。这并没有其他缘故，是因为他们不遵循礼义而专搞权术阴谋啊。以上三种情形，英明的君主应当慎重选择，而仁人一定要弄明白。善于选择策略的人能制服别人，不善于选择策略的人就会受制于人。

国家，是天下最重要的工具，是最沉重的担子，不可以不认真选择处所然后来安置它，把国家置于险恶的处所就会危险；不可以不认真选择道路然后来引导它，如果道路上杂草丛生，就会被堵塞；危险而又堵塞，国家就会灭亡。国家的安置，并不在于划分疆界，而在于遵行什么办法，任用什么样的人来治理国家。因此实行王者之法，任用王者之人去治理国家，就能够称王天下；实行霸者之法，任用霸者一类的人去治理国家，就能够称霸于诸侯；实行亡国之法，任用亡国一类的人去治理国家，国家就会灭亡。这三种情况，英明的君主应当慎重选择，而仁人也必须弄明白。

国家，是个沉重的担子，不依靠长期积累起来的管理办法来加以扶持，就无法巩固。因此，虽然国家是随着时代的发展而变化，这只是君臣的更迭，并没有实质性的变化。日子短促的就像一个早上，可是还有千年之国安然存在，这是什么原因呢？回答说：这是由于他们

采用了那些积累了上千年的确实可靠的办法治理国家，又和那些上千年的真诚之士一起修明政治的缘故啊。人没有百岁的寿命，但有千年不渝信守礼法的人。这是什么原因呢？回答说：用那些积累了上千年的礼法来把握自己的人，这就是千年不渝信守礼法的人了。因此，与坚持信奉礼仪的君子一同修明政治，就可以称霸诸侯了，同玩弄权术阴谋反复无常的人搞政治，国家就会灭亡。这三种情况，是英明的君主要谨慎选择的，也是讲究仁德的人一定要弄明白的。善于选择儒士的人能制服别人，不善于选择儒士的人就会受制于人。

那些掌握国家政权的君主，不能单单依靠自己一人去治理国家；既然如此，国家的强大、兴衰与荣辱，就在于卿相的选择了！倘若君臣都具备相应的能力，那么像这样的国君就可以称王天下了。如果君主本身没有能力，但知道恐惧而寻求有能力的人来辅佐，像这样的君主，国家就能强大。如果君主本身没有能力，又不知道这样的危害，不但没有寻求有能力的人辅佐，反而任用阿谀逢迎的人，像这样

的国君就会处境艰险，甚至灭亡了。国家，在大的方面利用它，它就强大；在小的方面利用它，它就弱小。强大到了极点就可称王天下，弱小到了极点就会灭亡，介于二者之间就能保有国家。所谓在大的方面利用，就是先考虑道义而后考虑财利，既不论亲疏，也不顾贵贱，只寻求真正有才能的人，这就是在大的方面利用。所谓在小的方面利用，就是先考虑财利而后考虑道义，不论是非曲直，只知任用阿谀逢迎的人，这就是小的方面利用。在大的方面利用就那样，在小的方面利用就这样；介于二者之间，就一部分那样，一部分这样。所以说："纯粹立足于道义，任用贤者就可以称王天下，驳杂的任用的就可以称霸诸侯，一样也做不到的就会灭亡。"说的就是这个道理。

国家没有礼义就无法得到治理。礼义之所以可以用来治理国家，就如同秤是衡量轻重的标准，木工的墨线能衡量木材的曲直，规矩能够画圆取方一样，倘若治理国家的礼法已经确定了，人们就没有谁再能够实行骗术了。《诗经》中说："像霜雪那样无情，像日月那样光明；实行它就能生存，不实行就会丧命。"说的就是这个道理。

国家危险君主就不能安乐，国家安定百姓就没有忧愁。倘若政事混乱，那么国家就危险；倘若政治清明，那么国家就安定。现在的君主急于追求享乐而疏于治理国家，这难道不是错得太厉害了吗？这就如同喜欢音乐和美色而不在意没有耳朵和眼睛一样，难道不是很可悲吗？就人的性情而言，眼睛想看最美丽的颜色，耳朵想听最美妙的音乐，嘴巴想尝最美好的味道，鼻子想闻最香的气味，心里想得到最大的安逸。这五种欲望，是人的本性，是不可避免的。满足这五种欲望要有条件，没有条件，那么这五种欲望就不会得到满足。万乘大国土地广阔资源丰富，还有使国家得到治理，国富民强的方法，如果这样

就可安逸快乐而没有祸患了，那么满足这五种欲望的条件也就具备了。因此，各种快乐的事情产生于社会安定的国家，许多忧虑祸患产生于社会混乱的国家。所以，一味享乐而荒于治理国家的君主，不是真正懂得享乐的人。所以，英明的君主会首先治理好自己的国家，然后自然而然地获得各种快乐；而昏庸的君主必然急于追求享乐而疏于治理国家，所以忧患多得数不清，一直到身死国亡才可罢休，这不是非常可悲吗？本来要得到快乐，却招来了祸患；本来要得到安定，却招致了危险；本来要得到幸福，却招致了灭亡；这难道不可悲吗？哎呀！作为人君的也该明察这些话了。因此治理国家要有一定的法则，君主也有他的职责。至于连续多日才能使条例详备，一天要把事情处理好，这是各级官员要做的事，不能因此而伤害了游玩休闲的乐趣。至于选择一位宰相，去领导群臣，使臣下百官没有一个不持守道义，让他们正确地完成事业，这就是君主的职责了。像这样，就能统一天下，名声与尧、禹相匹配了。这样的君主，所主管的事虽极其简略却又十分周详，所做的事极其安逸却很有功效，衣裳拖垂在床席上，安然自得，但天下的人没有不希望他做帝王的。这就是最大的简约，没有比这更大的快乐了。

君主，以善于用人为有才能；普通百姓，以自己能干为有本事。君主可以指使别人去做事，普通百姓只有依靠自己，而不能把事务交给别人去做。一百亩土地一个农夫来管理，耕种的事情耗尽了他一生的力量，因为无法把这些事推给别人。现在君主凭一个人的力量同时治理整个天下，反而时间绰绰有余而要治理的事少得不够做，这是由于让别人去做事的缘故。大到拥有整个天下，小到拥有一个诸侯国，如果所有的事情一定要自己去做了以后才可以，那么辛劳艰苦耗损憔悴就没有比这个更厉害的了。像这样，那么即使是奴婢也不愿意与天子交换地位与职责了。所以，君主在上面掌握天下，统一天下，为什么非要亲自去做所有的事呢？亲自去做各种事情，是服役的人所遵行的原则，这是墨子的观点。根据官吏的才能分配职务让他们去做，这是圣明帝王的办法，也是儒者所谨守的法则。古书上说："农民分得田地去耕种，商人分取货物去贩卖，各种工匠分配一定的工作去用力，士大夫分任一定的职务去处理政事，诸侯国的国君分封一定的领土去守卫，三公统管各个方面来商议，那么天子只要让自己拱着手就是了。"朝廷外面如此，朝廷内部如此，于是天下的万事万物就会协调一致，就没有什么治理不好的了，这是历代君主共同的法则，也是礼制法度的要领。

凭借百里见方的地方可以取得天下，这并非子虚乌有，它的困难在于君主要知道怎样去取得天下。所谓取得天下，并非背着他的土地来跟随我，而是指我的政治原则足够用来使天下的人和我团结一致。别国君主统治下的那些人如果都和我团结一致，那么他们的土地又怎能离开我到别的地方去呢？因此百里见方的地方，但它的等级、官位、品爵、服饰，足够用来容纳天下的贤德之士了，它的官职事业足以容纳天下有才能的人了；遵循原有的法制，选择其中好的公布实施，也足够用来使贪图财利的人顺服了。贤德之士和我团结一致了，有才能的人得到官职了，爱好财利的人顺服了，这三者具备而天下就完全归我了，在此之外就没有什么了。所以百里见方的地方完全能够取得天下的权势，恪守忠信，提倡仁义，完全可以取得人心，这两者合起来，那么天下就取得了，后来归顺的诸侯就一定会首先灭亡。《诗经》中说："从西到东，从南到北，没有不顺从的。"说的就是使天下人和我团结一致的道理啊。

后羿和蜂门，使擅长射箭的人佩服；王良和造父，使擅长驾驶车马的人佩服；聪明的君主，善于使百姓顺服。百姓佩服他，权势便随之而来；百姓不佩服，权势就会离他而去，因此称王天下的君主能够使人顺服就可以了。因此君主想要得到擅长射箭的人，既能射得远，又能射中很小的目标，那么没有比后羿和蜂门更好的了；想要得到擅长驾驶车马的人，既能追上快速奔跑的车子，又能快速到达远处，那么没有比王良、造父更好的了；想要使国家得到治理，统一天下，制服秦国和楚国，那么没有比聪明的君子更好的了。他们用的智慧很简单，他们做的事务不劳累，可是取得的成就很大；做起来很容易，心情很愉快。因此英明的君主将其视为珍宝，然而愚蠢的君主却将其视为祸患。

尊贵得作为天子，富裕得拥有天下，名声显赫，能制服天下人，而没有人能制服他，这是人们共同的欲望，而奉行王道的人完全拥有这一切。他穿的衣服色彩丰富，食物丰盛味美，财物丰厚，统治整个天下；饮食非常丰厚，音乐非常齐备，台榭非常高大，园囿非常广阔，诸侯臣服，天下统一，这又是人们共同的欲望，但只有天子的礼法制度是这样。制度已经公布，政令已经完备，官吏失职就要处死，三公、诸侯违反礼制就要囚禁，诸侯如果离心离德就要加以消灭；他的名声如同日月明亮，功绩有如天地一般广阔伟大，天下的人就会如影随形，如响回声一样响应他，这也是人们共同的欲望，但这也只有称王天下的君主全部拥有。因此，人的情性是，嘴巴喜欢美味而味道没有比王者的食物更味美的了，耳朵喜欢声音而声乐没有比王者的音乐更悦耳的了，眼睛喜欢美色、花纹的丰富和美女没有比王者更多、更丰富的了，身体喜欢安逸而安处清闲没有比王者享受得更清净安逸了，内心喜欢财利而俸禄没有比王者享受的财物更丰厚的了，天下人所共同希望得到的东西君主都拥有了，他牢牢地控制了天下就像控制自己的子孙一样，人如果不是疯或傻，谁看到这些不高兴呢！想要得到这一切的君主比比皆是，能够建立这一切的士人世代都有，可是自古以来，这样的君主、士人不能合作，这

是什么原因呢？回答是：君主不公正、臣下不忠心。君主排斥贤能的人而任用自己偏爱的人，臣下争权夺势而妒忌贤能，这就是他们不能合作的缘由。君主何不广招贤才而不管亲疏，不分贵贱，只寻求真正有才能的人呢？如果这样，那么臣下就会轻视职位并让位给贤能的人而甘心跟随其后，如果这样，那么舜、禹就还会到来，称王天下的大业还能兴起。建立起统一天下的功业，名声可以与舜、禹相匹配，事情哪有比这更快乐、更美好的呢？哎呀！统治人民的国君，这些话也该仔细考虑一下了！杨朱在岔路口上哭泣，说："这里只要走错半步，当发觉的时候已经相差千里了！"他伤心地哭了一场。这也是荣辱、安危、存亡的岔路口，在这些事情上出错比在岔路口上走错路更厉害！可悲啊！那些统治人民的君主，千年来还没觉悟啊。

没有哪一个国家没有使社会安定的法令制度，没有哪一个国家没有导致社会动乱的法令制度；没有哪一个国家没有贤能的士人，没有哪一个国家没有无行的士人；没有哪一个国家没有朴实善良的百姓，没有哪一个国家没有凶狠强暴的百姓；没有哪一个国家没有美好的习俗，没有哪一个国家没有恶劣的习俗；这两种情况同时存在一个国家，国家尚可存在；偏于前者，国家就安定；偏于后者，国家就危险；完全属于前者，就能称王天下；完全属于后者，就会灭亡。那国家的法令制度能使社会安定，它的辅佐大臣贤能，它的人民朴实善良，它的习俗美好，这四者齐备，那就叫作完全属于前者。如果有这样的国家，那么即使不发动战争就能战胜敌人，不发起进攻就能取得战果，不用四处征伐就能使天下顺服。商汤凭借亳，周武王凭借鄗，都是百里大小的领土，后来却一统天下，诸侯做了他们的臣属，凡能到达的地方，没有不服从的，这没有其他缘故，而是因为上述四种条件齐备了。夏桀、商纣王即使实力雄厚得掌握了统治天下的权力，但最后要求做个普通老百姓也不可能达到，这没有其他的缘故，而是因为上述四种条件全都丧失了。所以历代君主制定的法令制度虽然不同，但归结起来的道理只有这么一个。

君主没有不爱护百姓的，所以用礼法来约束他们。君主对百姓如同养育婴儿一样。政治法令制度，是用来对待下层老百姓的，即使对孤独鳏寡的人，如有丝毫不合理的东西也不能施加在他们身上。因此百姓亲近君主就如同亲近自己的父母一样，宁可被杀头也不能使他们不顺从。君臣、上下，贵贱、长幼，甚至老百姓，都把这个原则作为最高准则。然后都能从内心自省，谨慎于自己的职分。这是历代君王所相同的地方，也是礼法的关键所在。然后，农民各自耕种自己的田地，商人各自贩卖自己的货物，工匠们勤恳地工作，士大夫尽心职守、处理政事，各国诸侯各自管理自己的国家，三公总管全国事务，而天子只需拱手端坐就可以了。对外对内都像这样，天下的事没有公平的了，没有什么得不到治理的了，就没有治理得不好的了，这是历代君王相同的地方，也是礼法的大纲领。

至于日积月累地处理政事，权衡事物使它们得到合理的用处，使各级官吏穿的衣服有一定的规格，宫室有一定的标准，役使的仆从有一定的编制，丧葬祭祀器械用具都符合规定，把这种做法贯彻到各种事情中去，尺、寸、寻、丈等都要遵循制度法规然后才能实行，这是各级官吏的事，不值得在君主面前陈说。所以那统治人民的君主，如果为本朝所确立的最高准则完全得当，所任用的总管各种事务的宰相是真正有仁德的人，那么自身安逸而国家也得到治理，功绩大而且名声好，上可以称王，下可以称霸；如果为本朝所确立的最高准则不得当，所任用的总管各种事务的宰相不是具有仁德的人，那么自身劳苦而国家也混乱，前功尽弃而声名狼藉，国家也一定危险，这是作为人君的关键。因此倘若能够恰当地任用一个人，那么就可以取得天下；倘若错误地任用一个人，就会使国家危险；不能恰当地任用一个人而能恰当地任用一千个人、一百个人，在理论上是没有这种事情的。能够恰当地任用一个人，那么自己就不会有什么劳累，衣服下垂着而天下就平定了。因此汤任用伊尹，文王任用姜尚，武王任用召公，成王任用周公旦。功德低一点的是五霸，齐桓公在宫廷之内，悬置音乐、奢侈放纵、游乐玩耍，可是天下人并不认为他享乐，相反的他还多次会合诸侯，使天下归于一致而恢复了正道，成为五霸的盟主，这也没有别的原因，是因为他懂得把政事都交给管仲，这是君主要遵守的重要原则啊！聪明的君主容易在这方面下功夫，因此造成强大的实力而功业名望极大，除了这个还有什么值得去做呢？所以古代的人，凡是有伟大的功业名望的，一定是遵行了这一点；凡是丧失了自己的国家，危害到他本人的，一定是违反了这一点。所以孔子说："智者的知识，本来已经很多了，又因为管的事很少，能不明察吗？蠢人的知识，本来已经很少了，又因为管的事很多，能不惑乱吗？"说的就是这个道理。

治理国家的人的等级名分已经确定，那么君主、宰相和臣下百官就要谨守自己所听到的，不致力于打听自己不应该听见的东西；谨慎地处理自己所应该见到的事，不致力于察看自己不应该看见的东西。职权范围内所听到、见到的事，都要用统一的原则处理，这样，即使处在偏远的地方，也没有人敢不遵守职分，都会遵守国家制度，顺从君主，这是安定国家的特征。

君主的治国之道是治理近处不治理远处，治理明处不治理暗处，治理根本性的大事不治理烦琐复杂之事。如果治理好近处的，那么远处的就会得到治理；如果治理好明显的，那么暗处的也会随之变化，如果处理好主要的，那么烦杂的也会得到

解决。同时治理整个天下，时间绰绰有余而要治理的事少得不够。倘若做到了这一点，那就是治理天下的最高境界了。既治理近处的，又兼治远处的；既治理明处的，又兼治暗处的；既治理根本性的大事，又兼治烦琐之事；这是过分的做法，与达不到是一样的，就如同竖起笔直的木头但要求它的影子是弯曲的一样。不能治理近处的事，又力求治理远处的事；不能明察明处的事，又力求察见暗处的事；不能恰当地治理好根本性的大事，又力求治理好烦琐之事；这是昏乱的做法，就如同竖起的是弯曲的木头但要求它的影子是直的一样。因此，英明的君主善于抓住要领，而愚昧的君主喜欢管得周详。善于抓住要领，那么各种事情就能办得周详；君主喜欢管得周详，那么各种事情就会荒废。君主，选好一个宰相，公布一个统一的法令制度，明确一个主要原则，用此来统治一切、洞察一切，坐观自己的成功。宰相，总管各种政事的处理，

以此来整顿朝廷上的大臣和各级官员的职分，衡量他们的功劳，论定他们的奖赏，年终拿他们的成绩功劳呈报给君主。称职的就留用，不称职的就罢免。所以君主在寻求人才时是劳累的，但在使用他们以后就安逸了。

君主治理国家，得到百姓尽力劳动的国家就富裕，得到百姓为他效死力的国家就强盛，得到百姓的称颂的自身就光荣。具备了以上三个条件，那么天下的人就会纷纷归附他；失去了这三个条件，那么天下的人就会纷纷背离他。天下人都归顺他，就是王者；天下人都背离他，就是灭亡。商王汤、周武王都遵循着这条道路，实行礼义，兴办天下人都认为有利的事，除掉天下人共同的祸害，天下人都归顺了他们。因此，君主加强德行来引导人民，申明礼义来教导人民，恪守忠信来爱护人民，崇尚贤人，重用能人，根据能力使用他们，安排不同等级的职位，加官进爵来重用他们，依照时节安排事情，减轻他们的负担来调剂他们，量力而任用他们，从而使他们协调一致抚养百姓，如同养育婴儿一样。养育人民非常宽厚，使用人民非常合理，制定法令制度，是用来对待下层的老百姓的，即使对孤独鳏寡这样的人，所有不合理的东西也不会施加在他们身上。所以百姓尊重他们如同尊敬上天，欢喜他们如同自己的父母，为他们献出生命也心甘情愿，这没有其他原因，是由于君主的道德异常显明，恩惠确实深厚的缘故啊。

乱世就不这样：以污秽肮脏、欺凌盗窃来引导人民，用玩弄权术、倾轧陷害来诱导人民，用戏子、侏儒、妇女的求见说情来扰乱朝政，使愚蠢的教导聪明的，使不贤能的教导贤能的，养育人民非常穷困，又使人民非常劳苦。所以百姓鄙视他如同鄙视残疾人，厌恶他如同厌恶鬼怪，天天想伺机一起践踏他、驱逐他。如果突然有外敌入侵，君主还想百姓为他卖命，这是不可能的，其治国理论没有可取之处。孔子说：“看看我怎么对待别人，别人就会用怎样的态度来对待我。”说的就是这个道理。

危害国家的因素是什么呢？回答说：使小人骑在人民头上作威作

福，用非法手段从百姓那里巧取豪夺，这是危害国家的重大灾难。身为大国的君主，却喜欢注意小利，这就会危害国家；他对于音乐美色、高台亭阁、园林兽苑，乐此不疲而追求新奇，这就会危害国家；不喜欢整顿治理自己已经拥有的一切，却总是贪婪地想要占有别人的拥有，这就会危害国家。这三种邪恶的念头充斥胸中，而又喜欢让那搞权术阴谋倾轧陷害的人在外朝决断政事，像这样，君主就会权势轻微、声名狼藉，国家就会危险，这是危害国家的君主啊。身为大国的君主，却不尊崇礼义，不谨守原有的法令制度，而喜欢搞欺诈，像这样，朝廷上的群臣也就不崇尚礼义而互相倾轧。朝廷中形成了这种风气，那么群众百姓也就跟着养成一种不尊崇礼义而喜欢贪图财利的恶习了。如果举国上下都形成这样的风气，那么领土即使辽阔，权势也必然轻微；人口即使众多，

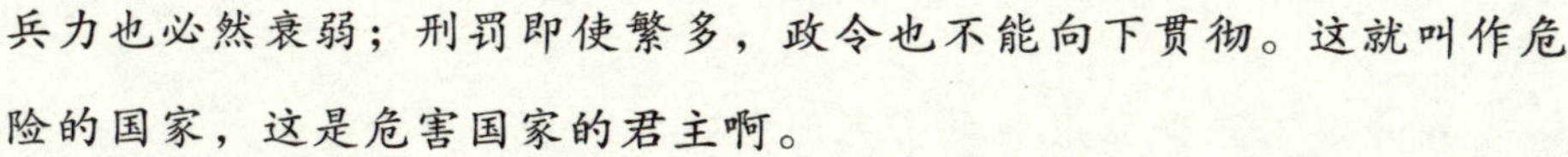

兵力也必然衰弱；刑罚即使繁多，政令也不能向下贯彻。这就叫作危险的国家，这是危害国家的君主啊。

大儒就不这样，他会明辨是非。朝廷一定要崇尚礼义而区分贵贱，这样，士大夫就没有不注重名节、不坚守法制的了。百官也将会遵循统一的制度，注重他们的官职和俸禄，这样，各级官吏就没有谁不畏惧法令，进而就会遵守法度的规定了。关卡和市场只监察而不征税，所规定的市场价格、所禁止的事情都公正不偏。这样，商人就会敦厚诚实而没有欺诈行为了。要求各种工匠按时节砍伐木材，放宽他们的限期，以便充分发挥他们的技巧，这样，各种工匠就无不忠诚守信而不粗制滥造了。减轻城郊田地的赋税，减少对钱币的聚敛，减少劳役，不侵占农时，这样，农民就会朴实地尽力劳作而不会耽误农事了。士大夫坚守节操，舍身殉职，这样兵力就会强大。各级官吏惧怕法令而遵守法度，国家法令就不会陷入混乱。商人敦厚诚实没有欺诈，商业就会安全，货物钱财就会得以流通，国家的各种需求就能得到供应。各种工匠忠诚可信而不粗制滥造，那么器械用具就做得轻巧灵便，而资材也不会缺乏了。农民辛勤耕作而不耽误农事，那么就会上不失天时，下不失地利，中得人和，这样就会百业兴旺而不荒废了。这就叫政令通行、风俗美好。凭借这些捍卫国家就能巩固，征战就能强劲有力，居守于自己的国家就能享有名望，有所举动国家就会有功绩。这就是大儒所说的全面的治理啊。

天论

【原典】

天行有常，不为尧存，不为桀亡。应之以治则吉，应之以乱则凶。强本而节用，则天不能贫；养备而动时，则天不能病；修道而不贰，则天不能祸。故水旱不能使之饥，寒暑不能使之疾，祆怪不能使之凶[①]。本荒而用侈，则天不能使之富；养略而动罕，则天不能使之全；倍道而妄行，则天不能使之吉。故水旱未至而饥，寒暑未薄而疾，祆怪未至而凶。受时与治世同，而殃祸与治世异，不可以怨天，其道然也。故明于天人之分，则可谓至人矣。

不为而成，不求而得，夫是之谓天职。如是者，虽深，其人不加虑焉；虽大，不加能焉；虽精，不加察焉，夫是之谓不与天争职。天有其时，地有其财，人有其治，夫是之谓能参。舍其所以参而愿其所参，则惑矣。

列星随旋，日月递炤[②]，四时代御，阴阳大化，风雨博施，万物各得其和以生，各得其养以成，不见其事而见其功，夫是之谓神。皆知其所以成，莫知其无形，夫是之谓天。唯圣人为不求知天。

天职既立，天功既成，形具而神生，好恶、喜怒、哀乐臧焉，夫是之谓天情。耳目鼻口形，能各有接而不相能也，夫是之谓天官。心居中虚，以治五官，夫是之谓天君。财非其类，以养其类，夫是之谓天养。顺其类者谓之福，逆其类者谓之祸，夫是之谓天政。暗其天君，乱其天官，弃其天养，逆其天政，背其天情，以丧天功，夫是之谓大凶。圣人清其天君，正其天官，备其天养，顺其天政，养其天情，以全其天功。如是，则知其所为，知其所不为矣；则天地官而万物役矣。其行曲治，其养曲适，其生不伤，夫是之谓知天。

故大巧在所不为，大智在所不虑。所志于天者，已其见象之可以期者矣；所志于地者，已其见宜之可以息者矣；所志于四时者，已其见数之可以事者矣；所志于阴阳者，已其见知之可以治者矣。官人守天而自为守道也。

治乱天邪？曰：日月、星辰、瑞历，是禹、桀之所同也，禹以治，桀以乱，治乱非天也。

时邪？曰：繁启、蕃长于春夏，畜积、收臧于秋冬，是禹、桀之所同也，禹以治，桀以乱；治乱非时也。

地邪？曰：得地则生，失地则死，是又禹、桀之所同也，禹以治，桀以乱，治乱非地也。《诗》曰："天作高山，大王荒之；彼作矣，文王康之。"此之谓也。

天不为人之恶寒也，辍冬；地不为人之恶辽远也，辍广；君子不为小人之匈匈也，辍行。天有常道矣，地有常数矣，君子有常体矣。君子道其常而小人计其功。《诗》曰："礼义之不愆兮，何恤人之言兮！"此之谓也。

楚王后车千乘，非知也；君子啜菽饮水[③]，非愚也：是节然也。若夫志意修，德行厚，知虑明，生于今而志乎古，则是其在我者也。故君子敬其在己者，而不慕其在天者；小人错其在己者，而慕其在天者。君子敬其在己者，而不慕其在天者，是以日进也；小人错其在己者，而慕其在天者，是以日退也。故君子之所以日进，与小人之所以日退，一也。君子小人之所以相县者，在此耳。

星队、木鸣，国人皆恐，曰：是何也？曰：无何也，是天地之变，阴阳之化，物之罕至者也。怪之可也，而畏之非也。夫日月之有蚀，风雨之不时，怪星之党见，是无世而不常有之。上明而政平，则是虽并世起，无伤也；上闇而政险，则是虽无一至者，无益也。夫星之队，木之鸣，是天地之变，阴阳之化，物之罕至者也，怪之可也，而畏之非也。

物之已至者，人袄则可畏也。楛耕伤稼，楛耨失薉（huì），政险失民，田薉稼恶，籴贵民饥[④]，道路有死人：夫是之谓人袄。政令不明，举错不时，本事不理，勉力不时，则牛马相生，六畜作袄：夫是之谓人袄。礼义不修，内外无别，男女淫乱，则父子相疑，上下乖离，寇难并至，夫是之谓人袄。袄是生于乱，三者错，无安国。其说甚尔，其菑（zài）甚惨。勉力不时，则牛马相生，六畜作袄，可怪也，而亦可畏也。传曰：“万物之怪，书不说。”无用之辩，不急之察，弃而不治。若夫君臣之义，父子之亲，夫妇之别，则日切瑳而不舍也[5]。

雩而雨[6]，何也？曰：无何也，犹不雩而雨也。日月食而救之，天旱而雩，卜筮（shì）然后决大事，非以为得求也，以文之也。故君子以为文，而百姓以为神。以为文则吉，以为神则凶也。

在天者莫明于日月，在地者莫明于水火，在物者莫明于珠玉，在人者莫明于礼义。故日月不高，则光晖不赫；水火不积，则晖润不博；珠玉不睹乎外，则王公不以为宝；礼义不加于国家，则功名不白。故人之命在天，国之命在礼。君人者，隆礼尊贤而王，重法爱民而霸，好利多诈而危，权谋倾覆幽险而尽亡矣。

大天而思之，孰与物畜而制之？从天而颂之，孰与制天命而用之？望时而待之，孰与应时而使之？因物而多之，孰与骋能而化之？思物而物之，孰与理物而勿失之也？愿于物之所以生，孰与有物之所以成？故错人而思天，则失万物之情。

百王之无变，足以为道贯。一废一起，应之以贯。理贯，不乱；不知贯，不知应变。贯之大体未尝亡也。乱生其差，治尽其详。故道之所善，中则可从，畸则不可为，匿则大惑⑦。水行者表深，表不明则陷；治民者表道，表不明则乱。礼者，表也。非礼，昏世也；昏世，大乱也。故道无不明，外内异表，隐显有常，民陷乃去。

万物为道一偏，一物为万物一偏。愚者为一物一偏，而自以为知道，无知也。慎子有见于后，无见于先；老子有见于诎，无见于信；墨子有见于齐，无见于畸；宋子有见于少，无见于多。有后而无先，则群众无门；有诎而无信，则贵贱不分；有齐而无畸，则政令不施；有少而无多，则群众不化。《书》曰："无有作好，遵王之道；无有作恶，遵王之路。"此之谓也。

【注释】

①祆（yāo）：怪异，妖怪。

②炤：通"照"。

③啜：吃。菽：豆类，泛指粗粮。

④籴（dí）：买粮。

⑤瑳：通"磋"。

⑥雩（yú）：古时求雨的祭祀。

⑦匿：通"慝"，差错。

【译文】

天道有一定的规律，它不为尧而存在，不为桀而灭亡。用安定来适应它就吉利，用混乱来适应它就凶险。加强农业这一根本而节约费用，那么天就不能使他贫穷；衣食给养齐备而适时劳作，那么天就不能使他生病；遵循规律而不出差错，那么天就不能使他遭殃。因此水涝旱灾不能使他挨饿，严寒酷暑不能使他生病，灾害怪异不能使他凶险。农业荒废而生活奢侈，那么天就不能使他富裕；衣食不足而又懒惰，那么天就不能使他保全健康；违背规律而胡作非为，那么天就不能使他吉利。因此水涝旱灾尚未来到他就饥饿了，严寒酷暑尚未迫近他就生病了，灾害怪异尚未出现他就凶险了。他遇到的天时和社会安定时期相同，而灾祸却与社会安定时期不同，这不能埋怨上天，这是他所采取的措施造成的。所以明白了天和人的不同，就可以称作是思想修养达到了最高境界的人了。

不去做就成功，不求取就得到，这叫作天的职能。像这种情况，即使意义深远，修养达到了最高境界的人也不加考虑；虽然广大，修养达到了最高境界的人也不加干预；虽然精妙，修养达到了最高境界

的人也不加考察。这就叫作不与天争夺职能。天有它的时节变化，地有它的财富资源，人有他的治理方法，这叫作能够互相并列。人如果舍弃了自身用来与天、地相并列的治理方法而希望达到天地的功能，那就太迷惑了。

布列于天空的恒星互相伴随着旋转，日月交替照耀，四季交相变更，阴阳二气大量地化生万物，风雨广泛地滋润万物。万物各自得到了阴阳形成的和气而产生，各自得到了风雨的滋养而成长。看不见它化生万物的形迹却看到了它的功效，这就叫作神妙。都知道阴阳已经生成的万物，却没有人知道它那无影无踪的生成过程，这就叫作天。只有圣人是不致力于了解天的。

天的职能已经确立，天的功效已经形成，人的形体也就具备而精神也就产生了，好恶、喜怒、哀乐都蕴藏其中，这就是天然的情感。耳朵、眼睛、鼻子、嘴巴、身体各有不同的感触外界的能力而不能互相替代，这就是天然的感官。心居中心而统率五官，这叫作天然的君主。人类能够控制安排好与自己不是同类的万物，用它们来供养自己的同类，这叫作天然的供养。能利用自然之物来供养人类的就是福，不能利用自然之物供养人类的就是祸，这叫作天然的政治。蒙蔽了那天然的君主，扰乱了那天然的感官，抛弃了那天然的供养，违反了那天然的政治，背离了那天然的情感，以致丧失了天然的功绩，这就是大灾难了。圣人清醒自己那天然的君主，管理好自己那天然的感官，完备那天然的供养，顺应那天然的政治，保养那天然的情感，从而成全了天然的功绩。这样的话，就是明白了自己应该做的事，明白了自己不应该做的事，那么天、地都能发挥它的作用，万物都能被人类役使了。他的行动就能处处有条理，他的保养就能处处恰当，他的生命就能不受伤害，这就叫作“知天”。

所以最能干的人在于不去做不应该做的事情，最聪明的人在于不考虑不应该考虑的问题。对于天的认识，不过是它所显现的天象中那些可以测定气候变化的天文资料罢了；对于地的认识，不过是它所显现的适宜条件中那些可以便利种植庄稼的地文资料罢了；对于四时的认识，不过是它们所显现的规律中可以安排农业生产的节气罢了；对于阴阳的认识，不过是它们所显现的和气中可以治理事物的因素罢了。圣人任用别人来观察天象而自己却掌握治国大道。

社会的安定或混乱，是由上天决定的吗？回答说：日月、星辰、历象，

这在大禹、夏桀时代都是相同的，禹使天下安定，桀使天下混乱，可见社会的安定或混乱并不是由上天决定的。那么，是由时令决定的吗？回答说：春生夏长，秋收冬藏，这在禹与桀又是相同的，禹使天下安定，桀使天下混乱，可见社会的安定或混乱并不是由时令决定的。那么，是由地决定的吗？回答说：庄稼得到了大地就生长，失去了大地就死亡，这在禹与桀又是相同的，禹使天下安定，桀使天下混乱，可见社会的安定或混乱并不是由地决定的。《诗经》上说："天生高大的岐山，太王使它大发展；太王已经造此都，文王使它长平安。"说的就是这个意思。

上天并不会因为人们厌恶寒冷而停止冬天，大地并不会因为人们厌恶辽远而不再宽广，君子也并不会因为小人的叫嚣而停止。上天有一定的规律，大地有一定的法则，君子有一定的行为标准。君子按行为标准行事而小人计较眼前的功利。《诗经》中说："礼义上我不犯错误，何必担忧人说长道短？"说的就是这个道理。

楚王后面跟随的车有上千辆，并非由于他聪明；君子吃粗粮淡饭，并非由于因为他愚笨，这种情况是时势命运的制约造成的。如果一个人志意端正、德行美好，思虑精明，生活在今天却向往古代圣贤之道，那么这就是在意自己的努力了。因此君子慎重地对待那些取决于自己的事，而不羡慕那些由上天决定的事；小人丢下那些取决于自己的事，而羡慕由上天决定的事。君子慎重对待那些取决于自己的事而不羡慕由上天决定的事，故而日益精进；小人丢下那些取决于自己的事而羡慕由上天决定的事，故而每日退步。君子日进而小人日退，道理是一样的。君子和小人之所以相差如此悬殊，原因就在这里。

流星陨落、树木发响，国内的人都害怕，问：这是什么原因呢？

回答说：这没有什么啊。这是天地的变化，阴阳的作用，事物中很少出现的现象。认为它奇怪是可以的，但害怕它就错了。太阳和月亮发生日食和月食，大风暴雨的到来不合时宜，奇怪的星星偶尔出现，这些现象没有哪个时代不曾有过。君主英明而政治清平，那么这些现象即使同时出现，也没有什么伤害；君主昏暗而政治险恶，那么这些现象即使一种也没有出现，也毫无裨益。流星的陨落，树木的发响，是天地的变化，阴阳的作用，事物中很少出现的现象，认为它奇怪是可以的，但害怕它就错了。

在已经出现的事情中，人事上的反常现象才是可怕的。粗劣地耕作伤害了庄稼，马虎地锄草影响了收成，政治险恶而失去了民心，田地荒芜而庄稼歉收，米价昂贵而百姓挨饿，道路上有饿死的人，这些叫作人事上的反常现象；政策法令不明确，采取措施不合时宜，农业生产不加管理，发动劳役不顾农时，牛、马就会生出怪胎，六畜就会出现怪异的现象，这些叫作人事上的反常现象；礼义不加整顿，内外没有分别，男女淫荡混乱，而父子互相猜疑，君臣离心离德，外寇内乱同时到来，这叫作人事上的反常现象。人事上的反常现象实产生于昏乱。这些怪现象产生于混乱，这三种现象交错发生，国家就不会安定了。这种人事上的反常现象解说起来道理很浅显，但它造成的灾难却极其惨重。这是可怕的，但不值得奇怪。古书上说："各种事物的怪现象，经书上不作解说。"没有用处的辩说，不是急需的明察，应该抛弃而不加研究。至于君臣之间的道义，父子之间的相亲相爱，夫妻之间的区别，才是应该每天切磋琢磨而不可舍弃的啊。

祭神求雨而下了雨，这是什么原因呢？回答说：这没什么啊，这就如同不祭神求雨而下雨一样。日食、月食发生了人们会去求救，天

旱了会去祭神求雨，通过占卜来决定国家大事，这些都不是因为能祈求到什么，而是一种文饰，只是为了向百姓表示关切之心。因此君子认为这些只是文饰，而百姓会以为是神灵之事。顺人之情，只当作文饰就是无害的，以为真有神灵，淫祀祈福，则是凶险的。

天上没有比太阳、月亮更明亮的了，地上没有比水火更明亮的了，物品之中没有比珍珠、宝玉更明亮的了，人间没有比礼义更明亮的了。因此太阳、月亮倘若不高悬空中，光辉就不显赫；水火如果不积聚，光泽就不广博；珠玉的光彩如果没有显露在外面，王公就不会把它当作珍宝；礼义不施于国中，功名就不显著。因此人的命运取决于上天，国家的命运取决于礼义。统治人民的君主，推崇礼义、尊重贤人，就能称王天下；重视法律、爱护人民就称霸诸侯；贪求财利、多行欺诈就会招致危险；玩弄权术、坑人害人、阴暗险恶就会招

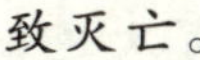

致灭亡。

认为大自然伟大而思慕它，怎能比得上把它当作物资积蓄起来而控制它？顺从上天而歌颂它，怎能比得上掌握自然规律而利用它？盼望时令而等待它，怎能比得上顺应天时而使它为人类所用？依靠万物的自然增殖，怎能比得上施展人的才能而使它们根据人的需要来变化？思慕万物而把它们当作与己无关的外物，怎能比得上管理好万物而不失去它们？希望了解万物的产生过程，怎能比得上占有那已经生成的万物？所以放弃了人的努力而寄希望于天，那就违反了万物的本性。

经历百代帝位都没有改变的东西，完全可以用来作为政治原则的常规惯例。国家有时衰微有时兴盛，都应该有一个通用的原则去顺合它。有一个通用的原则，国家就不会混乱。如果不知道一贯的原则，就不知道如何应付变化。这个原则的基本内容从来不曾消亡过。社会的混乱，产生于这个原则的运用发生了偏差；社会安定，全在于这个原则运用得完备周详。因此，道的标准认为正确的东西，如果符合这个通用的原则，就可以依从；如果偏离了个通用的原则，就不可以实行；如果违反了这个通用的原则，就会造成极大的迷惑。涉水的人，用标志来表明深度，如果这种标志不明确，就会使人陷入深水淹死；统治民众的人，用标准来表明政治原则，如果这种标准不明确，就会造成混乱。礼制，就是治国的标志。违反了礼制，就是昏暗的社会；昏暗的社会，就会大乱。因此，道没有不明确的，它对外对内都有不同的标准，对隐蔽之事或显露之事都有一定的规则，这样人民的灾难就可以避免了。

世界上的各种事物都只是道的一部分，每一样事物也只是万物的一部分，愚蠢的人只看到了一种事物的一部分，却自认为了解了大道，实在是太无知了。慎子对在后服从的一面有所认识，但对在前引导的一面却毫无认识；老子只看到了委曲求全的一面，没有看到积极进取的一面；墨子只看到了齐同的一面，没有看到不同的一面；宋钘只看到了人们寡欲的一面，没有看到人们多欲的一面。只在后服从而不在前引导，那么群众就失去了方向；只有委曲而没有进取，那么贵贱就没有了分别；只有齐同而没有不同，那么政令就不能实施；只有寡欲而没有多欲，那么群众就得不到教化。《尚书》中说："不要有所偏好，应当遵循圣王的道路前进；不要有所偏恶，应当遵循圣王的道路前进。"说的就是这个道理啊。

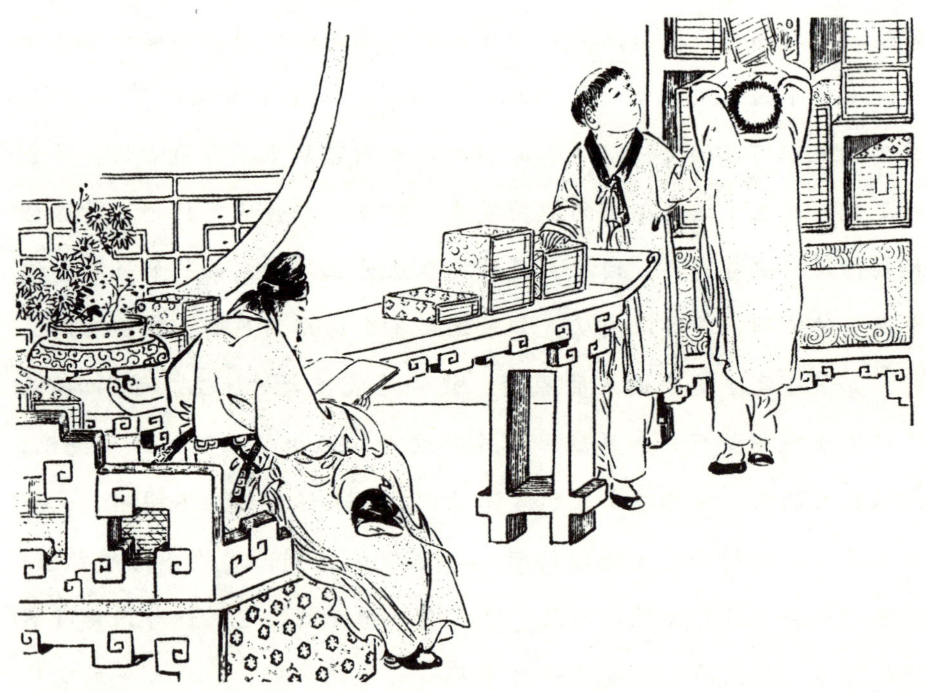

正论

【原典】

世俗之为说者曰："主道利周。"是不然。主者，民之唱也；上者，下之仪也。彼将听唱而应，视仪而动。唱默则民无应也，仪隐则下无动也。不应不动，则上下无以相有也。若是，则与无上同也，不祥莫大焉。故上者，下之本也。上宣明，则下治辨矣；上端诚，则下愿悫矣；上公正，则下易直矣。治辨则易一，愿悫则易使，易直则易知。易一则强，易使则功，易知则明，是治之所由生也。上周密，则下疑玄矣；上幽险，则下渐诈矣；上偏曲，则下比周矣。疑玄则难一，渐诈则难使，比周则难知。难一则不强，难使则不功，难知则不明，是乱之所由作也。故主道利明不利幽，利宣不利周。故主道明则下安，主道幽则下危。故下安则贵上，下危则贱上。故上易知，则下亲上矣；上难知，则下畏上矣。下亲上则上安，下畏上则上危。故主道莫恶乎难知，莫危乎使下畏己。传曰："恶之者众则危。"《书》曰："克明明德。"《诗》曰："明明在下。"故先王明之，岂特玄之耳哉！

世俗之为说者曰："桀、纣有天下，汤、武篡而夺之。"是不然。以桀、纣为常有天下之籍则然，亲有天下之籍则不然，天下谓在桀、纣则不然。古者天子千官，诸侯百官。以是千官也，令行于诸夏之国，

谓之王；以是百官也，令行于境内，国虽不安，不至于废易遂亡，谓之君。圣王之子也，有天下之后也，势籍之所在也，天下之宗室也，然而不材不中，内则百姓疾之，外则诸侯叛之，近者境内不一，遥者诸侯不听，令不行于境内，甚者诸侯侵削之，攻伐之，若是，则虽未亡，吾谓之无天下矣。圣王没，有势籍者罢不足以县天下，天下无君，诸侯有能德明威积，海内之民莫不愿得以为君师。然而暴国独侈，安能诛之，必不伤害无罪之民，诛暴国之君若诛独夫。若是，则可谓能用天下矣。能用天下之谓王。

汤、武非取天下也，修其道，行其义，兴天下之同利，除天下之同害，而天下归之也。桀、纣非去天下也，反禹、汤之德，乱礼义之分，禽兽之行，积其凶，全其恶，而天下去之也。天下归之之谓王，天下去之之谓亡。故桀、纣无天下而汤、武不弑君，由此效之也。汤、武者，民之父母也；桀、纣者、民之怨贼也。今世俗之为说者，以桀、纣为君而以汤、武为弑，然则是诛民之父母而师民之怨贼也，不祥莫大焉。以天下之合为君，则天下未尝合于桀、纣也。然则以汤、武为弑，则天下未尝有说也，直堕之耳。故天子唯其人。

天下者，至重也，非至强莫之能任；至大也，非至辨莫之能分；至众也，非至明莫之能和。此三至者，非圣人莫之能尽，故非圣人莫之能王。圣人备道全美者也，是县天下之权称也。桀、纣者，其知虑至险也，其至意至闇也，其行为至乱也；亲者疏之，贤者贱之，生民怨之，禹、汤之后也，而不得一人之与；刳比干，囚箕子，身死国亡，为天下之大僇（lù），后世之言恶者必稽焉，是不容妻子之数也。故至贤畴四海，汤、武是也；至罢不容妻子，桀、纣是也。今世俗之为说者，以桀、纣为有天下而臣汤、武，岂不过甚矣哉！譬之，是犹伛巫、跛匡大自以为有知也。

故可以有夺人国，不可以有夺人天下；可以有窃国，不可以有窃天下也。可以夺之者可以有国，而不可以有天下；窃可以得国，而不可以得天下。是何也？曰：国，小具也，可以小人有也，可以小道得也，可以小力持也；天下者，大具也，不可以小人有也，不可以小道得也，不可以小力持也。国者，小人可以有之，然而未必不亡也；天下者，至大也，非圣人莫之能有也。

世俗之为说者曰："治古无肉刑而有象刑：墨黥（qíng）；慅婴[①]；共，艾（yì）毕；菲，对屦；杀，赭衣而不纯。治古如是。"是不然。

以为治邪？则人固莫触罪，非独不用肉刑，亦不用象刑矣。以为人或触罪矣，而直轻其刑，然则是杀人者不死，伤人者不刑也。罪至重而刑至轻，庸人不知恶矣，乱莫大焉。凡刑人之本，禁暴恶恶，且征其未也。杀人者不死而伤人者不刑，是谓惠暴而宽贼也，非恶恶也。故象刑殆非生于治古，并起于乱今也。

治古不然。凡爵列、官职、赏庆、刑罚，皆报也，以类相从者也。一物失称，乱之端也。夫德不称位，能不称官，赏不当功，罚不当罪，不祥莫大焉。昔者武王伐有商，诛纣，断其首，县之赤旆[2]。夫征暴诛悍，治之盛也。杀人者死，伤人者刑，是百王之所同也，未有知其所由来者也。

刑称罪，则治；不称罪，则乱。故治则刑重，乱则刑轻，犯治之罪固重，犯乱之罪固轻也。《书》曰："刑罚世轻世重。"此之谓也。

世俗之为说者曰："汤、武不能禁令。"是何也？曰："楚越不受制。”是不然。

汤、武者，至天下之善禁令者也。汤居亳，武王居鄗，皆百里之地也，天下为一，诸侯为臣，通达之属，莫不振动从服以化顺之，曷为楚、越独不受制也？

彼王者之制也，视形势而制械用，称远迩而等贡献，岂必齐哉！故鲁人以榶[③]，卫人用柯，齐人用一革，土地刑制不同者，械用备饰不可不异也。故诸夏之国同服同仪，蛮、夷、戎、狄之国同服不同制。封内甸服，封外侯服，侯卫宾服，蛮夷要服，戎狄荒服。甸服者祭，侯服者祀，宾服者享，要服者贡，荒服者终王。日祭、月祀、时享、岁贡、终王，夫是之谓视形势而制械用，称远近而等贡献，是王者之制也。

彼楚、越者，且时享岁贡，终王之属也，必齐之日祭、月祀之属，然后曰受制邪？是规磨之说也，沟中之瘠也，则未足与及王者之制也。语曰：“浅不足与测深，愚不足与谋知，坎井之蛙不可与语东海之乐。”此之谓也。

世俗之为说者曰：“尧、舜擅让。”是不然。

天子者，势位至尊，无敌于天下，夫有谁与让矣？道德纯备，智惠甚明，南面而听天下，生民之属，莫不振动从服以化顺之。天下无隐士，无遗善，同焉者是也，异焉者非也，夫有恶擅天下矣？

曰：“死而擅之。”是又不然。

圣王在上，图德而定次，量能而授官，皆使民载其事而各得其宜。不能以义制利，不能以伪饰性，则兼以为民。圣王已没，天下无圣，则固莫足以擅天下矣。天下有圣而在后子者，则天下不离，朝不易位，国不更制，天下厌然，与乡无以异也，以尧继尧，夫又何变之有矣？

圣不在后子而在三公，则天下如归，犹复而振之矣，天下厌然与乡无以异也，以尧继尧，夫又何变之有矣？唯其徙朝改制为难。故天子生则天下一隆，致顺而治，论德而定次，死则能任天下者，必有之矣。夫礼义之分尽矣，擅让恶用矣哉？

曰："老衰而擅。"是又不然。

血气筋力则有衰，若夫智虑取舍则无衰。

曰："老者不堪其劳而休也。"是又畏事者之议也。

天子者，势至重而形至佚，心至愉而志无所诎，而形不为劳，尊无上矣。衣被则服五采，杂间色，重文绣，加饰之以珠玉；食饮则重大牢而备珍怪，期臭味，曼而馈，代睪而食，《雍》而彻乎五祀，执荐者百人侍西房；居则设张容，负依而坐，诸

侯趋走乎堂下；出户而巫觋有事，出门而宗祝有事，乘大路、趋越席以养安，侧载睪芷以养鼻，前有错衡以养目，和鸾之声，步中武象，驺（zōu）中韶护以养耳，三公奉轭持纳，诸侯持轮挟舆先马，大侯编后，大夫次之，小侯、元士次之，庶士介而夹道，庶人隐窜，莫敢视望；居如大神，动如天帝。持老养衰，犹有善于是者与不？老者，休也，休犹有安乐恬愉如是者乎？故曰：诸侯有老，天子无老。有擅国，无擅天下，古今一也。夫曰“尧、舜擅让”，是虚言也，是浅者之传，陋者之说也，不知逆顺之理，小大、至不至之变者也，未可与及天下之大理者也。

世俗之为说者曰：“尧、舜不能教化。是何也？曰：朱、象不化。”是不然也。尧、舜，至天下之善教化者也，南面而听天下，生民之属莫不振动从服以化顺之；然而朱、象独不化，是非尧、舜之过，朱、象之罪也。尧、舜者，天下之英也；朱、象者，天下之嵬，一时之琐也。今世俗之为说者，不怪朱、象而非尧舜，岂不过甚矣哉！夫是之谓嵬（wéi）说。羿、蠭门者，天下之善射者也，不能以拨弓、曲矢中微；王梁、造父者，天下之善驭者也，不能以辟马、毁舆致远；尧、舜，天下之善教化者也，不能使嵬琐化。何世而无嵬？何时而无琐？自太皞（hào）、燧人莫不有也。故作者不祥，学者受其殃，非者有庆。《诗》曰：“下民之孽，匪降自天。噂（zǔn）沓背憎，职竞由人。”此之谓也。

世俗之为说者曰：“太古薄葬，棺厚三寸，衣衾三领，葬田不妨田，故不掘也。乱今厚葬，饰棺，故扫（hú）也。”是不及知治道，而不察于扫不扫者之所言也。

凡人之盗也，必以有为，不以备不足，足则以重有馀也。而圣王

之生民也，皆使当厚优犹不知足，而不得以有馀过度。故盗不窃，贼不刺，狗豕吐菽粟，而农贾皆能以货财让；风俗之美，男女自不取于涂，而百姓羞拾遗。故孔子曰："天下有道，盗其先变乎！"虽珠玉满体，文绣充棺，黄金充椁，加之以丹矸④，重之以曾青，犀象以为树，琅玕（láng gān）、龙兹、华觐以为实，人犹莫之扣也。是何也？则求利之诡缓，而犯分之羞大也。

夫乱今然后反是：上以无法使，下以无度行，知者不得虑，能者不得治，贤者不得使。若是，则上失天性，下失地利，中失人和。故百事废，财物诎（jué），而祸乱起。王公则病不足于上，庶人则冻餧（wèi）羸瘠于下，于是焉桀、纣群居而盗贼击夺以危上矣。安禽兽行，虎狼贪，故脯巨人而炙婴儿矣。若是，则有何尤扣人之墓、抉人之口而求利矣哉？虽此倮（luǒ）而薶（mái）之，犹且必扣也，安得葬薶哉？彼乃将食其肉而龁其骨也。

夫曰："太古薄葬，故不扣也；乱今厚葬，故扣也。"是特奸人之

误于乱说，以欺愚者而潮陷之以偷取利焉，夫是之谓大奸。

传曰："危人而自安，害人而自利。"此之谓也。

子宋子曰："明见侮之不辱，使人不斗。人皆以见侮为辱，故斗也；知见侮之为不辱，则不斗矣。"

应之曰："然则亦以人之情为不恶侮乎？"

曰："恶而不辱也。"

曰："若是，则必不得所求焉。凡人之斗也，必以其恶之为说，非以其辱之为故也。今俳优、侏儒、狎徒詈（lì）侮而不斗者[⑤]，是岂钜知见侮之为不辱哉？然而不斗者，不恶故也。今人或入其央渎，窃其猪彘，则援剑戟而逐之，不避死伤，是岂以丧猪为辱也哉？然而不惮斗者，恶之故也。虽以见侮为辱也，不恶则不斗；虽知见侮为不辱，恶之则必斗。然则斗与不斗邪，亡于辱之与不辱也，乃在于恶之与不恶也。夫今子宋子不能解人之恶侮，而务说人以勿辱也，岂不过甚矣哉！金舌弊口，犹将无益也。不知其无益则不知；知其无益也，直以欺人则不仁。不仁不知，辱莫大焉。将以为有益于人，则与无益于人也，则得大辱而退耳。说莫病是矣。"

子宋子曰："见侮不辱。"

应之曰："凡议必将立隆正，然后可也。无隆正，则是非不分而辨讼不决，故所闻曰：'天下之大隆，是非之封界，分职名象之所起，王制是也。'故凡言议期命，是非以圣王为师，而圣王之分，荣辱是也。是有两端矣：有义荣者，有势荣者；有义辱者，有势辱者。志意修，德行厚，知虑明，是荣之由中出者也，夫是之谓义荣。爵列尊，贡禄厚，形势胜，上为天子诸侯，下为卿相士大夫，是荣之从外至者也，夫是之谓势荣。流淫污僈，犯分乱理，骄暴贪利，是辱之由中出者也，夫是之谓义辱。詈侮捽（cuó）搏，捶笞膑脚，斩断枯磔（zhé），藉靡后缚，是辱之由外至者也，夫是之谓势辱。是荣辱之两端也。故君子可以有势辱而不可以有义辱，小人可以有势荣而不可以有义荣。有势辱无害为尧，有势荣无害为桀。义荣、势荣，唯君子然后兼有之；义辱、势辱，唯小人然后兼有之。是荣辱之分也。圣王以为法，士大夫以为道，官人以为守，百姓以为成俗，万世不能易也。

“今子宋子案不然，独诎容为己，虑一朝而改之，说必不行矣。譬之，是犹以抟涂塞江海也，以焦侥而戴太山也，蹎跌碎折不待顷矣[⑥]。二三子之善于子宋子者，殆不若止之，将恐得伤其体也。”

子宋子曰：“人之情，欲寡，而皆以己之情为欲多，是过也。”故率其群徒，辨其谈说，明其譬称，将使人知情欲之寡也。

应之曰：“然则亦以人之情为目不欲綦色，耳不欲綦声，口不欲綦味，鼻不欲綦臭，形不欲綦佚。此五綦者，亦以人之情为不欲乎？”

曰：“人之情欲

是已。”

曰：“若是，则说必不行矣。以人之情为欲，此五綦者而不欲多，譬之，是犹以人之情为欲富贵而不欲货也，好美而恶西施也。

古之人为之不然。以人之情为欲多而不欲寡，故赏以富厚而罚以杀损也，是百王之所同也。故上贤禄天下，次贤禄一国，下贤禄田邑，愿悫之民完衣食。今子宋子以是之情为欲寡而不欲多也，然则先王以人之所不欲者赏，而以人之欲者罚邪？乱莫大焉。今子宋子严然而好说，聚人徒，立师学，成文典，然而说不免于以至治为至乱也，岂不过甚矣哉！”

【注释】

①慅（cǎo）婴：同“草缨”。

②旆（pèi）：旌旗。

③槽：碗。

④丹矸（gān）：丹砂。

⑤俳优（pái yōu）：古时的滑稽演员。

⑥蹎（diān）：跌倒。

【译文】

社会上持某一学说的人说：“君主的统治措施以周密隐蔽为有利。”这种说法是不对的。

君主，好比是百姓的领唱；帝王，好比是臣子的标杆。臣子、百姓将听着领唱来应和，看着标杆来行动。领唱沉默而百姓就无法响应，标杆隐蔽臣子就无从行动。臣子、百姓不应和、不行动，那么君主与臣子、百姓就不能相亲善了。像这样，就和没有君主相同了，不吉利的事没有比这更大的了。因此君主是臣子、百姓的根基。君主公开明朗，那么臣子、百姓就能治理好了；君主端正诚实，那么臣子、百姓就老实忠厚了；君主公正无私，那么臣子、百姓就坦荡正直了。臣子、百姓治理得好就容易统一，老实忠厚就容易役使，坦荡正直就容易了解。臣子、百姓容易统一，国家就会强盛；臣子、百姓容易役使，君主就能建立功业；臣子、百姓容易了解，君主就会明白清楚。这是安定得以产生的缘由。君主隐蔽不露，那么臣子、百姓就疑惑迷乱了；君主阴暗险恶，那么臣子、百姓就虚伪欺诈了；君主偏私不公正，那么臣子、百姓就紧密勾结了。臣子、百姓疑惑迷乱就难以统一，虚伪欺诈就难以役使，紧密勾结就难以了解。臣子、百姓难以统一，那么国家就不会强盛；臣子、百姓难以役使，那么君主就不能建立功业；臣子、百姓难以了解，那么君主就不清楚。这是祸乱产生的根源。所以君主的统治措施以明朗

为有利而以阴暗为不利，以公开为有利而以隐蔽为不利。君主的统治措施公开明朗，那么臣子、百姓就安逸；君主的统治措施阴暗不明，那么臣子、百姓就危险。臣子、百姓安逸，就会尊重君主；臣子、百姓危险，就会鄙视君主。君主的措施容易被了解，那么臣子、百姓就亲爱君主了；君主的措施难以被了解，那么臣子、百姓就害怕君主了。臣子、百姓亲爱君主，那么君主就安逸；臣子、百姓害怕君主，那么君主就危险。所以君主的统治措施没有比难以被了解更坏的了，没有比使臣子、百姓害怕自己更危险的了。古书上说："憎恨他的人众多，他就危险了。"《尚书》上说："能够彰明贤明的德行。"《诗经》上说："美好的德行昭示天下。"所以先王使百姓明白，哪能迷惑他们呢！

社会上持某一学说的人说："夏桀、商纣拥有天下，商汤、周武王把它篡夺了。"这种说法是不对的。

认为夏桀、商纣曾经拥有天下的王位是对的，认为他们亲自占有天下的王位是不对的，认为天下属于夏桀、商纣也是不对的。

古代天子有上千个官吏，诸侯有上百个官吏。依靠这上千个官吏，政令能推行到中原各诸侯国，这就叫作帝王；依靠这上百个官吏，政令能推行到国境之内，国家即使不安定，还不致于被废黜而灭亡，这就叫作国君。圣明帝王的子孙，是拥有天下的后代，是权势的占有者，是天下人所尊崇的帝王之家，但是如果没有才能又不公正，内则百姓怨恨他，外则诸侯背叛他，近处是境内不统一，远处是诸侯不听从，政令不能在境内实行，甚至诸侯侵略他，攻打讨伐他；像这样，即使没有灭亡，我也要说他已经失去天下了。

圣王死了，拥有权势地位的子孙软弱无能，不能够用来掌握天下，

天下等同于没有了君主。诸侯中倘若有德行显著、威望崇高的人，那么天下人民就没有不愿意看到他作为君主的了。然而暴君统治的国家偏偏奢侈放纵，于是只有他能诛杀暴虐之国的君主，又一定不会伤害无辜百姓，杀掉暴虐之国的君主就像杀掉一个孤独无依的人一样。像这样，就可以说他掌握天下了。能够掌握天下的就可以称王。

商汤、周武王并非夺取了天下，而是遵行正确的政治原则，奉行那合宜的道义，为天下人兴利，为天下人除害，因而天下人归顺他们。夏桀、商纣并非丢失了天下，而是违背了夏禹、商汤的德行，扰乱了礼义秩序，干出了禽兽般的行为，不断行凶，无恶不作，因而天下人才离弃了他们。天下人归顺他就叫作称王，天下人离弃他就叫作灭亡。因此，夏桀、商纣王并没有拥有天下，而商汤、周武王并没有杀掉君主，由这个道

理可以得到验证。商汤、周武王是人民的父母，夏桀、商纣王是人民的仇敌。今天一般人的看法，把夏桀、商纣王当作君主，而认为商汤、周武王是杀掉了自己的君主，这样的话，那就是在谴责人民的父母，而把人民的仇敌当作君长，不吉利的事没有比这个更大的了。如果认为人心所归才能称为君主，那么天下从来就没有归于桀、纣。这样的话，那么认为商汤、周武王是杀君，就是天下人从来没有过的说法了，这只不过是在毁谤他们罢了！因此，能不能当君主，要看他的德行，而不是看他的势位。

治理天下，那任务是极其繁重的，不是最强毅的人就不足以担当；那范围是极其广大的，不是最明察的人就不足以处理得各得其分；那人民是极其众多的，不是最圣明的人就不足以使之和睦。因此，倘若不是圣人就无法称王天下。圣人具备了所有的美德，是衡量天下的一杆秤。

夏桀、商纣王这样的人，其思虑至为险恶，其思想情感至为卑下，其行为至为淫乱；亲近的人疏远他们，贤能的人蔑视他们，老百姓则怨恨他们，他们虽然是夏禹、商汤的后代，却得不到一个人的帮助。挖掉比干的心、囚禁箕子，结果自身被杀、国家灭亡，成为天下人的笑柄，后世人说到恶君者无不以之为例证，这是连妻子儿女都保不住的必然道理。所以极有德才的人能囊括天下，商汤、周武王就是这样的人；最无能的人连妻子儿女都不能保全，夏桀、商纣王就是这样的人。现在世俗人的说法，认为夏桀、商纣王拥有天下而以商汤、周武王为其臣子，难道不是错得太厉害了吗？打个比方说，这就如同一个巫婆、瘸了腿的残疾人自以为高明一样。

因此可能有夺人国家的事，却不可能有夺取别人天下的事；可能有窃取国家政权的事，却不可能有窃取天下统治权的事。夺取政权的人可能拥有一个国家，却不可能拥有整个天下；窃取政权可以得到一个国家，却不可能得到整个天下。这是什么原因呢？回答说：国家是个小器具，可以让德才低劣的小人占有，可以依靠歪门邪道来取得，可以凭借较小的力量来维持；天下是个大器具，不可能让德才低劣的小人占有，不可能依靠歪门邪道来取得，不可能凭借较小的力量来维护。国家，小人可以拥有它，但未必不会灭亡；天下，是极其庞大的，不是圣人不能拥有它。

社会上持某种学说的人说："古代安定的时代没有肉刑，而只有象征性的刑罚。用黑墨画脸来代替黥刑，让犯人戴上用草做的帽子来代替劓刑，用割去衣服前的蔽膝来代替宫刑，用穿麻鞋来代替砍掉脚的剕刑，用穿上红褐色的衣服而不做衣领来代替死刑。治理得很好的古代社会就像这样。"这种说法是不对的。

认为社会已经很安定了吗？那么当时的人根本就没有谁再会犯罪了，那就不但用不着肉刑，而且连象征性的刑罚也用不着了。认为当

时有人犯罪了而只是减轻他们的刑罚么？这样的话，那就成了杀人者不偿命，伤人者不受刑。罪行极重而刑罚极轻，一般人就不会知道所犯的罪恶，祸乱没有比这更大的了。大凡惩罚人的根本目的，在于禁止暴行、反对作恶，并警戒将来。杀人者不偿命，伤人者不受刑，这叫作优惠暴徒且宽恕强盗，而不是反对作恶了。因此象征性的刑罚恐怕并非产生于古代安定的社会，而是产生于混乱的现代。

古代安定的社会并非如此。凡是爵位、官职、奖赏、刑罚都是与人所作所为相称的，善有善报，恶有恶报。一件事情赏罚失当，祸乱就开始了。德行和地位不相称，能力和官职不相称，奖赏和功劳不相当，刑罚和罪过不相当，不吉利的事没有比这更大的了。从前周武王讨伐商王朝，惩罚商纣王，割掉了他的脑袋，并悬于红色的旗子上示众。这种征伐暴君惩治元凶，是国家治理的大事。杀人者偿命，伤人者受刑，这是历代帝王所相同的，没有人知道它的由来。

刑罚和罪行相当，国家就会安定；刑罚和罪行不相当，国家就会混乱。所以社会安定是由于刑罚重，国家混乱是由于刑罚轻。因为在安定的时代犯的罪，刑罚必定是重的；在混乱的时代犯的罪，刑罚必定是轻的。《尚书》上说：“世有治有乱，所以刑有轻有重。”说的就是这种情况。

社会上持某种学说的人说：“商汤、周武王不能实施禁令。”这是什么原因呢？他们说：“因为楚国、越国不受他们的制约。”这种说法是不对的。

商汤、周武王，是普天下最善于实施禁令的人。商汤居住在亳邑，周武王居住在鄗京，都不过是方圆百里的地方，但天下一统，诸侯臣服，凡是交通能到达的地方，人们无不惊恐颤动听从归服以至于被感化而依顺他们，为何唯独楚国、越国不受他们的制约呢？

那些王者的制度，根据各地的情形来制造器械用具，衡量远近来规定进贡的等级差别，何必一定要一样呢！因此鲁国人用碗，卫国人用盂，齐国人用整块皮制作的器皿。地区风俗习惯不同，器械用具设备服饰不能不有差别。因此中原各国同样服侍天子而礼仪相同，南蛮、东夷、西戎、北狄等国家同样服侍天子而所实行的制度不一样。对于天子而言，其直接管辖的领地内，以交纳农作物来侍奉他；直接管辖的地区外围，以守候放哨来侍奉他；再向外天子负责守望保卫的地区，则以宾客的身份按时进贡来侍奉他；南蛮、东夷等少数民族地区，则以接受约束来侍奉他；西戎、北狄等少数民族地区以不固定的进贡来侍奉他。以交纳农作物来侍奉天子的地区，负责供给祭祀祖父、父亲的物品；以守候放哨来侍奉天子的地区，负责供给祭祀曾祖、高祖的物品；以宾客身份按时进贡来侍奉天子的地区，负责供给祭祀远祖、始祖的物品；以接受约束来侍奉天子的地区，负责供给祭祀天神的物品；以不固定的进贡来侍奉天子的地区，要承认天子的统治地位。每天要祭祀一次祖父、父亲，每个月要祭祀一次曾祖、高祖，每个季度要祭祀一次远祖、始祖，每年要祭祀一次天神，每一代天子死了都要朝见一次即位的新天子以承认他的统治地位。这就是所说的以各地的情形为依据来制造相应的器械用具，衡量远近来规定进贡的等级差别，这就是王者的制度。

那楚国、越国，不过是进贡每季祭祀、每年祭祀的祭品以及一代天子死了以后要来承认新天子一类的国家，难道一定要使他们与那些供给每天祭祀、每月祭祀的祭品一类的国家一样，然后才说他们“受制约”了吗？这是有差错的说法啊。这种人真像山沟中的僵尸，不值得和他谈及圣王的制度。俗话说："浅陋的人不值得和他谈论深奥的事，愚蠢的人不值得和他谋划智慧的事，废井中的蛤蟆不能和它谈论东海中的快乐。"说的就是这种情况。

社会上持某种学说的人说："尧、舜把王位禅让给别人。"这种说法是不对的。

天子，是势位最为尊贵的人，在天下无与伦比，又能把帝位让给谁呢？他的道德纯粹完全，智慧十分高明，朝南而坐来治理天下，百姓无不畏惧服从而受到他的教化，天下没有被埋没的人才，合乎他的就是对的，不合乎他的就是错的。他们又为什么要把天下让掉呢？

有人说："是等他们死了以后再把王位禅让给别人的。"这种说法也是不对的。

圣王在上位，根据德行的好坏来规定等级次序，按照才能的大小来授予官职，使人民都各行其是而各得其宜；如果不能用道义来制约私利，不能用人为的努力来改造本性，那就只能做普通的百姓了。圣王已经死了，天下若没有圣人，那么本来就没有人值得禅让了。如果天下有能继起的圣王，而且就是圣王的后代，那么天下就不会背离他，朝廷就不会易位，国家就不会变更制度，天下人都驯顺服从新王的统治而与从前没有分别，用尧一样的人来继承尧，又有什么变化呢？如果继承的并非圣王的儿子而是王公大臣，那么天下归服他，就像重新恢复国家而振兴它一样，天下人都驯顺服从新王的统治而与从前没有差别，用尧一样的人来继承尧，又有什么变化呢？只有改朝换代、变更制度才是困难的。因此，天子活着，天下就会一心一意地尊崇他，人民极其顺从而社会安定，根据道德而定次序；圣王死了，能够治理好天下的人一定会出现。礼义的名分完备了，又何必用禅让来博取美誉？

有人说："圣王年老体衰了就会禅让。"这种说法也是不对的。

人的血气身体会衰老，但智虑判断力是不会衰老的。

有人说："老人不能忍受劳累就要休息。"这是害怕做事的人的议论。

天子，势位最重但形体安逸，心情极其愉快而志向从不改变，所以身体不劳累，地位至高无上。穿着绣着华丽文采的五色衣服，上面装饰着珠玉；吃的喝的都是猪、牛、羊等肉食和各种山珍海味，香气四溢，在乐声中献上食物，在鼓声中进食，在《雍》乐声中把酒宴撤去来祭祀灶神，上百个人端着食品侍候在西厢房；听朝接见诸侯的时候，就设置帷帐和屏风，背靠着屏风而坐，诸侯在殿堂下快步向前朝见；出宫门有巫觋为他祓除不祥，出城门有宗祝为之祈福，乘着大车、坐着蒲席以养护身体，旁边放着香草来调养鼻子，前面的横木上涂着金饰让眼睛舒适，车缓行的时候，伴着和鸾之声，合着《武》《象》的节奏，快行的时候，合乎《韶》《护》的节奏来保养耳朵，王公大

臣扶着驾车的曲木和马缰绳，诸侯有的扶着车轮，有的护着车厢，有的在马前引路，大国的公侯跟在后面，大夫跟随在公侯后面，小国诸侯和上士又跟在其后，士兵们穿着铠甲立在两旁护卫，一般百姓都躲藏逃避而没有敢抬头看的；安居的时候如大神，行动的时候如天帝。保养身体预防衰老，还有比这更好的吗？所谓老就要休息，而休息还有比这更安乐愉悦的吗？因此说：诸侯有告老退休的时候，而天子没有。

有禅让国家的，没有禅让天下的，古今是一样的。那些说“尧、舜把帝位禅让给别人”，这是无稽之谈，是浅薄者的传言，是鄙陋者的胡说，他们不知对错的道理，是不懂得国家与天下、至尊和不至尊的人，是一些不能和他们谈论天下大道理的人。

社会上持某种学说的人说：“尧、舜不能教育、感化人。”这是什么原因呢？回答说：“因为丹朱、象都没有被感化。”这种说法是不对的。

尧、舜，是普天下最善于进行教育感化的人，他们朝南坐着治理天下，所有的民众无不惊恐颤动听从归服以至于被感化而依顺他们。然而唯独丹朱、象不能被感化，这并非尧、舜的罪过，而是丹朱、象的罪过。尧、舜是天下的英杰，丹朱、象是天下的奸诈之徒、当世的卑鄙小人。现在社会上持某种学说的人，不责怪丹朱、象而非议尧、舜，难道不是大错特错了吗？这叫作奇谈怪论。羿、逢蒙，是天下最善于射箭的人，但不能用别扭的弓和弯曲的箭去射中微小的目标；王良、造父，是天下最善于驾驭马车的人，但不能用瘸马、坏车来到达远方；尧、舜，是天下最善于进行教育感化的人，但不能使奸诈、卑鄙的人转化。哪个社会没有奸诈的人？哪个时代没有卑鄙的人？从太皞氏、燧人氏以来没有什么时代没有过。因此，那些持这种观点的人不怀好意，学习的人就受到了他们的毒害，非难他们的人才有幸福。《诗经》上说："民众的灾难与不幸，并非从天来降临；当面谈笑背后恨，主要作祟在于人。"说的就是这个道理。

社会上持某种学说的人说："远古的时候举行薄葬，棺材板只有三寸厚，死人的衣服只有三套，被子只有三条，埋在田底下而不妨碍种田，因而没有人去盗墓。当今乱世举行厚葬，用珍宝来装饰棺材，所以会被盗挖。"这是对治国的道理还没有达到通晓的程度而对盗墓的原因又不清楚的人所说的话。

大凡人去盗窃，必然是有一定缘由的，不是为了补充自己的不足，就是为了更多地获得财物。而圣明的帝王养育民众，使他们都富足宽裕而懂得满足，不可以有多余的财物，不可以超过规定的标准。这样就会强盗不抢，小偷不窃，狗猪会不吃粮食，而农民和商人都能以财货相让，风俗是那样美好，男女自然不会聚集于道路，而百姓都以拾取别人遗失的东西为羞耻。因此孔子说："天下有道，盗贼大概会首先转变吧！"这样死者虽然珠玉满身，棺材里装满了色彩美丽的丝织

品，棺椁上涂满了黄金，上面用朱砂、铜金涂饰，用犀角象牙做树，用琅玕、龙兹、华觐做成树上的果实，人也不会去挖墓的。这是什么原因呢？因为人求利的诡诈之心不是那么急切了，而违犯道义的羞耻感增强了。

今天这混乱的世道却相反：君主不根据法度役使人民，臣民不按法令行事，有才智的人不能去谋划国家大事，有能力的人不让他去治理国家，有德行的人得不到重用。像这样，就会上失天时，下失地利，中失人和，因此各种事情被废弃，财物穷尽，而祸乱也就产生了。就会出现王公贵族担心财物不够用，老百姓饥寒交迫，冻饿于贫瘠之地，桀纣王则聚居，而盗贼也到处抢劫财物，危及统治者。于是人像禽兽一样横行，像老虎、豺狼一样贪婪，吃人肉而食婴儿。这样的话，又何必去指责盗掘死人的坟墓、挖死人的嘴巴来求取利益的行为呢？像这样，即使赤身裸体而埋，也一定会有人去掘的，哪里还能够安葬呢？那些人会把死者的肉和骨头都吃掉的。

所谓“远古时代葬礼节俭，所以没人盗墓；混乱的今天葬礼奢侈，所以会被盗挖”，这只是那些奸邪的人故意制造乱说，以欺骗愚昧的人，使他们陷于迷惑，以便从中苟且捞取好处而已。这种人是最坏的。

古书上说：“危害别人而保全自己，损害别人而让自己得利。”说的就是这种人。

宋钘先生说：“明白受到欺侮并不是受辱的道理，人们就不会发生争斗了。人们都把被侮辱当作耻辱，所以才会永无休止地进行争斗；如果懂得了受到欺侮并不是耻辱的道理，就不会争斗了。”

回应说：“照这样说来，那么先生也以为人之常情是不憎恶被人侮辱的吗?”

宋钘先生回答说:“憎恶但并不以之为耻辱。”

回应说:“像这样，那就一定达不到先生所追求的目标了。大凡人之间发生争斗，一定是出于憎恶，而不是因为受到侮辱。现在那些滑稽演员和唱戏的优伶，供人取乐的矮子，被人戏弄的奴仆，互相之间辱骂侮辱但却不发生争斗，这哪里是因为他们懂得了被人侮辱算不上是一种耻辱的道理呢?他们不发生争斗，只是他们不憎恶被人侮辱的缘故啊。今天如果有人从水洞中进入别人的家，偷了别人的猪，被偷者就一定会拔出剑戟来追打他，不担心会死伤人，这哪里是因为他把丢失猪看作为耻辱呢?之所以不怕争斗，是因为憎恶偷窃者。因此，即使以被欺侮作为耻辱，互相不憎恶就不会发生争斗;即使懂得了被侮辱算不上是一种耻辱的道理，互相憎恶也一定会发生争斗。如此看来，斗或者不斗，不在于是否感到耻辱，而在于是不是感到憎恶。现在宋先生不能消除人们对被人侮辱的憎恶，而一定要劝说人不要以之为辱，岂不是错得太厉害了吗?即使是能言善辩的铁嘴巴把嘴皮都磨破了，仍将毫无裨益。不懂得这种劝说毫无裨益，那就是不明智;知道它毫无裨益，却故意要用它来骗人，那就是不仁慈。既不仁慈也不明智，没有比这更大的耻辱了。自以为其学说是有益于人的，其实是无益于人的，最后只落得最大的羞辱而退。学说没有比这更糟的了。”

宋钘先生说:“受到侮辱并不是耻辱。”

回应说:“大凡一种议论，必定要确立一个最高的标准后才行。没有一个最高的标准，就会导致是非不清而争论不定。因此听人说:‘天下的最高标准，是非的界限，确定名分、职位和名物制度的依据，就是王者的制度。’所以凡是要发表议论或规定事物的名称，都要以圣王为标准。而圣王的标准，就是光荣和耻辱。它们各有两个方面：有道义上的光荣，有权势上的光荣；有道义上的耻辱，有权势上的耻辱。志意美好，德行美厚，智虑精明，这种光荣是从自身产生出来的，这就叫作道义上的光荣。爵位尊贵，俸禄丰厚，地位优越，为天子诸侯，下为卿相士大夫，这种光荣是从外部得到的，这就叫作权势上的光荣。淫荡污秽，违反名分，扰乱伦理，骄横跋扈，暴躁贪婪，这种耻辱是从自身产生出来的，这就叫作道义上的耻辱。被人辱骂，揪住殴打，鞭打挖膝，砍头断尸，暴尸车裂，被五花大绑，这种耻辱是从外部得到的，这就叫作权势上的耻辱。这是光荣、耻辱的两方面。因此君子可以有权势上的耻辱，而不可以有道义上的耻辱；小人可以有权势上的光荣，而不可以有道义上的光荣。有权势上的耻辱不妨害成为尧，有权势上的光荣不妨害成为桀。道义上的光荣、权势上的光荣，只有君子才能同时拥有它们；道义上的耻辱、权势上的耻辱，只有小人才会同时占有它们。这是光荣和耻辱的分别。圣王把它作为法度，士大夫把它作为原则，官吏把它作为法规，百姓把它作为习俗，这是千秋万代也不会改变的。

“现在宋先生却不是这样，独自委曲受辱，希望有朝一日改变荣辱的观念，他的学说一定行不通。拿它打个比方，就像捏泥团填塞江海一样，让矮子焦侥来背泰山一样，顷刻就会跌倒在地粉身碎骨。诸位中与宋先生相好的，不如及时去制止他，否则将来恐怕反会伤害自己的身体。”

宋钘先生说：“人的本性是寡欲的，但现在的人却都认为自己的本性是多欲的，这是错误的。”因此他率领他的学生们，把他的言论学说说得动听有理，把他的比喻称引说得明白清楚，要使人们知道人的本性是寡欲的。

回应说：“这样的话，那么先生也认为人的本性是眼睛不想看最美丽的颜色，耳朵不想听最悦耳的音乐，嘴巴不想吃最好的美味佳肴，鼻子不想闻最好的气味，身体不想追求最大的安逸？这五种极好的享受，先生也认为也是人的本性不想追求的吗？”

他说：“人的本性是想要这些享受的。”

回应说：“如果这样，那么先生的说法就一定行不通了。认为人的本性是想要这五种极好的享受而又并不想要很多。打个比方说，就像认为人的本性想富贵而不想要钱财，喜欢美女而厌恶西施一样。古代的人不这样做。认为人的本性是多欲而不是寡欲，这是历代帝王都相同的。因此上等的贤人享受天下的俸禄，次等的贤人享受一国的俸禄，下等的贤人享受封邑的俸禄，忠厚诚实的百姓能保住衣食。现在如果宋先生认为古代这些人的本性是寡欲而不是多欲，那么先王是用人们不想要的东西来奖赏，而用人们想要的东西来惩罚吗？混乱没有比这更大的了。现在宋先生一本正经地珍爱自己的学说，聚集门徒，创立学派，著书立说，然而他的学说不免把最安定的社会看作最混乱的社会，难道不是大错特错了吗？”

礼论

【原典】

礼起于何也？曰：人生而有欲，欲而不得，则不能无求；求而无度量分界，则不能不争；争则乱，乱则穷。先王恶其乱也，故制礼义以分之，以养人之欲，给人之求。使欲必不穷乎物，物必不屈于欲。两者相持而长，是礼之所起也。

故礼者，养也。刍豢（chú huàn）稻粱，五味调香，所以养口也；椒兰芬苾，所以养鼻也；雕琢、刻镂、黼黻（fǔ fú）、文章[①]，所以养目也；钟鼓、管磬，琴瑟、竽笙，所以养耳也；疏房、檖貌（suì mào），越席、床笫（zǐ）、几筵，所以养体也。故礼者，养也。

君子既得其养，又好其别。曷谓别？曰：贵贱有等，长幼有差，贫富轻重皆有称者也。故天子大路越席[②]，所以养体也；侧载睪芷，所以养鼻也；前有错衡，所以养目也；和鸾之声，步中武象，趋中韶护，所以养耳也；龙旗九斿（liú），所以养信也；寝兕（sì）、持虎、蛟韅（xiǎn）、丝末、弥龙，所以养威也；故大路之马必信至教顺，然后乘之，所以养安也。孰知夫出死要节之所以养生也？孰知夫出费用之所以养财也？孰知夫恭敬辞让之所以养安也？孰知夫礼义文理之所以养情也？故人苟生之为见，若者必死；苟利之为见，若者必害；苟怠惰偷懦之为安，若者必危；苟情说之为乐，若者必灭。故人一之于礼义，则两得之矣；一之于情性，则两丧之矣。故儒者将使人两得之者也，墨者将使人两丧之者也，是儒、墨之分也。

礼有三本：天地者，生之本也；先祖者，类之本也；君师者，治之本也。无天地恶生？无先祖恶出？无君师恶治？三者偏亡，焉无安人。故礼，上事天，下事地，尊先祖而隆君师。是礼之三本也。

故王者天太祖，诸侯不敢坏，大夫士有常宗，所以别贵始。贵始，得之本也。郊止乎天子[3]，而社止于

诸侯，道及士大夫，所以别尊者事尊，卑者事卑，宜大者巨，宜小者小也。故有天下者事七世[4]，有一国者事五世，有五乘之地者事三世，有三乘之地者事二世，持手而食者，不得立宗庙，所以别积厚，积厚者流泽广，积薄者流泽狭也。

大飨[5]，尚玄尊，俎生鱼，先大羹，贵食饮之本也。飨，尚玄尊而用酒醴（lǐ），先黍稷而饭稻粱。祭，齐大羹而饱庶羞，贵本而亲用也。贵本之谓文，亲用之谓理，两者合而成文，以归大一，夫是之谓大隆。故尊之尚玄酒也，俎之尚生鱼也，俎之先大羹也，一也。利爵之不醮也，成事之俎不尝也，三臭之不食也，一也。大昏之未发齐也，太庙之未入尸也，始卒之未小敛也，一也。大路之素未集也，郊之麻絻（miǎn）也，丧服之先散麻也，一也。三年之丧，哭之不文也，《清庙》之歌，一倡而三叹也，县一钟[6]，尚拊之膈，朱弦而通越也，一也。

凡礼，始乎棁，成乎文，终乎悦校。故至备，情文俱尽；其次，情文代胜；其下，复情以归大一也。天地以合，日月以明，四时以序，星辰以行，江河以流，万物以昌，好恶以节，喜怒以当，以为下则顺，以为上则明，万物变而不乱，贰之则丧也。礼岂不至矣哉！立隆以为极，而天下莫之能损益也。本末相顺，终始相应，至文以有别，至察以有说，天下从之者治，不从者乱；从之者安，不从者危；从之者存，不从者亡。小人不能测也。

礼之理诚深矣，“坚白”“同异”之察入焉而溺；其理诚大矣，擅作典制辟陋之说入焉而丧；其理诚高矣，暴慢、恣睢、轻俗以为高之属入焉而队。故绳墨诚陈矣，则不可欺以曲直；衡诚县矣，则不可欺以轻重；规矩诚设矣，则不可欺以方圆；君子审于礼，则不可欺以诈伪。故绳者，直之至；衡者，平之至；规矩者，方圆之至；礼者，人道之极也。然而不法礼，不足礼，谓之无方之民；法礼、足礼，谓之有方之士。礼之中焉能思索，谓之能虑；礼之中焉能勿易，谓之能固。能虑，能固，加好者焉，斯圣人矣。故天者，高之极也；地者，下之极也；无穷者，广之极也；圣人者，道之极也。故学者，固学为圣人也，非特学无方之民也。

礼者，以财物为用，以贵贱为文，以多少为异，以隆杀为要。文理繁，情用省，是礼之隆也；文理省，情用繁，是礼之杀也；文理、情用相为内外表里，并行而杂，是礼之中流也。故君子上致其隆，下尽其杀，而中处其中。步骤、驰骋、厉骛不外是矣[7]，是君子之坛宇、宫廷也。人有是，士君子也；外是，民也；于是其中焉，方皇周挟，曲得其次序，是圣人也。故厚者，礼之积也；大者，礼之广也；高者，礼之隆也；明者，礼之尽也。《诗》曰："礼仪卒度，笑语卒获。"此之谓也。

礼者，谨于治生死者也。生，人之始也；死，人之终也。终始俱善，人道毕矣。故君子敬始而慎终。终始如一，是君子之道，礼义之文也。夫厚其生而薄其死，是敬其有知而慢其无知也，是奸人之道而倍叛之心也。君子以倍叛之心接臧谷[8]，犹且羞之，而况以事其所隆亲乎！故死之为道也，一而不可得再复也，臣之所以致重其君，子之所以致重其亲，于是尽矣。故事生不忠厚、不敬文，谓之野；送死不忠厚、不敬文，谓之瘠。君子贱野而羞瘠，故天子棺椁七重，诸侯五重，大夫三重，士再重，然后皆有衣衾多少厚薄之数，皆有翣菨文章之等⑨，以敬饰之，使生死终始若一，一足以为人愿，是先王之道，忠臣孝子之极也。天子之丧动四海，属诸侯；诸侯之丧动通国，属大夫；大夫之丧动一国，属修士；修士之丧动一乡，属朋友；庶人之丧，合族党，动州里。刑馀罪人之丧，不得合族党，独属妻子，棺椁三寸，衣衾三领，不得饰棺，不得昼行，以昏殣（jìn），凡缘而往埋之，反无哭泣之节，无衰麻之服，无亲疏月数之等，各反其平，各复其始，已葬埋，若无丧者而止，夫是之谓至辱。

礼者，谨于吉凶不相厌者也。紸纩（zhù kuàng）听息之时，则夫忠臣孝子亦知其闵已，然而殡敛之具，未有求也；垂涕恐惧，然而幸生之心未已，持生之事未辍也；卒矣，然后作具之。故虽备家，必逾日然后能殡，三日而成服。然后告远者出矣，备物者作矣。故殡，久不过七十日，速不损五十日。是何也？曰：远者可以至矣，百求可以得矣，百事可以成矣，其忠至矣，其节大矣，其文备矣。然后月朝卜日，月夕卜宅，然后葬也。当是时也，其义止，谁得行之？其义行，谁得止之？故三月之葬，其颡以生设饰死者也，殆非直留死者以安生也，是致隆思慕之义也。

丧礼之凡：变而饰，动而远，久而平。故死之为道也，不饰则恶，恶则不哀，尒则玩，玩则厌，厌则忘，忘则不敬。一朝而丧其严亲，而所以送葬之者不哀不敬，则嫌于禽兽矣，君子耻之。故变而饰，所以灭恶也；动而远，所以遂敬也；久而平，所以优生也。

礼者，断长续短，损有馀，益不足，达爱敬之文，而滋成行义之美者也。故文饰、粗恶、声乐、哭泣、恬愉、忧戚，是反也，然而礼兼而用之，时举而代御。故文饰、声乐、恬愉，所以持平奉吉也；粗恶、哭泣、忧戚，所以持险奉凶也。故其立文饰也，不至于窕冶；其立粗衰也，不至于瘠弃；其立声乐、恬愉也，不至于流淫、惰慢；其立哭泣、哀戚也，不至于隘慑（è shè）伤生，是礼之中流也。

故情貌之变足以别吉凶，明贵贱亲疏之节，期止矣；外是，奸也，虽难，君子贱之。故量食而食之，量要而带之，相高以毁瘠，是奸人之道也，非礼义之文也，非孝子之情也，将以有为者也。故说豫娩泽，忧戚萃恶，是吉凶忧愉之情发于颜色者也。歌谣謸（áo）笑，哭泣谛号，是吉凶忧愉之情发于声音者也。刍豢、稻粱、酒醴，餰鬻（jiān yù）、鱼肉、菽藿、酒浆，是吉凶忧愉之情发于食饮者也。卑絻、黼黻、文织，资粗、衰绖（cuī dié）、菲繐（suì）、菅屦，是吉凶忧愉之情发于衣服者也。疏房、檖貌、越席、床笫、几筵，属茨、倚庐、席薪、枕块，是吉凶忧愉之情发于居处者也。两情者，人生固有端焉。若夫断之继之，博之浅之，益之损之，类之尽之，盛之美之，使本末终始莫不顺比，足以为万世则，则是礼也。非顺孰修为之君子，莫之能知也。

故曰：性者，本始材朴也；伪者，文理隆盛也。无性则伪之无所加，无伪则性不能自美。性伪合，然后成圣人之名，一天下之功于是就也。故曰：天地合而万物生，阴阳接而变化起，性伪合而天下治。天能生物，不能辨物也；地能载人，不能治人也；宇中万物、生人之属，待圣人然后分也。《诗》曰：“怀柔百神，及河乔岳。”此之谓也。

丧礼者，以生者饰死者也，大象其生以送其死也。故事死如生，事亡如存，终始一也。始卒，沐浴、鬠（kuò）体、饭唅，象生执也。

不沐则濡栉三律而止，不浴则濡巾三式而止。充耳而设瑱（tián），饭以生稻，唅以槁骨，反生术矣。设亵衣，袭三称，缙绅而无钩带矣。设掩面儇（xuān）目，鬠而不冠笄（jī）矣。书其名，置于其重，则名不见而柩独明矣。荐器则冠有鍪（móu）而毋縰（shǐ），罋庑（wǔ）虚而不实，有簟席而无床笫，木器不成斲（zhuó），陶器不成物，薄器不成内，笙竽具而不和，琴瑟张而不均，舆藏而马反，告不用也。具生器以适墓，象徙道也。略而不尽，貇而不功，趋舆而藏之，金革辔靷（pèi yǐn）而不入，明不用也。象徙道，又明不用也，是皆所以重哀也。故生器文而不功，明器貇而不用。凡礼，事生，饰欢也；送死，饰哀也；祭祀，饰敬也；师旅，饰威也。是百王之所同，古今之所一也，未有知其所由来者也。故圹垄、其须象室屋也；棺椁（guǒ），其须象版盖斯象拂也；无帾（zhǔ）丝歶（yú）缕翣，其须以象菲帷帱尉也。抗折，其须以象槾茨番阏也。故丧礼者，无它焉，明死生之义，送以哀敬而终周藏也。故葬埋，敬藏其形也；祭祀，敬事其神也；其铭、诔、系世，敬传其名也。事生，饰始也；送死，饰终也；终始具而孝子之事毕，圣人之道备矣。刻死而附生谓之墨，刻生而附死谓之惑，杀生而送死谓之贼。大象其生以送其死，使死生终始莫不称宜而好善，是礼义之法式也，儒者是矣。

三年之丧，何也？曰：称情而立文，因以饰群，别亲疏、贵贱之节，而不可益损也。故曰：无适不易之术也。创巨者其日久，痛甚者其愈迟，三年之丧，称情而立文，所以为至痛极也。齐衰、苴（jū）杖、居庐、食粥、席薪、枕块，所以为至痛饰也。三年之丧，二十五月而毕，哀痛未尽，思慕未忘，然而礼以是断之者，岂不以送死有已，复生有节也哉？凡生天地之间者，有血气之属必有知，有知之属莫不爱其类。今夫大鸟兽则失亡其群匹，越月踰时，则必反铅；过故乡，则必徘徊焉，鸣号焉，踯躅焉，踟蹰焉，然后能去之也。小者是燕爵，犹有啁噍之顷焉，然后能去之。故有血气之属莫知于人，故人之于其亲也，至死无穷。将由夫愚陋淫邪之人与？则彼朝死而夕忘之，然而纵之，则是曾鸟兽之不若也，彼安能相与群居而无乱乎？将由夫修饰之君子与？则三年之丧，二十五月而毕，若驷之过隙，然而遂之，则是无穷也。故先王圣人安为之立中制节，一使足以成文理，则舍之矣。

然则何以分之？曰：至亲以期断。是何也？曰：天地则已易矣，四时则已遍矣，其在宇中者莫不更始矣，故先王案以此象之也。然则三年何也？曰：加隆焉，案使倍之，故再期也。由九月以下，何也？

曰：案使不及也。故三年以为隆，缌（sī）、小功以为杀，期、九月以为间。上取象于天，下取象于地，中取则于人，人所以群居和一之理尽矣。故三年之丧，人道之至文者也，夫是之谓至隆，是百王之所同也，古今之所一也。

君之丧所以取三年，何也？曰：君者，治辨之主也，文理之原也，情貌之尽也，相率而致隆之，不亦可乎？《诗》曰："恺悌君子，民之父母。"彼君子者，固有为民父母之说焉。父能生之，不能养之；母能食之，不能教诲之；君者，已能食之矣，又善教诲之者也，三年毕矣哉？乳母，饮食之者也，而三月；慈母，衣被之者也，而九月；君，曲备之者也，三年毕乎哉！得之则治，失之则乱，文之至也；得之则安，失之则危，情之至也。两至者俱积焉，以三年事之犹未足也，直无由进之耳。故社，祭社也；稷，祭稷也；郊者，并百王于上天而祭祀之也。

三月之殡，何也？曰：大之也，重之也。所致隆也，所致亲也，将举措之，迁徙之，离宫室而归丘陵也，先王恐其不文也，是以繇其期，足之日也。故天子七月，诸侯五月，大夫三月，皆使其须足以容事，事足以容成，成足以容文，文足以容备，曲容备物之谓道矣。

祭者，志意思慕之情也。愅（gé）诡、唈僾（yì ài）而不能无时至焉。故人之欢欣和合之时，则夫忠臣孝子亦愅诡而有所至矣。彼其所至者，甚大动也，案屈（juè）然已，则其于志意之情者惆然不嗛（qiè），其于礼节者阙然不具。故先王案为之立文，尊尊亲亲之义至矣。故曰：祭者，志意思慕之情也，忠信爱敬之至矣，礼节文貌之盛矣，苟非圣人，莫之能知也。圣人明知之，士君子安行之，官人以为守，百姓以成俗。其在君子，以为人道也；其在百姓，以为鬼事也。故钟鼓、管磬、琴瑟、竽笙，韶、夏、护、武、汋、桓、箾（shuò）、简、象，是君子之所以为惮诡其所喜乐之文也。齐衰、苴杖、居庐、食粥、席薪、枕块，是君子之所以为惮诡其所哀痛之文也。师旅有制，刑法有等，莫不称罪，是君子之所以为惮诡其所敦恶之文也。卜筮视日，斋戒修涂，几筵、馈荐、告祝，如或飨之；物取而皆祭之，如或尝之；毋利举爵，主人有尊，如或觞之；宾出，主人拜送，反易服，即位而哭，如或去之。哀夫！敬夫！事死如事生，事亡如事存，状乎无形影，然而成文。

【注释】

①黼黻（fǔ fú）文章：指礼服上的花纹，黑白相间的称作黼，青黑相间的为黻，青红相间的为文，红白相间的为章。

②路：通“辂”，天子乘坐的大车。

③郊：此指天子祭天。

④事七世：侍奉七代祖先。

⑤大飨（xiǎng）：此指祭祀祖先。

⑥县：通“悬”。

⑦厉骛（wù）：形容速度极快。

⑧臧谷：奴仆和小孩。

⑨翣蒌（shà shà）：当为“翣蒌（shà lóu）”之误，棺木的装饰。

【译文】

礼是怎样产生的？回答说：人生下来就有欲望，如果无法满足他的欲望，就不能没有追求；一味追求而没有限度和界限，就不能不争夺，争夺就会产生混乱，混乱就会导致穷困。古代的圣王憎恶这种混乱，因此制定礼仪来区分等级名分，以此来节制人们的欲望，满足人们的要求，使人们的欲望不会因为物资的不足而得不到满足，而物资也不会因为满足人们的欲望而消耗殆尽，二者互相制约而增长，这是礼产生的原因。

所以，礼是用来满足人们欲望的。猪、牛、羊、狗等肉食和稻子、谷物等细粮，五种味道的调料，是用来满足人们生存需要的；各种香木、香料，是用来满足人们的嗅觉需要的；雕刻精美的器物，在衣服上绣上美丽的花纹，是满足人们视觉的需要的；钟鼓、管磬，琴瑟、竽笙等乐器，是满足人们听觉的需要的；宽敞的房子、深邃的宫室、柔软的蒲席、舒适的床铺、矮桌和垫席，这是满足人们身体的需要的。所以，礼是用来满足人们欲望的。

君子既满足了欲望，又喜爱礼的区别。什么叫作礼的区别？回答是：就是高贵的和卑贱的有不同的等级，年长的和年幼的有一定的差别，贫穷的和富裕的、位尊的和位卑的都各得其宜。所以，天子乘着大车、坐着蒲席以养护身体；旁边放着香草，来调养鼻子；前面的横木上，涂着金饰让眼睛舒适；车缓行的时候，伴着和鸾之声，合着《武》《象》的节奏，快行的时候，合乎《韶》《护》的节奏来保养耳朵；龙旗上有九条飘带，用来保养神气；车子上画着横卧的犀牛和蹲着的老虎、马，系着用蛟鱼皮制成的腹带，车前挂着丝织的车帘，车耳刻成龙形，用来保养威风；驾车的马一定要调教得十分驯服，然后才能乘坐，以保证安全。谁懂得那献出生命坚守节操是用来保养生命的呢？谁懂得那花费钱财是为了保养钱财的呢？谁懂得那恭敬谦让是为了保养平安的呢？谁懂得那礼义仪式是用来保养性情的呢？所以一个人只看到生，这样的人就一定会死；如果只看到利益，这样的人就一定会受到损害；如果只是喜欢懈怠懒惰苟且偷安，这样的人就一定危险；如果只喜欢纵情欢乐，这样的人就会灭亡。因此，人如果专门把心思放在讲究礼义上，那么两方面都能得到；如果专门把心思放在满足情性上，那么礼义性情两方面就都保不住了。儒家要使人们双双保全它们，墨家要使人们双双丧失它们，这就是儒家和墨家的区别了。

礼有三个根本：天地是生存的根本，先祖是宗族的根本，君主是治国的根本。没有天地，人怎么生存？没有先祖，后代怎么出生？没有君主，天下怎么太平？这三者缺少一个方面，天下就无法安宁。因此，礼上用来祭天，下用来祭地，尊崇先祖而推崇君主，这是礼的三个根本。

因此，称王天下的天子可以把创建国家的始祖当作天来祭祀，诸侯不敢破坏始祖的庙，大夫和士有百世不迁的大宗，以此来区别各自尊奉的始祖。尊奉始祖，是道德的根本。只有天子才能到郊外祭天，而祭土地神则从天子开始到诸侯为止，祭祀路神可以延伸到士大夫，以此来区分只有尊贵的人才能事奉尊贵的，卑贱的人只能事奉卑贱的，适宜做大事的就做大事，适宜做小事的就做小事。因此拥有天下的君主祭祀七代祖先，拥有一个国家的诸侯祭祀五代祖先，拥有五十里封地的大夫祭祀三代祖先，拥有三十里封地的士祭祀两代祖先，依靠双手来糊口的百姓不准建立祖庙，以此来区别功绩大小，功绩大的流传的恩德就广大，功绩小的流传的恩德就狭小。

在太庙祭祀祖先时，要在樽里盛上清水，俎上放置生鱼，献上不加调味的肉汤，这是尊重饮食的本源。四季祭祀远祖时，以清水樽为最高祭品，供上清水，再献上薄酒，先献上五谷杂粮，而后再供上熟米饭；每月祭祀近祖时，先进献未加调味品的肉汁，再盛陈各种美味的食物，这既尊重饮食的本源，也是便于祖先食用。尊重饮食的本源叫作礼的形式，便于食用叫作合乎常理，这两者结合起来就形成了礼仪制度，然而又使它趋向于远古的质朴状态，这就叫作最隆重的礼。因此酒杯里供上清水为酒，俎上放置生鱼，豆中先献上不加调味的肉汁，这都是上等的祭品，这三种做法与远古的质朴是一致的。祭祀完毕樽里的酒不倒尽，丧礼结束后俎上的生鱼不品尝，三餐之后不进食，这三种做法与远古的质朴是一致的。举行大婚还没有去迎亲时，祭祀太庙而尚未使代表死者受祭的人进入太庙时，人刚刚死去还没有换上寿衣时，这三种做法与远古的质朴是一致的。天子祭天时大车上素色的丝帘，郊祭时用的麻布帽，丧服中腰间系的麻带，这三种做法与远古的质朴是一致的。三年服丧，哭声没有曲折，唱《清庙》颂歌，一个人领唱而三人和唱，奏乐时悬挂一口钟，也崇尚使用拊、膈、瑟等乐器，还在瑟底通孔，使瑟音低沉，这与远古的质朴也是一致的。

一切的礼，开始时简略，以后逐渐比较完备，最后达到令人称心如意的地步。所以，最完备的礼，能够使感情和礼的仪式发挥得淋漓尽致；其次，或者感情胜过仪式，或者仪式胜过感情；再其次，就是又回到了太古时代的情况，它就只注重质朴的感情了。天地由于它而和谐，日月由于它而明亮，四季由于它而更替有序，星辰由于它而运行正常，江河由于它而奔流不息，万物由于它而繁荣昌盛；人的喜好憎恶由于它而有节制，喜怒由于它而表现适宜；用它来治理臣民，就可以使臣民顺从，用它来规范君主，就可以使君主通达英明；世间万物怎么变化也不会混乱，但违背了它就会丧失一切。礼的作用难道不是最高的准则吗？建立完备的礼制，作为最高的准则，天下就没有任何事物能够对它进行损益。这种礼制的根本原则和具体规定之间互不抵触，礼的终结和开始互相呼应；礼义制度十分完备，但也有明确的贵贱等级差别，礼义制度极其细密而又合情合理。这样，天下的人顺从它，国家就治理得好，就能安定，不顺从它，国家就会陷入混乱；顺从礼的人，就能平平安安，不顺从礼的人就会有生命危险；遵循礼的国家就能安定，得以保全，不顺从礼的国家就会危险，将会灭亡。礼的这些作用，小人是不能深刻理解的。

礼的道理实在太深奥了，那些“离坚白”“合同异”的诡辩，进入到礼中就被淹没了；礼的道理确实太伟大啊，擅自编制的典章制度、僻陋邪说进入礼中就消亡了；礼的道理确实是崇高啊，暴虐傲慢、恣肆放纵、轻视习俗自以为高尚的人进入礼中就垮掉了。因此，真正把

绳墨放在面前，就无法用曲直来欺骗了；秤真的悬挂在了面前，就不能用轻重来欺骗了；圆规曲尺真的放在了面前，就不能用方圆来欺骗了；君子了解了礼，就无法以轻重来欺骗了。所以，绳墨，是取直的标准；秤，是取平的标准；规矩，是方圆的标准；礼，是社会道德规范的最高准则。然而不效法礼、不重视礼，就叫作没有原则的人；效法礼、重视礼，就叫作有原则的贤士。在礼的范围内思考探索，就叫作善于思虑；在礼的范围内能不改变，就叫作能够坚定。善于思虑、能够坚定，再加上喜欢它，就可以称得上是圣人了。所以，天是最高的；地是最低的；无穷无尽，是宽广的极点；圣人是道德的极点。所以学习的人本来就应学习做圣人，并不只是做个无原则的人。

礼，把钱财物品作为工具，把尊贵与卑贱的区别作为礼仪制度，以祭物的多少不同区别上下，把隆重和简省作为枢要。礼节仪式繁多，但所要表达的感情、所要起到的作用简约，这是隆重的礼；礼节仪式简省，但所要表达的感情、所要起到的作用繁多，这是简约的礼；礼节仪式和它所要表达的感情、所要起到的作用之间相互构成内外表里的关系，并行而又交错，这是适中的礼。因此知礼的君子对隆重的礼仪就极尽它的隆重，对简省的礼仪就极尽它的简省，而对适中的礼仪也就作适中的处置。漫步、急行、奔跑都不会超越界限，这是君子的安身所在。人能在礼的范围内行动，这是士君子；超过礼的范围，就是普通百姓；如果在这个规矩中间，来回周旋，处处符合礼的次序，这是圣人。因此圣人的厚道，凭借的是礼的积累；圣人的大度，凭借的是礼的广大；圣人的崇高，凭借的是礼的隆盛；圣人的明察，凭借的是礼的透彻。《诗经》中说：“礼仪全部合乎法度，说笑都合规矩。”说的就是这种情况啊。

礼，对待生死是很严谨的。生，是人生的开端；死，是人生的终结。倘若可以做到按礼正确地对待生和死，那么为人之道也就完备了。因此，君子严谨地对待生与死，始终如一，这就是君子的原则，这是礼义的具体规定。重视人活着的时候而轻视人死了的时候，这是尊重他有知觉，而懈怠人没有知觉，这是奸邪之人的原则，这是一种背叛。如果用这种行为来对待奴仆和小孩，君子尚且感到羞愧，更何况是侍奉君主和父母呢！因此死亡这件事，每人只死一次而不可能再重复一次，因此臣子要表达对君主的敬重，子女要表达对父母的敬重，在这里得到了最充分的体现。因此，在世时，侍奉不忠厚、不恭敬有礼，这叫作粗野；死去后，丧葬不忠厚、不恭敬有礼，这叫作轻薄。君子鄙视粗野，而以轻薄为耻辱。天子的棺椁有七层，诸侯的五层，大夫的三层，士的二层；其次，他们的衣服被子的多少、厚薄都有明确的规定，棺材上的装饰也都有所差别，用这些恭敬的装饰死者，使他们生前与死后、开始与终结都一样，完全满足人们的愿望，这就是先王的原则，忠臣孝子的准则。天子的丧事惊动天下，诸侯都来参加丧礼；诸侯的丧事惊动盟国，大夫都来参加丧礼；大夫的丧事惊动一国，士人中的上层人物都来参加丧礼；士人中上层人物的丧事惊动整个乡里，朋友们都来参加丧礼；百姓的丧事聚集同族亲戚，本族的人都来参加丧礼。受到刑罚制裁而受赦免的人的丧事，不准聚集同族亲属来送葬，只准许妻子儿女来治丧，棺木只能三寸厚，衣被只用三件，不能装饰棺材，不能白天送葬，而只能在黄昏时埋葬，下葬时候亲属穿着平时的衣服去埋葬，回家不能有哭泣的礼节，也不穿粗麻布丧服，也不按亲疏关系守丧；埋葬后，他的亲属都要恢复到原来的样子；埋葬完毕，就像没有死人一样而丧礼一律废止，这就是最大的耻辱。

礼，是用来小心地对待吉凶使它们不能互相侵犯的。人临近死亡时，用新棉絮在他的鼻子前试探是否还有气息，那么忠臣孝子也知道他生命垂危了，但是停柩入殓的用具却还不去考虑；流泪害怕，然而希望他活下来的念头没有终止，侍奉活人的事没有停止；直到他死了，

然后才开始准备治丧的物品。因此即使丧葬物品准备好的人家，也必定过一天才能殡殓，到第三天才穿上丧服守丧。然后到远方报丧的人出发，准备治丧物品的人才开始操办了。因此殡葬的时间，长不能超过七十天，短了也不少于五十天。这是什么原因呢？原因是：远方的人可以赶到，各种需求可以获得了，各种事情都完成了，他们的忠心尽到了，他们的礼节很盛大了，仪式也齐备了，然后月初占卜确定埋葬的地点，月末占卜确定埋葬的日期，然后埋葬。在这时，不合道义的事，谁能去做呢？合乎道义的事，谁能禁止呢？所以三个月的葬礼，表面上是用生者的陈设来文饰死者，这并不是为了留下死者来安慰活着的人，而是为了表达尊重和怀念的意思。

丧礼的一般原则是：人死以后，就要对他加以整饰，从殡殓到下葬，死者放的地方越来越远，时间长了，内心就恢复了平静。因此，对于死者而言，倘若不加整饰，尸体就会变得丑陋难看，丑陋难看了生者就不会悲哀；距离死者近了，人们就会漫不经心，漫不经心就会产生厌弃，厌弃了就会怠慢，怠慢就会不恭敬。有朝一日自己的父母死了，送葬的人既不哀痛也不恭敬严肃，那就近似于禽兽了。君子以此为耻。因此，整饰尸体，是为了避免变形难看；从殡殓到下葬，死者放的地方越来越远，是用来表达恭敬的；丧礼时间长，哀痛的心情才能逐渐平复，这是用来协调活着的人的。

礼，是取长补短，减少有余，弥补不足，表达爱慕恭敬的仪式，来养成实行道义的美德的。因此，礼节的隆盛与简略，音乐和哭泣，安适愉快和忧愁悲伤，这些都是相反的；但是礼对它们一并加以应用，按时拿出来交替使用。仪式隆盛、音乐、安适愉快，是用来奉持平安和吉祥的；仪式简略、哭泣、忧愁悲伤，是用来奉持凶恶和不幸的。因此礼在确立仪文修饰的规范时，不至于妖艳；它在确立粗略简陋的规范时，不会弄到毁伤形体的地步；它在确立音乐、安适愉快的规范时，不会弄到放荡懈怠的地步；它在确立哭泣、哀痛的规范时，不至于过分悲伤、损害身体，这样的礼仪就恰到好处。所以，人们情感脸色的变化，能够区别吉祥凶险，辨别贵贱亲疏的差异就可以了；因此，要根据食量来吃饭，要依据腰围来系带。通过毁伤自己的途径追求更多的名利，这是奸人的行为，不是礼义的规定，不是孝子的真情，而是另有所图。因此，高兴欢乐时，就容光焕发；忧伤悲苦时，面色憔悴，这是吉利与不幸、忧愁与愉快的心情表现在情感上。歌唱时欢笑，哭泣时号啕大哭，这是吉利与不幸、忧愁与愉快的心情表现在声音上。

牛羊猪狗等肉食，稻米谷子等细粮，甜酒、鱼肉、稀饭、豆叶、汤水，这是吉利与不幸、忧愁与愉快的心情表现在饮食上。祭服、礼服、有花纹的丝织品，粗布、丧服、单薄的麻衣、草鞋，这是吉利与不幸、忧愁与愉快的心情表现在衣服上。窗户通明的房间、深邃的朝堂，柔软的蒲席、床上的竹铺、短桌与竹席，编结茅草而成的屋顶、靠在墙边上的简陋房屋，把柴草当作垫席、把土块当作枕头，这是吉利与不幸、忧愁与愉快的心情表现在居住上。吉凶哀乐这些情感，是人生本来就有的。至于取长补短，持续它，发展它，增加它，削减它，同类事情，按照惯例尽量办好，使丰盛完美，使文理情感协调一致，完全可以用来作为千秋万世的法则，这就是礼。如果不是精心地整饬它、学习它、实行它的君子，是不能够懂得这些道理的。

因此说：人的本性，是自然质朴的；后天的行为，就是使礼节仪式隆重盛大。如果人没有质朴的天性，那么人为就无从施加；没有人为施加，那么本性就不能自行完美。本性与人为相合，然后圣人的名声就纯一了，天下的功业就完成了。因此说：天与地相配合就产生了万物，阴阳二气相结合就有了千变万化，本性与人为相互结合而天下就安定了。上天能产生万物，不能治理万物；大地能负载人类，不能治理人类；宇宙中的万物和人类，等待圣人然后才能各得其名分。《诗经》中说："安抚众位神仙，祭祀黄河高山。"说的就是这个道理。

丧礼，就是按照活人的情形来装饰死者，大体模仿他活着时的情形来为他送别的。因此，对待死亡就如同对待出生，对待死者就如同对待生者一样，都是遵循礼的规定的。刚死时，要给他洗头、洗澡、束发、剪指甲，嘴中放入贝、玉、米等，就如同他在世时所做的那样。倘若不洗头，就用沾湿的梳篦梳发三次；倘若不洗澡，就用沾湿的毛巾擦拭三次。用新棉塞住耳朵，口中放入生饭和贝，这些做法与他在世时相反。为死者穿好内衣，再穿上三件外套，身上系着插笏的腰带，但不再用钩束带。用绢帛盖住死者的面目，用黑丝巾蒙上死者的眼睛，束起头发来，对于男性而言，就不用再戴帽子了；对于女性而言，就不用再插簪了。把死者的名字书写在旌旗上，放在他的神主牌位上，那么死者的名字在别处看不见，而只能在灵柩前看清楚。陪葬的器物有帽子但没有束发的丝织物，瓮、瓴中不放东西，棺内有席子但不设床垫，木器不雕刻完全，陶制器物不做成成品，竹器不能用，笙、瑟具备但不能发出声音；拉棺材的车子埋葬而马却牵回，表明这些东西都不再使用了。准备生前用的器具送到墓地，

就如同在世时搬家一样。那些器具都很简略，且不齐备，只具粗略的形貌，不需要精细加工，赶着车子将其埋掉，但套车的用具不埋进墓中，这表明那些随葬的物品不再使用。就如同在世时搬家一样，也表明不再使用了，这都是为了加重哀悴之情的。因此，这些器物只起礼仪作用而没有实际功用，随葬品只是貌似而不实用。凡是礼仪，侍奉生者，是为了表达欢乐之情；送别死者，是为了表达对死者的哀痛；祭祀，则是为了表达对死者的尊敬；军事礼仪，是为了显示威武之势，这些历代帝王都是相同的，古今是一样的，没有人知道它的来源。所以坟墓外看如同房屋一样；棺椁就如同乘坐的车子；棺木上和丧车的装饰物就如同死者生前使用的门帘帷帐；挡土和垫在坑下的葬具就如同墙壁、屋顶、篱笆和门户。因此，丧礼并没有其他含义，是表明死与生的意义，用悲哀恭敬的心情去送别而最后周到地把死者掩埋的。所以，埋葬是为了更好地掩藏死者的躯体；祭祀是为了恭敬地侍奉死者的灵魂；那些铭文悼词、家谱世系，是为了恭敬地传送他的名声。侍奉出生的人，是为了表示生的开始；送别死去的人，是为了表示生命的终结。人的生命的开始和终结都侍奉好了，那么孝子应该尽的义务就算完成了，成为圣人的条件也就具备了。

对死者刻薄而厚待生者，就叫作昏暗不明，对生者刻薄而厚葬死者，就叫作惑乱，杀掉生者来殉葬叫作残害。大致模拟他的生前来祭送他的死，使人的生与死、终结和开始没有不尽善尽美的，这就是礼义的法度标准了，儒者就是这样做的。

要服丧三年，这是什么原因呢？原因是：丧礼的规定是由哀情的轻重决定的，借以整治亲族，区别亲近的人与疏远的人之间、高贵者与卑贱者之间的不同礼节，而不能再增减的了。因此，这是无论到什么地方都不能更改的原则。创伤巨大的，服丧的时间就要长一些；哀痛更大的，服丧的时间就会更长一些。服丧三年，是根据人的感情来确立的礼仪制度，是用来给极其悲痛的感情所确立的最高期限。身穿丧服、手拄丧杖、陋屋守丧、喝稀饭，把柴草当作垫席、把土块当作枕头，这些都表示心情哀痛到了极点。服丧三年，实际只有二十五个月，但哀痛并没有随之结束，仍然会思念死者，然而礼制却规定在这个时候终止服丧，这难道不是因为送别死者要有个终结，活着的人的生活要恢复正常吗？凡是生长在天地之间的，凡是有血气的，一定都有知觉；然而，有知觉的生物，没有不爱他的同类的。现在那些大的飞禽走兽如果失去了它的同伴或配偶，在一段时间里，必然会反复寻找，经过原来住过的地方，就会在那里徘徊不前，鸣叫不休，然后才离开。小的如同燕雀也会悲伤地鸣叫一会儿，才舍得离去。有血气的生物，没有再比人聪明的了，因此人对自己父母的感情是不会有尽头的。要依从那些愚蠢浅陋放荡邪恶的人吗？他们的父母早上死去，晚上就忘掉了，像这种情况如果还放任他们，那就连禽兽都不如了，他们同人在一起，哪能不发生混乱呢？要依从那些注重道德修养的君子吗？那么服丧三年，二十五个月就完毕了，他们会觉得时间快得就像驾车的四匹马经过一个墙缝一样，像这种情况如果还成全他们，那么他们就会无限期地服丧。所以，古代圣王规定了服丧年月的限制，只要人们合乎礼的规定，就可以除去丧服了。

既然如此，为什么有的丧期只有三年的一半呢？回答说：对于最亲近的父母本来就是在一周年时终止服丧的。这是什么原因呢？回答说：原因就在于一周年后，天地已经变迁了，四季也已经循环了一遍，天地间万物都开始重新生长了，因此古代的圣王就用这一周年的丧礼

来象征它。既然如此，那么为什么还要服丧三年呢？回答说：原因就在于使丧礼更加隆重，从而使其在一年的基础上加倍，因而就过了两周年了。从九个月以下的丧期，这又是什么原因呢？回答说：原因就在于使它不到一周年的丧礼。所以最隆重的礼就是服丧三年；其次是中等的丧礼，服丧一年，九个月；三个月或五个月是简省的礼。这礼的制定，上取法于天，下取法于地，中取法于人，人们所以能合群居住而和谐一致的道理也就被体现出来了。因此，服丧三年是为人之道最高的礼仪。这叫做最隆重的礼仪。这是历代帝王所共有的，也是古往今来都一致的。

君主的丧期是三年，这是什么原因呢？回答是：君主是治理天下的主宰，是礼义的本源，是真挚感情和恭敬礼貌的最高的典范，人们互相争着来极力推崇他，这难道不可以吗？《诗经》中说："和蔼可亲的君主，是人民的父母。"那些君主本来就有为民父母的说法了。父亲能生育自己，但不能喂养；母亲能喂养自己，但不能教诲；君主既能养育自己，又善于教诲自己，因此为君主举行三年的丧礼是很周到的啊！乳母，是喂养自己的人，因此为她服丧三个月；养母，是保护自己的人，因此为她服丧九个月；这些君主都已具备，所以要享受三年的丧礼啊！倘若这样做了，国家就能治理好，就会安定；倘若没有去这样做，国家就会混乱，这是最完美的礼法制度。这样去做，国家就会平安；不这样做，国家就会危险，这是最充分的表达了情感。如果这两者都具备了，服丧三年来侍奉君主还不满足，但也无从增加了。所以社祭，是祭祀土神；稷祭，是祭祀谷神；郊祭，是把历代君王和上天一起祭祀。

出殡后三个月才埋葬，这是什么原因呢？回答是：这是为了使丧礼盛大、隆重，表示对死者极其尊重、极其亲近，要准备安葬他、迁移他，使他离开宫室而埋葬到陵墓中去，先王害怕丧葬不合乎礼仪，因此推迟出殡的时间，使时间充足。因此天子停柩为期七个月，诸侯停柩为期五个月，大夫停柩为期三个月，使时间足够用来办理各种事情，使事情保证能成功，成功保证能合乎礼仪，礼仪保证周到完备，各方面都周到、各种事物都完备就叫作合乎丧礼的原则。

祭祀，是为了表达心意和思慕之情的。心情郁闷不舒畅，又不能随时抒发，因此，人们欢欣鼓舞和睦相处的时候，那些忠臣孝子也会感动，而思念君主、双亲不得同享欢乐的心情也要有所表达。他们这种思君念亲的感情非常强烈，如果空空的没有祭祀的礼仪，那他们饱满的真情就要惆怅地表现不满足，他们在礼节方面就会感到欠缺而不完备。因此，古代的圣王为他们制定了礼仪制度，如此一来，尊崇君主、亲爱父母的道义就可以表达了。因此说：祭祀，是为了表达心意

和思慕之情的，是忠诚信爱的极点，是礼仪制度的最高表现。倘若不是圣人，是无法懂得这一点的。圣人清楚地通晓祭祀的意义，有道德的士君子安心地进行祭祀，官吏把它作为自己的职守，百姓使它成为自己的习俗。君子，把它作为治国之道；百姓，用它侍奉鬼神。因此，钟、鼓、管、磬、琴、瑟、竽、笙等乐器被使用，《韶》《夏》《护》《武》《汋》《桓》《箾》《象》等乐曲被演奏，这是君子用来表达感情变化的礼仪形式。穿丧服、拄丧杖、住陋屋、喝稀饭，以柴草为垫席、把土块当枕头，这是君子用来表达感情变化和悲痛的礼仪式的形式。军队有一定的制度，刑法有一定的等级，没有什么刑罚不与罪行相当，这是君子被他所憎恶的事情感动了从而用来表达这种感动的礼法制度。占卜算卦、观察日期时辰是否吉利，整洁身心、修饰清理祠庙，摆好祭祀的席位，献上牺牲的祭品，向神灵祷告诉愿，就如同真的有神来享用过祭品一样。事先积聚的祭品都献给代表死者受祭的人，受祭者一一尝用，就如同鬼神真的在品尝一样。不让助食的人举杯向受祭者敬酒，主人亲自劝受祭者饮酒，受祭者便饮用，就如同鬼神真的在品尝一样。祭祀结束后宾客退出，主人拜揖送行，然后返回，换掉祭服而穿上丧服，来到座位上痛哭，就如同鬼神真的离去了一样。悲哀啊！恭敬啊！侍奉死者如同侍奉生者一样，侍奉已不存在的人就如同侍奉还活着的人一样，所祭祀的虽然无形无影，但是这就是礼仪制度。

乐论

【原典】

夫乐者，乐也，人情之所必不免也。故人不能无乐，乐则必发于声音，形于动静，而人之道，声音、动静、性术之变尽是矣。故人不能不乐，乐则不能无形，形而不为道，则不能无乱。先王恶其乱也，故制《雅》《颂》之声以道之，使其声足以乐而不流，使其文足以辨而不諰[①]，使其曲直、繁省、廉肉、节奏，足以感动人之善心，使夫邪污之气无由得接焉。是先王立乐之方也，而墨子非之，奈何！

故乐在宗庙之中，君臣上下同听之，则莫不和敬；闺门之内，父子兄弟同听之，则莫不和亲；乡里族长之中，长少同听之，则莫不和顺。故乐者，审一以定和者也，比物以饰节者也，合奏以成文者也，足以率一道，足以治万变。是先王立乐之术也，而墨子非之，奈何！

故听其《雅》《颂》之声，而志意得广焉；执其干戚，习其俯仰屈伸，而容貌得庄焉；行其缀兆，要其节奏，而行列得正焉，进退得齐焉。故乐者，出所以征诛也，入所以揖让也。征诛揖让，其义一也。出所以征诛，则莫不听从；入所以揖让，则莫不从服。故乐者，天下之大齐也，中和之纪也，人情之所必不免也。是先王立乐之术也，而墨子非之，奈何！

且乐者，先王之所以饰喜也；军旅铁钺者[2]，先王之所以饰怒也。先王喜怒皆得其齐焉。是故喜而天下和之，怒而暴乱畏之。先王之道，礼乐正其盛者也。而墨子非之。故曰：墨子之于道也，犹瞽（gǔ）之于白黑也，犹聋之于清浊也，犹欲之楚而北求之也。

夫声乐之入人也深，其化人也速，故先王谨为之文。乐中平则民和而不流，乐肃庄则民齐而不乱。民和齐则兵劲城固，敌国不敢婴也。如是，则百姓莫不安其处，乐其乡，以至足其上矣。然后名声于是白，光辉于是大，四海之民莫不愿得以为师，是王者之始也。乐姚冶以险，则民流僈鄙贱矣。流僈则乱，鄙贱则争。乱争则兵弱城犯，敌国危之。如是，则百姓不安其处，不乐其乡，不足其

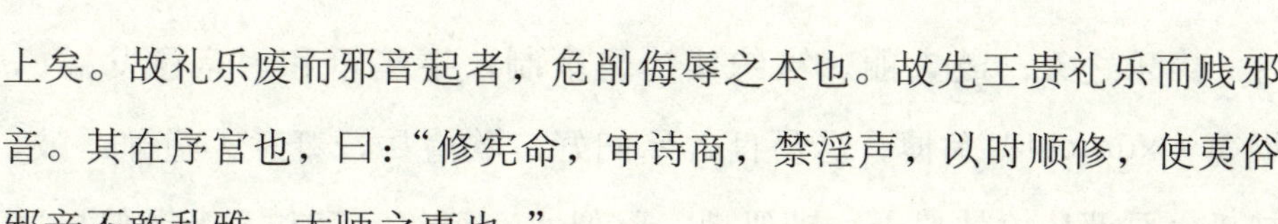

上矣。故礼乐废而邪音起者，危削侮辱之本也。故先王贵礼乐而贱邪音。其在序官也，曰：“修宪命，审诗商，禁淫声，以时顺修，使夷俗邪音不敢乱雅，太师之事也。”

墨子曰：“乐者，圣王之所非也，而儒者为之，过也。”君子以为不然。乐者，圣王之所乐也，而可以善民心，其感人深，其移风易俗，故先王导之以礼乐而民和睦。夫民有好恶之情而无喜怒之应则乱。先王恶其乱也，故修其行，正其乐，而天下顺焉。故齐衰之服，哭泣之声，使人之心悲；带甲婴胄，歌于行伍，使人之心伤；姚冶之容，郑、卫之音，使人之心淫；绅、端、章甫，舞《韶》歌《武》，使人之心庄。故君子耳不听淫声，目不视女色，口不出恶言，此三者，君子慎之。

凡奸声感人而逆气应之，逆气成象而乱生焉，正声感人而顺气应之，顺气成象而治生焉。唱和有应，善恶相象，故君子慎其所去就也。君子以钟鼓道志，以琴瑟乐心，动以干戚，饰以羽旄，从以磬管。故其清明象天，其广大象地，其俯仰周旋有似于四时。故乐行而志清，礼修而行成，耳目聪明，血气和平，移风易俗，天下皆宁，美善相乐。故曰：乐者，乐也。君子乐得其道，小人乐得其欲。以道制欲，则乐而不乱；以欲忘道，则惑而不乐。故乐者，所以道乐也。金石丝竹，所以道德也。乐行而民乡方矣。故乐者，治人之盛者也，而墨子非之。

且乐也者，和之不可变者也；礼也者，理之不可易者也。乐合同，礼别异，礼乐之统，管乎人心矣。穷本极变，乐之情也；著诚去伪，礼之经也。墨子非之，几遇刑也。明王已没，莫之正也。愚者学之，危其身也。君子明乐，乃其德也。乱世恶善，不此听也。於乎哀哉！不得成也。弟子勉学，无所营也。

声乐之象：鼓大丽，钟统实，磬廉制，竽笙箫和，筦籥发猛[3]，埙篪（xūn chí）翁博，瑟易良，琴妇好，歌清尽，舞意天道兼。鼓，其乐之君邪！故鼓似天，钟似地，磬似水，竽笙、箫和、筦籥似星辰日月，鞉（táo）、柷（zhù）、拊（fǔ）、鞷（gé）、椌（qiāng）、楬（qià）似万物。曷以知舞之意？曰：目不自见，耳不自闻也，然而治俯仰、诎信、进退、迟速，莫不廉制，尽筋骨之力以要钟鼓俯会之节，而靡有悖逆者，众积意謘謘乎[4]！

吾观于乡，而知王道之易易也。主人亲速宾及介，而众宾皆从之。至于门外，主人拜宾及介，而众宾皆入，贵贱之义别矣。三揖至于阶，三让以宾升。拜至、献酬，辞让之节繁。及介省矣。至于众宾，升受、坐祭、立饮，不酢而降。隆杀之义辨矣。工入，升歌三终，主人献之；笙入三终，主人献之；间歌三终，合乐三终，工告乐备，遂出。二人扬觯[4]，乃立司正，焉知其能和乐而不流也。宾酬主人，主人酬介，介酬众宾，少长以齿，终于沃洗者。焉知其能弟长而无遗也。降，说屦，升坐，修爵无数。饮酒之节，朝不废朝，莫不废夕。宾出，主人拜送，节文终遂。焉知其能安燕而不乱也。贵贱明，隆杀辨，和乐而不流，弟长而无遗，安燕而不乱。此五行者，足以正身安国矣。彼国安而天下安。故曰：吾观于乡而知王道之易易也。

乱世之征：其服组，其容妇，其俗淫，其志利，其行杂，其声乐险，其文章匿而采，其养生无度，其送死瘠墨，贱礼义而贵勇力，贫则为盗，富则为贼。治世反是也。

【注释】

①謑（xǐ）：一边说话一边思考，引申为暗藏心机的花言巧语。

②𫓧钺（fū yuè）：古代的刑具。

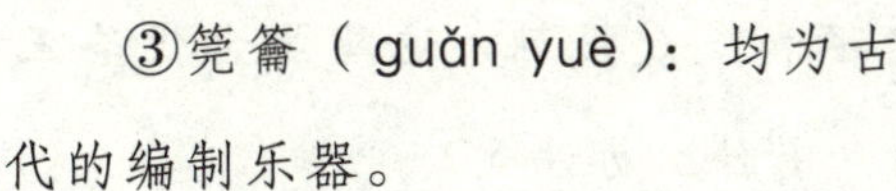

③筦籥（guǎn yuè）：均为古代的编制乐器。

④諰諰（chí chí）：形容态度诚恳认真的样子。

⑤觯（zhì）：酒杯。

【译文】

音乐，就是欢乐的意思，是人的感情必不可少的。因此人不能没有音乐。人有欢乐了就必定会在歌唱吟咏的声音中表现出来，在手舞足蹈的举止中体现出来；人之所以为人，声音、行动、性情变化都表现在音乐中了。因此，人不可能不快乐，快乐了就不可能不表现出来，不过，这种快乐的表现如果不加以引导，就不可能没有祸乱。古代的圣王憎恶这种祸乱，所以创作了《雅》《颂》的音乐来加以引导，使那歌声足够用来表达快乐而不淫荡，使乐章能够辨别清楚乐曲的含义而不邪僻，使那音律的婉转或舒扬、繁复，或简单、清脆利落，或圆润丰满、节制停顿，或推进、加快，都能够感动人们的善良之心，使那些邪恶肮脏的风气没有途径和民众接触。这就是古代圣王设置音乐的原则啊。墨子却表示反对，有什么办法啊！

所以音乐在祖庙之中，君臣上下一起听了它，就再也没有人不和谐恭敬的了；在家门之内，父子兄弟一起听了它，就再也没有人不和睦相亲的了；在乡村里弄之中，年长的和年少的一起听了它，就再也没有人不和谐顺从的了。音乐，是审定一个主音来确定其他和音的，是配上各种乐器来调整节奏的，是一起演奏来组成众音和谐的乐曲的；它足以用来率领统一的原则，足以用来整治各种变化。这就是古代圣王设置音乐的方法啊。墨子却表示反对，有什么办法啊！

因此，人们听《雅》《颂》的音乐，意志胸怀就开阔了；手拿盾、斧等舞具，练习低头、抬头、弯曲、伸展等舞蹈动作，容貌就庄重了；跳在舞蹈的行列位置上，合着音乐的节奏，队列就能不偏不斜了，进退就整齐划一了。因此，对外可以用来征讨诛伐，对内可以谦恭礼让。征讨诛伐、谦恭礼让，音乐的功用是一样的。对外用来征讨诛伐，就没有人不听从；对内谦恭礼让，就没有人不服从。因此，音乐是齐一天下的工具，是中正和谐的纲纪，是人的情感绝对不能脱离的东西。这是古代圣王设立音乐的办法，而墨子反对音乐，又能怎么样啊！

并且，音乐是古代圣王用来表达喜悦的；军队和刑具，是古代圣王用来表达愤怒的。古代圣王喜悦、愤怒都能表达得很恰当。因此古代圣王喜悦而天下人就应和他，古代圣王愤怒而暴虐作乱的人就畏惧他。古代圣王的政治原则中，礼和乐正是其中的重要内容，而墨子却反对它们。因此说：墨子对于正确的政治原则，就如同盲人无法分辨白黑一样，就如同聋子无法分辨声音的清浊一样，就如同想要到楚国去却向北方去一样。

音乐对人的影响十分深远，它教化人也非常迅速，因此古代圣王谨慎地来修饰它。音乐中正平和，人民就和睦而不淫荡；音乐严肃庄重，人民就同心同德而不会发生混乱；人民和睦心齐，兵力就强劲，城防就坚固，敌国就不敢来侵犯了。这样的话，百姓就没有不安心地住在自己的住处，喜欢自己的家乡，以使自己的君主获得满足。然后君主的名声就会显赫，光辉就会广大，四海的民众就没有不愿意把它作为君长的。这是称王天下的开始。音乐妖冶轻浮而邪恶，人民就会淫荡散漫、卑鄙下贱了。人民淫荡散漫，就会发生混乱；卑鄙下贱，就会相互争斗。混乱又争夺，那么兵力就会削弱，城池被破坏，敌国就会来侵犯了。如此一来，那么百姓就不会安心地住在自己的住处，不喜欢他的家乡，就不会使君主得到满足了。因此制雅乐被废弃而靡靡之音兴起，这是国家危险削弱、蒙受侮辱的根源。因此古代的圣王看重礼制雅乐而鄙视靡靡之音。他在论述官吏的职责时，说："修改法令，审查诗歌乐章，禁止淫荡的音乐，依据时势去整治，使蛮夷的风俗和邪恶的音乐不敢扰乱雅乐，这是太师的职责。"

墨子说："音乐，是圣明的帝王所反对的，而儒者却讲求它，那是错误的。"君子认为这话说得不对。音乐是圣人所喜欢的，而且可以用来改善民众的思想，它感人至深，它移风易俗，因此古代的圣王用礼制音乐来引导人民而人民就和睦了。

百姓内有好恶的情感而没有表达喜悦愤怒的方式来和它相应，就会产生混乱。古代圣王憎恶这种混乱，所以要修养德行，订正音乐，因而天下人就顺从他了。那披麻戴孝的丧服，哭泣的声音，会使人心生悲哀；穿上盔甲，系上头盔，听到队伍中的歌声，会使人心情振奋；妖艳的容貌，郑国、卫国的靡靡之音，会使人生出放荡的情思；系着

宽大的腰带、穿上礼服、戴上礼帽、跳着《韶》舞，唱着《武》乐，会使人心情庄重。因此，君子不听淫荡的声音，眼睛不注视女子的美貌，嘴巴不说出邪恶的语言。这三点君子一定要慎重对待。

大凡淫邪的音乐感动人以后就有歪风邪气来应和它，相应而形于歌舞，那么悖乱就出现了。正派的音乐感动人以后就有和顺的风气来应和它，相应而形于歌舞，那么国家就会得到治理了。唱和互应，善恶就会随之形成，因此君子对待音乐要小心地取舍。

君子用钟鼓来引导意志，用琴瑟之音来愉悦心情，拿着盾、斧等舞具来跳舞，用野鸡毛和牦牛尾等舞具做装饰，用箫、管来伴奏。因此乐声像天一样清朗，像地一样广大，那舞姿的俯仰旋转又和四季的变化相似。因此音乐流行而志向就纯洁了，礼仪美

好而德行就养成了，从而耳聪目明，血气平和，就能移风易俗，天下安宁，使美和善相得益彰。因此说：音乐，就是快乐的表现。君子从中得到道义而快乐，小人从中满足欲望而快乐。用道义来约束欲望，那就能欢乐而不淫乱；只想满足欲望而忘记道义，就会迷惑而不快乐。因此，音乐是用来引导快乐的；金、石、丝、竹等乐器，是用来引导道德的。音乐推行后民众就向往道义了。因此音乐是治理人民的最理想形式，而墨子却反对它。

况且，音乐是使人们和谐而不可变更的原则；礼制，是治理社会而不可改变的原则。音乐使人们同心同德，礼制使人们区别出等级的差异。因此，礼制和音乐的总体，约束着人们的思想。深入人的内心，从根本上改变人的性情，这是音乐的本质；彰明真诚、去掉虚伪，这是礼制的永恒原则。墨子反对它，这是近乎犯罪的做法啊。圣明的君王已经死去，没有人来纠正他的错误了。愚蠢的人学习他，会危害自身。君子倡导音乐，这才是道德的表现。混乱的世道憎恶善行，不会听从这些话。实在是可悲啊！音乐因此而不能见成效。学生们要努力学习，不要因为墨子的反对而有所迷惑啊。

音乐的象征是：鼓声激越高亢，钟声洪亮浑厚，磬声清晰明朗，竽、笙的声音肃静和缓，管、籥的声音激越昂扬，埙、篪的声音低沉而宽广，瑟声平和温良，琴声婉转悠扬，歌声清朗而曲尽其情，舞蹈的意象与天道相合。鼓，大概是音乐中的君主吧！因此鼓声像天，钟声像地，磬声像水，竽、笙、管、籥的声音像日月星辰，鞉、柷、拊、鞷、椌、楬的声音像万物。凭什么来了解舞蹈的意象呢？回答是：眼睛看不到自己，耳朵听不到自己，然而俯仰、屈伸、进退、快慢的动作无不清晰而有节奏，尽身体的力量去迎合钟、鼓的节奏，而没有违

背的，众人的态度多么认真啊！

我看到了乡中请人喝酒的礼仪，就知道古代圣王的政治原则是很容易实行的。主人亲自去邀请贤德的贵宾和德行稍次的陪客，而一般客人就都跟着他们来了；到了主人门外，主人向贵宾和陪客拱手鞠躬，而一般客人就都进门了；这样贵贱的不同就通过礼节仪式区分开了。主人拱手作揖三次才与贵宾来到厅堂的台阶下，再谦让三次而使贵宾登上厅堂，之后行跪拜礼，主人献酒酬宾，推辞谦让的礼节繁多。至于陪客，那礼节就简省了很多。至于一般客人，登堂受酒，坐着酹酒祭神，站着饮酒，不用回敬主人酒就可以退下。这样礼仪是隆重还是简略就可以分辨得很清楚了。乐工进来，登上厅堂，把《鹿鸣》

《四牡》《皇皇者华》三首歌各唱一遍，主人向他们献酒；吹笙的人进来，把《南陔》《白华》《华黍》三支乐曲各吹奏一遍，主人向他们献酒；乐工与吹笙的人间隔着轮流歌唱演奏各三曲，再合着歌唱演奏各三曲，最后由乐工宣布乡饮酒礼的音乐吹奏完了，于是退了出去。主人的两个侍从举起酒杯帮助敬酒，于是又设置了监督行礼的专职人员。由此可知整个过程都能做到和乐而不放荡。贵宾向主人敬酒表示答谢，主人向陪客敬酒表示答谢，陪客向一般客人敬酒表示答谢，宾主对年轻的年长的都按照年龄的大小为序依次酬谢，最后酬谢洗酒器的人，从中可以看到人们都能够尊敬长者而不遗漏一个人。退下堂去，脱去鞋子，再登堂就坐，依次不断地敬酒。请人喝酒的限度是，早上饮酒而不会影响早上要做的事，晚上饮酒而不会影响晚上要做的事。宾客走了，主人拱手鞠躬送行，礼节仪式就完成了。从中可以看到人们在饮酒时也安然不过分，都能遵守礼节制度。高贵者和卑贱者被区别得清楚，隆重的礼仪和简省的礼仪被分别开来，和睦安乐而不淫荡，尊敬长者而不遗漏一个人，饮酒时也安然不过分。这五种行为，足够用来端正身心、安定国家了。那国家安定了，整个天下也就安定了。因此说：我看到了乡中请人喝酒的礼仪，就知道古代圣王的政治原则是很容易实行的。

世道混乱社会的特征是：人们服装华丽，男子打扮得如同女子一样妖艳，那里的风俗淫荡，人们的志向是唯利是图，人们的行为驳杂不纯，音乐邪恶怪僻，文章内容邪恶而辞藻华美，生活花费没有节制，葬送死者俭省刻薄，轻视礼制与道义而崇尚勇敢与武力，贫穷的就盗窃，富裕的就去残害他人。政治清明的社会则与此恰恰相反。

解蔽

【原典】

凡人之患，蔽于一曲而闇于大理。治则复经，两疑则惑矣。天下无二道，圣人无两心。今诸侯异政，百家异说，则必或是或非，或治或乱。乱国之君，乱家之人，此其诚心莫不求正而以自为也，妒缪于道而人诱其所迨也。私其所积，唯恐闻其恶也。倚其所私，以观异术，唯恐闻其美也。是以与治虽走而是已不辍也，岂不蔽于一曲而失正求也哉！心不使焉，则白黑在前而目不见，雷鼓在侧而耳不闻，况于使者乎？德道之人，乱国之君非之上，乱家之人非之下，岂不哀哉！

故为蔽：欲为蔽，恶为蔽；始为蔽，终为蔽；远为蔽，近为蔽；博为蔽，浅为蔽，古为蔽，今为蔽。凡万物异则莫不相为蔽，此心术之公患也。

昔人君之蔽者，夏桀、殷纣是也。桀蔽于末喜、斯观，而不知关龙逢，以惑其心而乱其行；纣蔽于妲己、飞廉，而不知微子启，以惑其心而乱其行。故群臣去忠而事私，百姓怨非而不用，贤良退处而隐逃，此其所以丧九牧之地而虚宗庙之国也。桀死于鬲山，纣县于赤旆。身不先知，人又莫之谏，此蔽塞之祸也。成汤监于夏桀，故主其心而慎治之，是以能长用伊尹而身不失道，此其所以代夏王而受九有也。

文王监于殷纣，故主其心而慎治之，是以能长用吕望而身不失道，此其所以代殷王而受九牧也。远方莫不致其珍，故目视备色，耳听备声，口食备味，形居备宫，名受备号，生则天下歌，死则四海哭，夫是之谓至盛。《诗》曰："凤凰秋秋，其翼若干，其声若箫。有凤有凰，乐帝之心。"此不蔽之福也。

昔人臣之蔽者，唐鞅、奚齐是也。唐鞅蔽于欲权而逐载子，奚齐蔽于欲国而罪申生；唐鞅戮于宋，奚齐戮于晋。逐贤相而罪孝兄，身为刑戮，然而不知，此蔽塞之祸也。故以贪鄙、背叛、争权而不危辱灭亡者，自古及今，未尝有之也。鲍叔、宁戚、隰（xí）朋仁知且不蔽，故能持管仲而名利福禄与管仲齐；召公、吕望仁知且不蔽，故能持周公而名利福禄与周公齐。传曰："知贤之为明，辅贤之谓能，勉之强之，其福必长。"此之谓也。此不蔽之福也。

昔宾孟之蔽者，乱家是也。墨子蔽于用而不知文，宋子蔽于欲而不知得。慎子蔽于法而不知贤。申子蔽于势而不知知，惠子蔽于辞而不知实，庄子蔽于天而不知人。故由用谓之道，尽利矣；由俗谓之道，尽嗛矣；由法谓之道，尽数矣；由势谓之道，尽便矣；由辞谓之道，尽论矣；由天谓之道，尽因矣。此数具者，皆道之一隅也。夫道者，体常而尽变，一隅不足以举之。曲知之人，观于道之一隅而未之能识也，故以为足而饰之，内以自乱，外以惑人，上以蔽下，下以蔽上，此蔽塞之祸也。孔子仁知且不蔽，故学乱术足以为先王者也。一家得周道，举而用之，不蔽于成积也。故德与周公齐，名与三王并，此不蔽之福也。

圣人知心术之患，见蔽塞之祸，故无欲、无恶、无始、无终、无近、无远、无博、无浅、无古、无今，兼陈万物而中县衡焉。是故众异不得相蔽以乱其伦也。

何谓衡？曰：道。故心不可以不知道。心不知道，则不可道而可非道。人孰欲得恣而守其所不可，以禁其所可？以其不可道之心取人，则必合于不道人，而不合于道人。以其不可道之心，与不道人论道人，乱之本也。夫何以知？曰：心知道，然后可道；可道，然后能守道以禁非道。以其可道之心取人，则合于道人，而不合于不道之人矣。以其可道之心，与道人论非道，治之要也。何患不知？故治之要在于知道。

人何以知道？曰：心。心何以知？曰：虚壹而静。心未尝不臧也，然而有所谓虚；心未尝不两也，然而有所谓壹；心未尝不动也，然而有所谓静。人生而有知，知而有志。志也者，臧也，然而有所谓虚，不以所已臧害所将受谓之虚。心生而有知，知而有异，异也者，同时兼知之。同时兼知之，两也，然而有所谓一，不以夫一害此一谓之壹。心，卧则梦，偷则自行[①]，使之则谋。故心未尝不动也，然而有所谓静，不以梦剧乱知谓之静。未得道而求道者，谓之虚壹而静，作之则。将须道者之虚则人，将事道者之壹则尽，尽将思道者静则察。知道察，知道行，体道者也。虚壹而静，谓之大清明。万物莫形而不见，莫见而不论，莫论而失位。坐于室而见四海，处于今而论久远，疏观万物而知其情，参稽治乱而通其度，经纬天地而材官万物，制割大理，而宇宙里矣。恢恢广广，孰知其极？睪睪广广[2]，孰知其德？涫涫纷纷[3]，孰知其形？明参日月，大满八极，夫是之谓大人。夫恶有蔽矣哉！

心者，形之君也，而神明之主也，出令而无所受令。自禁也，自使也，自夺也，自取也，自行也，自止也。故口可劫而使墨云，形可劫而使诎申，心不可劫而使易意，是之则受，非之则辞。故曰：心容，其择也，无禁必自见，其物也杂博，其情之至也不贰。《诗》云："采采卷耳，不盈顷筐。嗟我怀人，寘（zhì）彼周行。"顷筐易满也，卷耳易得也，然而不可以贰周行。故曰：心枝则无知，倾则不精，贰则疑惑。以赞稽之，万物可兼知也。身尽其故则美，类不可两也，故知者择一而壹焉。

农精于田，而不可以为田师；贾精于市，而不可以为市师；工精于器，而不可以为器师。有人也，不能此三技，而可使治三官。曰：精于道者也，精于物者也。精于物者以物物，精于道者兼物物。故君子壹于道而以赞稽物。壹于道则正，以赞稽物则察，以正志行察论，则万物官矣。昔者舜之治天下也，不以事诏而万物成。处一危之，其荣满侧；养一之微，荣矣而未知。故《道经》曰："人心之危，道心之微。"危微之几，惟明君子而后能知之。故人心譬如槃水，正错而勿动，则湛浊在下，而清明在上，则足以见鬒（xū）眉而察理矣。微风过之，湛浊动乎下，清明乱于上，则不可以得大形之正也。心亦如是矣。故导之以理，养之以清，物莫之倾，则足以定是非，决嫌疑矣。小物引之，则其正外易，其心内倾，则不足以决庶理矣。故好书者众矣，而仓颉独传者，壹也；好稼者众矣，而后稷独传者，壹也；好乐者众矣，而夔（kuí）独传者，壹也；好义者众矣，而舜独传者，壹也。倕（chuí）作弓，浮游作矢，而羿精于射；奚仲作车，乘杜作乘马，而造父精于御：自古及今，未尝有两而能精者也。曾子曰："是其庭可以搏鼠，恶能与我歌矣！"

空石之中有人焉，其名曰觙（jí）。其为人也，善射以好思。耳目之欲接，则败其思；蚊虻之声闻，则挫其精。是以辟耳目之欲，而远蚊虻之声，闲居静思则通。思仁若是，可谓微乎？孟子恶败而出妻，可谓能自强矣，未及思也；有子恶卧而焠掌，可谓能自忍矣，未及好也。辟耳目之欲，可谓能自强矣，未及思也。蚊虻之声闻则挫其精，可谓危矣；未可谓微也。夫微者，至人也。至人也，何强，何忍，何危？故浊明外景，清明内景，圣人纵其欲，兼其情，而制焉者理矣。夫何强，何忍，何危？故仁者之行道也，无为也；圣人之行道也，无强也。仁者之思也恭，圣者之思也乐。此治心之道也。

凡观物有疑，中心不定，则外物不清。吾虑不清，则未可定然否也。冥冥而行者，见寝石以为伏虎也，见植林以为后人也，冥冥蔽其明也。醉者越百步之沟，以为跬步之浍（kuài）也；俯而出城门，以为小之闺也：酒乱其神也。厌目而视者，视一以为两；掩耳而听者，听漠漠而以为哅哅[④]，势乱其官也。故从山上望牛者若羊，而求羊者不下牵也，远蔽其大也；从山下望木者，十仞之木若箸，而求箸者不上折也，高蔽其长也。水动而景摇，人不以定美恶，水势玄也。瞽者仰视而不见星，人不以定有无，用精惑也。有人焉，以此时定物，则世之愚者也。彼愚者之定物，以疑决疑，决必不当。夫苟不当，安能无过乎？

夏首之南有人焉，曰涓蜀梁。其为人也，愚而善畏。明月而宵行，俯见其影，以为伏鬼也；卬（yǎng）视其发，以为立魅也，背而走，比至其家，失气而死，岂不哀哉！凡人之有鬼也，必以其感忽之间疑玄之时正之。此人之所以无有而有无之时也，而己以正事。故伤于湿而痹，痹而击鼓烹豚，则必有敝鼓丧豚之费矣，而未有俞疾之福也。故虽不在夏首之南，则无以异矣。

凡以知，人之性也；可以知，物之理也。以可以知人之性，求可以知物之理，而无所疑止之，则没世穷年不能遍也。其所以贯理焉虽亿万，已不足浃万物之变，与愚者若一。学，老身长子而与愚者若一，犹不知错，夫是之谓妄人。故学也者，固学止之也。恶乎止之？曰：止诸至足。曷谓至足？曰：圣王也。圣也者，尽伦者也；王也者，尽制者也；两尽者，足以为天下极矣。故学者，以圣王为师，案以圣王之制为法，法其法，以求其统类，以务象效其人。向是而务，士也；类是而几，君子也；知之，圣人也。故有知非以虑是，则谓之惧；有勇非以持是，则谓之贼；察孰非以分是，则谓之篡；多能非以修荡是，则谓之知；辩利非以言是，则谓之詍（yì）。传曰："天下有二：非察是，是察非。"谓合王制与不合王制也。天下有不以是为隆正也，然而犹有能分是非、治曲直者邪？

若夫非分是非，非治曲直，非辨治乱，非治人道，虽能之无益于人，不能无损于人。案直将治怪说，玩奇辞，以相挠滑也[⑤]；案强钳而利口，厚颜而忍诟，无正而恣睢，妄辨而几利；不好辞让，不敬礼节，而好相推挤。此乱世奸人之说也，则天下之治说者，方多然矣。传曰："析辞而为察，言物而为辨，君子贱之；博闻强志，不合王制，君子贱之。"此之谓也。

为之无益于成也，求之无益于得也，忧戚之无益于几也，则广焉能弃之矣，不以自妨也，不少顷干之胸中。不慕往，不闵来。无邑怜之心，当时则动，物至而应，事起而辨，治乱可否，昭然明矣。

周而成，泄而败，明君无之有也；宣而成，隐而败，闇君无之有

也；故君人者，周则谗言至矣，直言反矣，小人迩而君子远矣。《诗》云："墨以为明，狐狸而苍。"此言上幽而下险也。君人者，宣则直言至矣，而谗言反矣，君子迩而小人远矣！《诗》云："明明在下，赫赫在上。"此言上明而下化也。

【注释】

①偷：松懈。

②睪睪（hào）：通"皞皞"，广大的样子。广广：通"旷旷"，空旷的样子。

③涫涫（guàn guàn）：形容水沸腾的样子。

④啕啕（xiōng）：喧闹声。

⑤挠滑：扰乱。

【译文】

大凡人的毛病，是被事物的某一个局部所蒙蔽而不明白全局性的大道理。纠正就能回到大道上来，在偏见与大道理两者之间拿不定主意就会疑惑。天下没有两个大道，圣人对大道没有二心。现在诸侯各国的政治措施不同，各个学派的学说不同，就一定有对的、有错的，有的能导致安定，有的会造成混乱。使国家混乱的君主，使思想混乱的学者，这些人真心没有不想找一条正道来为自己服务，只是由于他们忌妒、错误地对待大道而别人就投其所好来引诱他们。他们偏爱自己平时积累的学识，唯恐听到对自己不利的话；他们凭自己所偏爱的学识去观察与自己不同的学说，唯恐听到对异己学说的赞美。所以，他们与正道相背离却还自以为是，不肯改正。这难道不是被事物的一个局部所蒙蔽而失去了对正道的追求吗？倘若心思不用在正道上，那么白的黑的就是摆在面前而眼睛也会看不见，雷鼓就在身旁敲击而耳

朵也会听不到，何况对那些被他们视为异端的用心于正道的人，就更看不见，听不进了。掌握了大道的人，国家混乱的君主在上面非难他，思想混乱的学者在下面非难他，这难道不可悲吗？

什么东西会造成蒙蔽？欲望会造成蒙蔽，憎恶也会造成蒙蔽；只看到开始会造成蒙蔽，只看到结果也会造成蒙蔽；只看到远处会造成蒙蔽，只看到近处也会造成蒙蔽；知识广博会造成蒙蔽，知识浅陋也会造成蒙蔽；只了解古代会造成蒙蔽，只知道现在也会造成蒙蔽。世界上的事物都有差异，就没有不互相造成蒙蔽的，这是人思想方法上的通病。

从前君主中有被蒙蔽的，夏桀、商纣就是。夏桀为妹喜、斯观所蒙蔽而不赏识关龙逢，因而思想被迷惑而行为混乱；商纣被妲己、飞廉所蒙蔽而不赏识微子启，因而思想被迷惑而行为混乱。因此，群臣抛弃了对他们的忠心而去谋求私利，百姓都怨恨责怪他们而不为国效力，贤能优秀的人才都辞官在家而隐居避世，这是他们丧失天下而宗庙被毁的原因。夏桀死在鬲山，商纣的头被悬挂在红色的旗帜飘带上，他们自己不能预先知道自己的过错，而又没有谁愿意站出来劝阻他们，这是蒙蔽的祸患。

商汤以夏桀为前车之鉴，因此端正自己的思想而小心地治理国家，长期任用伊尹而本身又不脱离正道，这就是他取代夏桀而取得天下的原因。周文王以商纣王为前车之鉴，因此端正自己的思想而小心地治理国家，长期任用吕望而不脱离正道，这就是他取代商纣王而取得天下的原因。远方的国家无不送上自己的珍贵物品，所以他们眼睛能看到各种美丽的颜色，耳朵能听到各种各样的美妙音乐，嘴巴能吃上各种山珍海味，身居各种豪华的宫殿，享有各种尊贵的称号；活着的时候天下人都歌功颂德，死了以后天下人都痛哭流涕，这叫作极其昌盛伟大。《诗经》上说："凤凰翩翩起舞飞翔，翅膀仿佛盾牌一般，鸣声如同洞箫般悠扬。又有凤来又有凰，帝王心中多欢畅。"这就是不被蒙蔽的幸福啊。

从前臣子中有被蒙蔽的，宋国的唐秧、晋国的奚齐就是这样的人。唐鞅蒙蔽于追求权势而驱逐了戴欢，奚齐蒙蔽于政权争夺而加罪于申生。最终导致唐鞅被杀于宋国，奚齐被杀于晋国。唐鞅驱逐有德才的国相而奚齐加罪于孝顺的兄长，结果自身遭到杀戮，然而仍然不明白其中的原因，这就是蒙蔽的祸害啊。因此，贪婪鄙陋、违背正道、争权夺利却又不遭到危险屈辱灭亡的，从古到今，还不曾有过。

鲍叔、宁戚、隰朋仁德明智而且不受蒙蔽，因此能够扶持管仲而名利福禄都与管仲相同；召公、吕望仁爱而有智慧，因此能够扶持周公而名利福禄都与周公相同。古书上说："能够了解贤人叫作明智，可以辅助贤人叫作才能。勤勉努力，他的幸福一定长久。”说的就是这种情况。这是不受蒙蔽的幸福。

从前游士中有被蒙蔽的，思想混乱的各派学者就是这样的人。墨子蒙蔽于只重实用而不懂得礼仪，宋子只看到人寡欲的一面而不知道人的贪得之心，慎子蒙蔽于只求法治而不知任用贤人，申子只知运用权势而不知任用智慧之人的重要，惠子蒙蔽于只务名辩而不知实际，庄子蒙蔽于天道而不了解人道。因此，从实用的角度来谈道，就全谈功利了；从欲望的角度来谈道，就全谈满足了；从法治的角度来谈道，就全部成了法律条文了；从权势的角度来谈道，就全谈权势的便利了；从名辩的角度来谈道，就全部成了空洞的理论了；从自然的角度来谈道，就全部成了因任自然了。这几种说法，都是道的一个方面。道，它本身是不变的，但却能穷尽一切事物的变化，一个角度是无法概括得了这种变化的。一知半解的人，只看到道的一个方面而没有能够真正认识它，因此把这一个方面当作为完整的道而研究它，于是对内扰乱了自身，对外迷惑了别人，在上的就蔽塞了下面的人，在下的就蔽塞了上面的人，这就是蒙蔽的祸害啊。

孔子仁德明智而且不受蒙蔽，所以学习了治理天下的方法，足以能与古代的圣王相媲美。只有孔子一家继承了周王朝的治国大道，推崇并运用它，而不为成见旧习所蒙蔽。所以道德与周公齐明，名声与三王并列，这是不被蒙蔽的幸福啊。

圣人知道思想方法偏颇的坏处，看到了蔽塞的祸害，因此既不任凭爱好又不任凭憎恶，既不过分强调开始也不过分强调结局，既不是只看到近处又不是只看到远处，既不过分博大也不过分浅近，既不是只了解古代又不是只知道现在，而是把各种不同的事物都排列出来，在中间建立一个正确的标准。因此各种事物的差异就不会造成认识上的片面和局限，以致搅乱事物本身的秩序。

什么是权衡事物的标准呢？回答说：就是道。因此心中不能不了解道。

倘若心里不了解道，就会否定道而认可违背道的东西。人谁愿意守着自己不愿意做的事，而不去做自己愿意做的事呢？用他那种否定道的思想去选取人，就一定与不奉行大道的人趣味相投，而不会和奉行道的人志同道合。带着他那种否定道的思想和不奉行道的人去议论奉行道的人，这就是社会混乱的根本原因。像这样，那还凭什么去了解奉行道的人呢？

再说：心要了解道，

才能赞同道；赞同道，然后就能遵奉道来制止违背道的东西。用他那肯定大道的心来选择人，就一定会选择有道之人，而不选择不守道的人。用肯定道的心和守道的人去议论不守道的人，这是国家得以治理好的关键。这样的话，又怎么会担心不了解大道呢？

所以，把社会治理好的关键在于了解道。

人怎样才能了解道呢？回答说：用心。

心怎么能了解道呢？回答说：靠虚心、专心和静心。心未尝不储藏东西，然而有所谓虚空；心未尝不能同时认识两种事物，然而有所谓安静。人天生就有认识能力，有认识能力就有记忆。记忆，也就是储藏信息；但是有所谓虚，所谓虚，即不让已经储藏在心中的见识去妨害将要接受的知识。心生来就有认识能力，有了认识能力，就可以区分不同的事物；区分不同的事物，也就是同时了解了它们；能同时认识不同的事物，也就是彼此兼顾；但是有所谓专，所谓专，即不让那一种事物来妨害对这一种事物的认识。人心最为微妙，睡着了就会做梦，放松时就会天马行空，使用时就会思考谋划，因此心未尝不活动；但是有所谓静，所谓静，即不让梦幻和烦杂的胡思乱想扰乱了智慧。对于还没有掌握道而追求道的人，要告诉他们虚心、专心和静心的道理，以作为他们的行动准则。想要求得道的人，达到了虚心的地步就可以接受道；想要奉行道的人，达到了专心的地步就能全面认识道；想要探索道的人，达到了静心的地步就可以明察道。了解了道而能明察，知道了道能实行，这才是身体力行于道的人。达到了虚心、专心与静心的境界，才能达到认识上极其透彻、没有遮蔽的境界。他对万事万物，没有什么露出了形迹而看不见的，没有什么看见了而不能评判的，没有什么评判了而不到位的。坐在室内就会看到天下，处在现代而能评判远古，通观万物而能看清它们的真相，考察治乱而通晓它的规律，治理天地而能控制、利用万物，掌握了全局性的大道理而整个宇宙就都了如指掌了。宽广深远啊，谁能知道他智慧的尽头？广大深奥啊，谁能知道他德行的深厚？纷纷繁繁啊，谁能知道他思想的轮廓？他的光辉可与日月相并，博大充塞了八方极远的地方，这样的人就叫作伟大的人。这样的人，哪里还会有被蒙蔽的呢？

心是身体的支配者，是精神的主管；它发号施令而不接受命令。它自己限制或驱使自己，它自己决定抛弃或接受什么，它自己行动或停止。因此，嘴巴可以强迫而使它沉默或说话，身体可以强迫而使它弯屈或伸直，心却不可以强迫而使它改变意志，认为正确的就接受它，认为错误的就拒绝它。因此说：心采纳外界事物时，其选择是不受什么限制的，只是顺着自己自然而然地显现；它认识的事物虽然繁杂而广泛，但它的精神专一不二。《诗经》中说："采呀采呀采卷耳，却总装不满斜口筐。思念我的心上人啊，索性将它放在大路上。"斜口筐容易装满，卷耳容易采到，但以怀人之心采之，又放之于大路上是满不了的。因此说：思想分散就不会有知识，思想偏斜就不会精当，思想不专一就会疑惑。专一于道，并用来帮助考察万物，那么万事万物就可以全部被了解了。亲自透彻地了解万事万物的所以然，那就完美了。凡万事万物的道理，都不能执两端而得，所以明智之人选择一端而专心以赴。

农民精通种田，却不能以此做管理农业的官吏；商人精通做生意，却不能以此做管理市场的官吏；工匠精通制造器具，却不能以此做管理器具制造的官吏。有些人，他虽然不具备这三种技能，却可以让他们来管理这三种职业。因此说：有精于道的人，有精于某种具体事物

的人。对于精于某种具体事物的人而言，他只能支配这种具体事物，而对于精于道的人而言，他却可以全面地支配各种事物。因此君子专一于道而用它来帮助自己考察各种事物。专一于道就能正确无误，用它来帮助自己考察各种事物就能明察；用正确的思想运用明察的结论，那么各种事物就能被利用了。

从前舜治理天下，不是每件事都告诉手下人如何去做，但各种事情却都运转得很成功。专一于道而时时警惧，他的光荣就会充满周身；培养专一于道的品德达到了精妙的境界，那就会在不知不觉中得到光荣。因此《道经》中说："一般人的思想只能达到戒惧的境界，得道之人的思想才能达到精妙的境界。"这警惧和精微的奥妙，只有明智的君子才能了解它。因此，人的思想就像盘中的水，端正地放着而不去搅动，泥渣就会沉到下面而清澈的水浮在上面，那就可以照见胡须眉毛并看清楚皮肤的纹理了。而倘若微风在它上面吹过，泥渣就会在下面泛起，清澈的水就会在上面被搅乱，就无法靠它来看清人的本来面貌了。人的思想也是如此啊。倘若用正确的道理来引导它，用高洁的品德来培养它，外物就不能干扰它，那就足以判定是非、解决嫌疑了。如果有点小事牵制了他，那么他那端正的神态就在外表上发生了变化，他的思想就会随之倾斜，那就不能够用来决断各种事理了。因此喜好文字的人很多，但只有仓颉一个人的名声流传了下来，正是由于他用心专一的缘故啊；喜好种庄稼的人很多，但只有后稷一个人的名声流传了下来，正是由于他用心专一的缘故啊；爱好音乐的人很多，但只有夔一个人的名声流传了下来，正是由于他用心专一的缘故啊；爱好道义的人很多，但只有舜一个人的名声流传了下来，正是由于他用心专一的缘故啊。倕制造了弓，浮游创造了箭，而后羿善于射箭；奚仲制造了车，乘杜发明了用四匹马拉车，而造父精通驾车。从古到今，从来没有过三心二意而能精通一件事情的人。曾子说："唱歌时看着那打节拍的棍棒而心想可以用它来打老鼠，又怎么能和我一起唱呢？"

空石的城邑内有一个人，他的名字叫觙。他生性善于猜测而喜欢思考。但听到音乐、看到美色就会扰乱他的思考，蚊子、苍蝇的声音传到耳朵里就会妨碍他聚精会神。因此他避开耳朵、眼睛所向往的音乐、美色，并远离蚊子、虻蝇的声音，独自居住静静地思考，就会通达明白了。倘若像这样思考仁德，可以说达到精妙的境界了吗？孟子怕败坏了自己的仁德而休掉了妻子，这可以说是能够自强于修身了，但尚未达到思考仁德的地步。有子担心读书时会睡着而用火烧灼自己的手掌，这可以说是能够自我克制了，但尚未达到爱好仁德的地步。觙避开耳朵、眼睛所向往的音乐、美色，并远离蚊子、虻蝇的声音，可以说是达到戒惧的境界了，但还不可以说是达到了精妙的境界。那达到了精妙境界的人，就是思想修养达到了最高境界的人。既然是思想修养达到了最高境界的人，还用勉励，还用克制，还用警惧吗？因此混沌地明白道的人只能在外表露出光彩，清楚地明白道的人才能在心灵深处闪发出光芒。圣人随心所欲，尽得其情，治理一切都很合理。还用勉励，还用克制，还用警惧吗？所以仁者奉行道，是无所作为的；圣人奉行道，是没有什么勉强的。仁者的思索恭敬慎重；圣人的思索轻松愉快。这就是修养思想的方法。

大凡观察事物有疑惑：心中就捉摸不定，那么对外界的事物也就认识不清楚了；自己的思虑不清晰，那就无法判断是非。在夜色中行走的人，看见横卧的石头就以为是趴着的老虎，看见矗立的树林就以为是跟随着的人，这是夜色蒙蔽了他的视力。喝醉酒的人过百步宽的水道，会以为是半步宽的小水沟；低着头走出城门，以为是狭窄的宫中小门：这是酒扰乱了他的心神。按捺眼睛去看的人，看一件东西会以为是两件；捂住耳朵去听的人，会把寂寂无声听成喧哗吵闹，这是外力干扰了他的感官。从山上远望山下的牛就如同羊一样小，但求取羊的人是不会下山去牵的，这是距离掩盖了牛的高大。从山下远望山上的树木，几丈高的大树仿佛筷子一样短，但求取筷子的人是不会上山去折的，这是高远掩盖了树木的长度。水晃动而水中的倒影也会随之摇曳，人们不会以此来判定容貌的美丑，这是水摇动使人眩目。盲人抬头观望而看不见星星，人们不会以此来判定星星的有无，这是眼睛看不清东西。如果有人用此时的情况来判断事物，那就是世上最愚蠢的人。那些愚蠢的人断定事物，是用疑惑不清的心去判断疑惑不清的事物，判断一定不得当。判断如果不得当，又怎么能没有错误呢？

夏首的南边有一个名叫涓蜀梁的人，他生性愚蠢而胆小。在月光明亮的夜晚行走，低头看见自己的身影，就以为是趴在地上的鬼；抬头看见自己的头发，就以为是站着的妖怪，于是转身就跑，等跑到自己的家中，便气绝身亡了。这难道不是很可悲的事吗？大凡人认为有鬼，一定是他精神恍神志迷乱的时候作出的判断。这正是人们把有当作没有，把没有当作有的时候，但他们自己却在这个时候去判定事情。有人受了潮湿而患上了风湿，却想敲鼓来驱除疾病，并烹猪求神，那就一定会有打破鼓、丧失猪的破费了，而不

会有治好病的福气。所以这种人即使不住在夏首的南边，却与那个被鬼吓死的人没有什么不同。

通常，能够认识事物，是人的本性；事物可以被认识，是事物的规律。凭借可以认识事物的人的本性，去探求可以被认识的事物的规律，如果对此没有一定的限制，那就会终身辛苦，甚至到死也不能穷尽事物的道理。人们学习贯通事理的方法即使有成亿上万条，但最终也不能穷尽万事万物的变化，那就和蠢人没什么两样了。像这样来学习，自己老了、子女长大了，仍和蠢人没什么两样，却还不知道放弃这种无益的做法，这就叫作无知的人。因此学习，本来就要有个学习的范围。把自己的学习范围限制在哪里呢？回答说：把它限制在最圆满的境界。什么叫作最圆满的境界？回答说：就是通晓圣王之道。所谓圣，就是完全精通事理的人；所谓王，就是彻底精通制度的人；这两个方面都精通的人，就足以成为天下的表率了。因此学者以圣王为师，而以圣王的制度为法，效法圣王的礼法，以求知它的纲要，并努力仿效他的为人。朝着这个目标努力的，就是士人；与这个标准近似而差不多要达到的，就是君子；完全通晓这个标准的，就是圣人。所以有智慧而不用来考虑圣王之法，叫作攫取；有勇气而不用来持守圣王之法，叫作贼害；察析精熟而不用来分辨圣王之法，叫作混淆视听；有很多能力，但不用来发扬光大圣王之法，叫作巧诈；能言善辩却不用来宣说圣王之法，叫作废话。古书上说："天下有两个方面：一是根据错误的来考察正确的；二是根据正确的来考察错误的。"这就是要分辨出合于王制的与不合于王制的。天下如果不用圣王的法制作为最高准则，如此还能有评定是非曲直的标准吗？如果一种学说不分是非，不理曲直，不辨治乱，不研究做人的道理，那么即使精通它，对

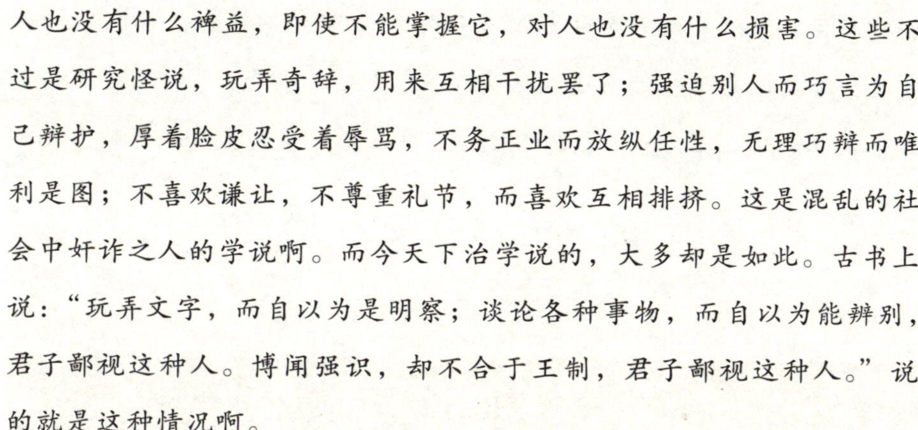

人也没有什么裨益，即使不能掌握它，对人也没有什么损害。这些不过是研究怪说，玩弄奇辞，用来互相干扰罢了；强迫别人而巧言为自己辩护，厚着脸皮忍受着辱骂，不务正业而放纵任性，无理巧辩而唯利是图；不喜欢谦让，不尊重礼节，而喜欢互相排挤。这是混乱的社会中奸诈之人的学说啊。而今天下治学说的，大多却是如此。古书上说："玩弄文字，而自以为是明察；谈论各种事物，而自以为能辨别，君子鄙视这种人。博闻强识，却不合于王制，君子鄙视这种人。"说的就是这种情况啊。

倘若做了而对于成功起不到任何作用，追求了而对于取得起不到任何作用，担忧了而对于实现愿望起不到任何作用，就应当将它抛弃得远远的。不让那些事妨碍自己，不让它们有片刻的时间在心中干扰自己。不羡慕过去，不担忧未来，没有忧愁怜悯的心情，适合时势就行动，外物来了就接应，事情发生了就处理，这样，是治还是乱，是合适还是不合适，就一清二楚了。

牢守秘密而成功，泄露秘密而失败，英明的君主没有这种事。袒露真情而成功，隐瞒真相而失败，昏暗的君主没有这种事。所以做君主的做事喜欢隐蔽真情，那么谗言就会来了，小人接近而君子远离了。《诗经》中说："你把黑暗当光明，把黄色当作黑色。"这就是说君主昏暗而臣下阴险。做君主的如果开诚布公，那么正直的话就来了，谗言就会远离，君子接近而小人远离了。《诗经》中说："皎洁明亮在下方，光辉灿烂在上方。"这是说君主光明正大，那么臣民就会被感化。

正名

【原典】

后王之成名：刑名从商，爵名从周，文名从《礼》，散名之加于万物者，则从诸夏之成俗曲期[①]，远方异俗之乡，则因之而为通。

散名之在人者：生之所以然者谓之性。性之和所生，精合感应，不事而自然谓之性。性之好、恶、喜、怒、哀、乐谓之情。情然而心为之择谓之虑。心虑而能为之动谓之伪。虑积焉、能习焉而后成谓之伪。正利而为谓之事。正义而为谓之行。所以知之在人者谓之知。知有所合谓之智。所以能之在人者谓之能。能有所合谓之能。性伤谓之病。节遇谓之命[②]：是散名之在人者也，是后王之成名也。

故王者之制名，名定而实辨，道行而志通，则慎率民而一焉。故析辞擅作名以乱正名，使民疑惑，人多辨讼，则谓之大奸。其罪犹为符节、度量之罪也。故其民莫敢托为奇辞以乱正名，故其民悫[③]，悫则易使，易使则公。其民莫敢托为奇辞以乱正名，故壹于道法而谨于循令矣。如是，则其迹长矣。迹长功成，治之极也。是谨于守名约之功也。今圣王没，名守慢，奇辞起，名实乱，是非之形不明，则虽守法之吏，诵数之儒，亦皆乱也。若有王者起，必将有循于旧名，有作于新名。然则所为有名，与所缘以同异，与制名之枢要，不可不察也。

异形离心交喻，异物名实玄纽[④]，贵贱不明，同异不别，如是，则志必有不喻之患，而事必有困废之祸。故知者为之分别，制名以指实，上以明贵贱，下以辨同异。贵贱明，同异别，如是，则志无不喻之患，事无困废之祸，此所为有名也。

然则何缘而以同异？曰：缘天官。凡同类、同情者，其天官之意物也同。故比方之疑似而通，是所以共其约名以相期也。形体、色、理，以目异；声音清浊、调竽、奇声，以耳异；甘、苦、咸、淡、辛、酸、奇味，以口异；香、臭、芬、郁、腥、臊、洒、酸、奇臭（xiù），以鼻异；疾、痒、沧、热、滑、铍、轻、重，以形体异；说、故、喜、怒、哀、乐、爱、恶、欲，以心异。心有征知。征知，则缘耳而知声可也，缘目而知形可也。然而征知必将待天官之当簿其类[5]然后可也。五官簿之而不知，心征之而无说，则人莫不然谓之不知，此所缘而以同异也。

然后随而命之：同则同之，异则异之。单足以喻则单，单不足以喻则兼，单与兼无所相避则共，虽共，不为害矣。知异实者之异名也，故使异实者莫不异名也，不可乱也，犹使同实者莫不同名也。

故万物虽众，有时而欲遍举之，故谓之物。物也者，大共名也。推而共之，共则有共，至于无共然后止。有时而欲偏举之，故谓之鸟兽。鸟兽也者，大别名也。推而别之，别则有别，至于无别然后止。

名无固宜，约之以命，约定俗成谓之宜，异于约则谓之不宜。名无固实，约之以命实，约定俗成谓之实名。名有固善，径易而不拂，谓之善名。

物有同状而异所者，有异状而同所者，可别也。状同而为异所者，虽可合，谓之二实。状变而实无别而为异者，谓之化。有化而无别，谓之一实。此事之所以稽实定数也，此制名之枢要也。后王之成名，不可不察也。

"见侮不辱""圣人不爱己""杀盗非杀人也"，此惑于用名以乱名者也。验之所以为有名而观其孰行，则能禁之矣。"山渊平""情欲寡""刍豢（chú huàn）不加甘，大钟不加乐"，此惑于用实以乱名者也。验之所缘以同异而观其孰调，则能禁之矣。"非而谒楹，有牛马非马也"，此惑于用名以乱实者也。验之名约，以其所受悖其所辞，则能禁之矣。

凡邪说辟言之离正道而擅作者，无不类于三惑者矣。故明君知其

分而不与辨也。夫民易一以道，而不可与共故。故明君临之以势，道之以道，申之以命，章之以论，禁之以刑。故其民之化道也如神，辨势恶用矣哉！今圣王没，天下乱，奸言起，君子无势以临之，无刑以禁之，故辨说也。实不喻然后命，命不喻然后期，期不喻然后说，说不喻然后辨。故期、命、辨、说也者，用之大文也，而王业之始也。名闻而实喻，名之用也。累而成文，名之丽也。用、丽俱得，谓之知名。名也者，所以期累实也。辞也者，兼异实之名以论一意也。辨说也者，不异实名以喻动静之道也。期命也者，辨说之用也。辨说也者，心之象道也。心也者，道之工宰也。道也者，治之经理也。心合于道，说合于心，辞合于说，正名而期，质请而喻，辨异而不过，推类而不悖，听则合文，辨则尽故。以正道而辨奸，犹引绳以持曲直。是故邪说不能乱，百家无所窜。有兼听之明而无奋矜之容，有兼覆之厚而无伐德之色。说行则天下正，说不行则白道而冥穷。是圣人之辨说也。《诗》曰："颙颙（yóng）卬卬（áng），如璋如璋，令闻令望，岂弟君子，四方为纲。"此之谓也。

辞让之节得矣，长少之理顺矣，忌讳不称，祆辞不出，以仁心说，以学心听，以公心辨。不动乎众人之非誉，不治观者之耳目，不赂贵者之权势，不利传辟者之辞。故能处道而不贰，吐而不夺，利而不流，贵公正而贱鄙争，是士君子之辨说也。《诗》曰："长夜漫兮，永思骞兮。大古之不慢兮，礼义之不愆兮，何恤人之言兮！"此之谓也。

君子之言，涉然而精，俛然而类，差差然而齐。彼正其名，当其辞，以务白其志义者也。彼名辞也者，志义之使也，足以相通则舍之矣；苟之，奸也。故名足以指实，辞足以见极，则舍之矣。外是者谓之讱[6]，是君子之所弃，而愚者拾以为己宝。故愚者之言，芴然而粗，

啧然而不类，諸諸然而沸[7]。彼诱其名，眩其辞，而无深于其志义者也。故穷藉而无极，甚劳而无功，贪而无名。故知者之言也，虑之易知也，行之易安也，持之易立也，成则必得其所好而不遇其所恶焉，而愚者反是。《诗》曰："为鬼为蜮，则不可得；有靦面目，视人罔极。作此好歌，以极反侧。"此之谓也。

凡语治而待去欲者，无以道欲而困于有欲者也。凡语治而待寡欲者，无以节欲而困于多欲者也。有欲无欲，异类也，生死也，非治乱也。欲之多寡，异类也，情之数也，非治乱也。欲不待可得，而求者从所可。欲不待可得，所受乎天也；求者从所可，所受乎心也。所受乎天之一欲，制于所受乎心之多，固难类所受乎天也。人之所欲，生甚矣；人之所恶，死甚矣。然而人有从生成死者，非不欲生而欲死也，不可以生而可以死也。故欲过之而动不及，心止之也。心之所可中理，则欲虽多，奚伤于治？欲不及而动过之，心使之也。心之所可失理，则欲虽寡，奚止于乱？故治乱在于心之所可，亡于情之所欲。不求之其所在而求之其所亡，虽曰我得之，失之矣。

性者，天之就也；情者，性之质也；欲者，情之应也。以所欲为可得而求之，情之所必不免也；以为可而道之，知所必出也。故虽为守门，欲不可去，性之具也。虽为天子，欲不可尽。欲虽不可尽，可以近尽也；欲虽不可去，求可节也。所欲虽不可尽，求者犹近尽；欲虽不可去，所求不得，虑者欲节求也。道者，进则近尽，退则节求，天下莫之若也。

凡人莫不从其所可，而去其所不可。知道之莫之若也，而不从道者，无之有也。假之有人而欲南无多，而恶北无寡，岂为夫南之不可尽也，离南行而北走也哉？今人所欲无多，所恶无寡，岂为夫所欲之不可尽也，离得欲之道而取所恶也哉？故可道而从之，奚以损之而乱！不可道而离之，奚以益之而治！故知者论道而已矣，小家珍说之所愿皆衰矣。凡人之取也，所欲未尝粹而来也；其去也，所恶未尝粹而往也。故人无动而不可以不与权俱。衡不正，则重县于仰，而人以为轻；轻县于俛[8]，而人以为重，此人所以惑于轻重也。权不正，则祸托于欲而人以为福，福托于恶而人以为祸，此亦人所以惑于祸福也。道者，古今之正权也，离道而内自择，则不知祸福之所托。易者，以一易一，人曰无得亦无丧也；以一易两，人曰无丧而有得也；以两易一，人曰无得而有丧也。计者取所多，谋者从所可。以两易一，人莫之为，明其数也。从道而出，犹以一易两也，奚丧？离道而内自择，是犹以两易一也，奚得？其累百年之欲，易一时之嫌[9]，然且为之，不明其数也。

有尝试深观其隐而难者：志轻理而不重物者，无之有也；外重物而不内忧者，无之有也。行离理而不外危者，无之有也；外危而不内恐者，无之有也。心忧恐，则口衔刍豢而不知其味，耳听钟鼓而不知其声，目视黼黻而不知其状，轻暖平簟而体不知其安。故向万物之美而不能嗛（qiè）也，假而得间而嗛之，则不能离也。故向万物之美而盛忧，兼万物之利而盛害。如此者，其求物也，养生也？粥寿也？故欲养其欲而纵其情，欲养其性而危其形，欲养其乐而攻其心，欲养其名而乱其行，如此者，虽封侯称君，其与夫盗无以异；乘轩戴絻（miǎn），其与无足无以异。夫是之谓以己为物役矣。

心平愉，则色不及佣而可以养目，声不及佣而可以养耳，蔬食菜羹而可以养口，粗布之衣、粗紃（xún）之履而可以养体，屋室、庐庾、葭稾（jiā gāo）蓐（rù）、尚机筵而可以养形。故无万物之美而可以养乐，无势列之位而可以养名。如是而加天下焉，其为天下多，其私乐少矣。夫是之谓重已役物。

无稽之言，不见之行，不闻之谋，君子慎之。

【注释】

①曲期：多方共同的约定。

②节遇：偶然遇到。

③悫（què）：朴实。

④玄：通“眩”，混淆不清。

⑤簿：通“薄”，接触。

⑥讱（rèn）：迟钝。

⑦誻誻（tà）：语言烦琐。

⑧俛（fǔ）：即俯，低下。

⑨嫌：迷惑。

【译文】

现代的君主确定名称：刑法的名称依照的是商朝，爵位的名称仿照的是周代，礼节仪式的名称仿照的是《仪礼》。万事万物的名称，则是依照中原各国的约定俗成，边远地区不同风俗的地方，则依据中原地区的习俗名称来进行沟通。其他关于人的各种名称有：与生俱来的，叫作天性。天性和阴阳二气相和产生的，精神对外界的感应，不经过后天努力和社会教化而自然就有的反应，叫作本性。本性中的好、恶、喜、怒、哀、乐，叫作情感。情感这样而用心对其加以选择，叫作思虑。经过思虑，官能为之而行动，叫作人为；思虑不断积累、官能反复练习而后形成一种常规，这也叫作人为。符合正当利益的就去做，叫做事业。符合道义的就去做，叫作德行。人生来就具有的认识事物的能力，叫作认识能力。人通过后天努力获得认识，叫作智慧。而人本身具有的处理事物的能力，叫作本能。本能和处置的事物相适合，叫作才能。人的本性受到伤害，叫作疾病。制约人生的遭遇，叫作命运。这些就是关于人的各种名称，也是现代的君主确定的名称。

君王制定事物的名称，名称一旦确定，那么实际事物就能分辨了；有了制定名称的基本原则，人与人之间就可以进行思想沟通了；于是就谨慎地引导人民遵守这些名称。因此，那些玩弄词句、擅自创造名称来扰乱正确的名称，使民众疑惑不定，使人们增加争辩，他们是罪大恶极的啊，这种行为和伪造信符与度量衡的罪一样严重。因此圣王统治下的民众没有谁敢伪造奇谈怪论来扰乱正确的名称，因此他的民众就非常朴实谨慎。朴实谨慎就容易统治，容易统治就能成就功业。他的民众没有谁敢伪造奇谈怪论来扰乱正确的名称，因此就专心于遵行法度而谨慎地遵守政令了。像这样，他的统治就长久了。统治长久而功业建成，是政治的最高境界啊。这都是谨慎遵守统一的名称的功效啊。

现在英明的圣王死了，不再遵守统一的名称了，奇怪的言辞兴起，名称和实物的关系混乱不堪，是非标准不明确了，即使维护法制的官吏、讲述典章制度的儒生，也都混乱起来了。倘若有王者兴起，就一定沿循旧有的名称，并创造一些新的名称。既然如此，为什么要制定名称，对名称有同有异的根据，和制定名称的关键，就不可不加以考察了。

不同的人，想法不一样，需要互相理解，不同的事物，名称和实物混杂在一起，就会纷结难知，分不清贵贱，区分不了同异。像这样，必然会存在思想上互相不理解的弊病，事情就会有困难和废弃的祸害。因此，为了避免这种情况，圣王对事物进行区分，制定出各种名称来指代它们，上则为了明确贵贱等级，下则为了辨别同异。明确了贵贱等级，辨别出同异，像这样，就不会有思想上互相不理解的弊病，事情也不会陷入困境而做不成了。这就是圣王之所以确定名称的原因啊。

既然这样，根据什么区别事物名称的异同呢？回答是：根据天生的感官。凡是民族相同的，他们的感官就相同，那么对事物的感知也是相同的。因此，对事物的描摹只要模拟得大体相似，就可以互相沟通了。这就是人们之所以要互相交流，给事物共同约定名称的原因所在。眼睛可以识别事物的形状、颜色、材料，耳朵可以区别声音的清晰、混杂、杂乱以及乐曲的和谐，嘴巴可以区别甜、苦、咸、淡、辣、酸以及各种怪味，鼻子可以区别香、芳香、芬芳、馥郁、腥、臊、马膻气、牛膻气以及各种怪气味，身体可以触觉到痛痒、寒凉、炎热、润滑、粗涩、轻、重，心可以区别舒畅、憋闷、喜、怒、哀、乐、爱好、厌恶、欲望的情感。心可以验证、认识事物。像这样，就能够凭借听觉器官对不同的声音加以辨别，凭借视觉器官对事物的形状、大小加以辨别，但是心灵之外的，一定要凭借感觉器官去接触感知对象。如果有了感觉器官的接触却还是无法认知它，用心去验证却无法说出来，那么人们就没有谁不说这是不明智的。这就是事物的名称之所以有同和有异的原因啊。

明白这些道理之后，就依照它来给事物命名：相同的事物就给它们相同的名称，不同的事物就给它们不同的名称；用单字能够使人明白的就用单字；用单字表达不清的就用复名；单字和复名倘若没有互

相回避的必要就用共名，使用了共名，也不会造成什么害处。知道不同的事物要用不同的名称，所以就应该让不同的事物有不同的名字，这是不可错乱的，就如同让同样的事物有同样的名字的道理是一样的。世间事物虽然众多，但有时需要将其全面地列举出来，因而称之为“物”。“物”这个名称，是最大的共用名称。按照这种办法，一步步往上推，如此一来，共用的名称之中又有共用的名称，直到不再有共用的名称，然后才终止。有时想要将其部分地列举出来，因此称之为“鸟”　“兽”。“鸟”“兽”这种名称，是一种最大的区别性名称。按照这种办法，一步步往下推，如此一来，区别性的名称之中又有区别性的名称，直到不再有区别性的名称，然后

才终止。名称本来无所谓合宜不合宜，是人们约定而命名的，约定俗成了就可以说它是合宜的，和约定的名称不同就叫做不合宜。名称并没有固有的表示对象，而是人们约定了来指代某种事物的，约定俗成了就把它称为某种事物的名称。名称有本来就起得好的，直接平易而不违背事理，这就是好的名称。有的事物有相同的形状而有不同的实质，有的有不同的形状而有相同的实质，这是能够加以区分的。形状相同却是不同的实质的，虽然可以合用一个名称，也应该说它们是两个东西。形状变了，但实质并没有区别而成为异物的，叫做变化；有变化而实质没有区别的，应该说它是一个东西。这是对事物考察实质确定数目的方法。这些就是制定名称的关键。现代君主要给事物命名，对此是不能不明察的。

“受到欺侮，并不当作羞辱”“圣人不爱惜自己”“杀死盗贼不是杀人”，这都是迷惑使用名称来混淆名称的。验证一下所以要有名称的原因而观察一下哪一种行得通，就可以禁止这种错误了。“高山和深渊是一样平”“人的欲望本来很少”“肉并不比一般食物味道香甜，听到音乐，并不使人格外快乐”，这是迷惑于用实物来扰乱名称的说法。对此，只要依据事物的相同与不同的区别验证它，再看看这些说法同通常的说法究竟哪一种符合事实，就能禁止这些说法了。“飞箭射过柱子后时间长了会停止”“有牛马，又说牛马不是马”，是迷惑于用名称来扰乱实物的说法。对此，用制定名称的约定来验证它，用这些人所能接受的观点去反驳他所拒绝的观点，就能禁止这些说法了。凡是擅自制造的种种邪说谬论，都是和这三种情况相类似。因此，英明的君主知道它们与正确学说的区别而不和他们争辩。

人民容易用正道来统一他们的言行，但不可以跟他们讲明缘由。

因此，英明的君主用权势来统治他们，用正道来引导他们，用命令来告诫他们，用言论来使他们明白，用刑法来制止他们。因此，明智的君主统治的人民能够迅速自然地为正道所感化，哪里还用得着辩论呢？现在圣王死了，天下混乱，奸诈的言论纷纷兴起，君子没有权势来统治他们，没有刑法来禁止他们，因此辩论就兴起了。实物不明白，就为它命名，命了名之后还无法明白就用大小形状等来加以形容，形容之后还无法明白，就通过反复论证来辨明它。因此，交流看法、取名、分析辩明、解说，是实际运用中的最好形式，也是帝王大业的起点。一听到事物的名称就知道它所代表的事物，这就是名称的作用。积累名称而形成文章，这是名称的互相配合。名称的使用和配合都恰当，就称之为精通名称。名称，是代表各种事物的。言辞，是用不同实物的名称来论述一个完整的意思的。辨析解说，就是分析不同实际的名称，来说明是非的道理。约定命名，是供辩论与解说后使用的。辨析说明，是心对道的认识的表达。心，是道的主宰。道，是治理国家的根本原则。心意符合于道，解说符合于心意，言辞符合于解说，使名称正确无误并互相约定，这样就可以合乎事物的实际情况而达到互相了解，辨别不同事物而不出现差错，推论事物的类别而不违背情理，做到了这些，听取意见时就能合乎礼法，辨析事物就能弄清事情的原因。用正确的道理来辨明奸邪，就如同用木工的绳墨来衡量曲直一样。因此，邪说不可以扰乱正道，各家的谬论也就无处隐蔽了。有全面听取各家学说优点的明智而没有骄傲自大的表情，有包容各家学说的度量而没有自夸美德的神色。他的学说能得以实行，天下就可以归于正道；他的学说无法行得通，就讲明正道然后自己隐居起来，这就是圣人的辩说。《诗经》上说：“恭顺温和志气昂扬，品德就如同玉圭和玉璋一样，名声美好，又有威望。和乐的君子，四方人民都以他为典范。”说的就是这个意思。

谦让的礼节做到了，长幼的伦理顺序了；不说忌讳的话，不妄言奇谈怪论；用仁慈的心去解说道理，用求学的心去听取意见，用公正的心去辩论是非。不因为众人的非议和赞誉而动摇，不修饰辩辞去遮掩旁人的耳目，不赠送财物去买通高贵者的权势，不喜欢传播邪说者的言辞。因此能够坚持正道而不会三心二意，敢于陈述自己的主张而不为外力胁迫，言语流利而不放荡胡说，推崇公正的言论而鄙视庸俗粗野的争论，这是士君子的辩论与解说。《诗经》上说：“长夜漫漫啊，我常常思考我的过错。远古的原则我不怠慢，礼义上从没犯过错，何必担心别人的议论呢？”说的就是这样的人啊。

君子的言论，深刻而精微，中肯而有条理，表面看来并不一致，实际上却是从不同的角度来说明同一道理。他运用正确的名称，使用恰当的言辞，以此来尽力表达他的思想。那些名称和言辞，是借以表达思想的，能够用来互相沟通就可以了；倘若胡乱地加以运用，就是奸邪了。因此名称只要足以反映事物的实际，言辞足以表达主旨就可以了。倘若离开这个标准，就称之为艰涩难懂，这是君子所抛弃的，而愚蠢的人却将其捡起来视为宝贝。因此愚蠢的人的言论，没有根据而又粗浅，艰深而无条理，啰唆而嘈杂。他搬弄各种诱人的名称，使用让人眼花缭乱的言辞，而他表达的思想内容却不十分深入。因此他搬弄各种辞句却没有主旨，费力很大反而收效很小，贪图名声却没有声誉。所以，智者的言论，考虑起来容易理解，实行起来容易做到，坚持起来容易立得住脚，有所成就，必然受到人们的喜爱，而不会遭到人们的憎恶。而愚蠢的人则恰恰与此相反。《诗经》中说："你倘若是鬼怪，那我的确就见不到你。你的面目这样丑，给人看都看不透？我作这首好诗歌，就是为了揭露你的反复无常。"说的就是这种人。

凡是谈论治理国家的道理，而想去掉人们欲望的人，是没有办法来正确引导人们的欲望，而被人的欲望太多难住了的人。凡是谈论治理国家的道理而想减少人们欲望的人，是没有办法节制欲望，而被人的欲望太多难住了的人。有欲望与没有欲望，是两种不同的类型，是生与死的区别，但不是国家安定或动乱的原因。欲望的多与少，也是两种不同的类型，是人情的必然现象，这也不是国家安定或动乱的原因。人的欲望并非在可以得到时才产生，但追求满足欲望的人却总是认为可能得到而争取。人的欲望并非在可以得到时才产生，这是出于人的本性；追求欲望的人，总是从他认为合适的情况下出发去努力，这是受到了内心的支配。人天生的欲望是单纯的，受到内心多方面的种种顾虑的节制，这自然无法再和原来天生的单纯欲望相类比了。人生存的欲望非常强烈，憎恶死亡的心情也非常强烈。然而人们有希求生存而遭到死亡的，这并非因为他不愿意活着而愿意死，而是认为不能偷生而应该去死。因此有时欲望非常强烈，但是没有完全这样去做，这是因为心阻止了这种欲望。内心认为是符合道理的，那么欲望即使很多，对于国家的安定又有什么伤害！有时欲望不强烈，但行动超越了界线，这是由于内心的指使。如果内心认为有违理性，那么即使欲望不强烈，又怎么能制止国家的混乱呢！因此，国家的安定与否取决于内心所认可的是否合乎道理，

而不在于人的欲望的多少。不去探求国家治乱的根源，却从没关系的地方寻找原因，虽然自以为找到了根源，其实并没有。

本性，是天然造就的；情感，是本性的实际内容；欲望，是情感对外界事物的反应。认为想要的东西可以得到而去追求它，这是情感不能避免的现象；认为可行而去实行它，这是智慧必定会作出的打算。因此即使是卑贱的看门人，欲望也不可能去掉，因为这是人的本性中所固有的。即使是高贵的天子，欲望也不可能全部满足。欲望虽然不可能全部得到满足，却可以接近于全部满足；欲望虽然不可能去掉，但对满足欲望的追求却是可以节制的。欲望虽然不可能全部得到满足，追求的人还是能接近于全部满足的；欲望虽然不可能去掉，但追求的东西不能得到，用心思考的人就会打算节制自己的追求。正道是这样的：进则可以接近于完全满足自己的欲望，退则可以节制自己的追求，这是天下最好的原则了。

只要是人，没有不依从自己所认可的，而抛弃自己所不认可的。知道没有什么及得上正道却又不依从正道的，这种人是没有的。倘若有人想往南方走，不管路途多么遥远他都会去；如果他不想去北方，不管路途多么近他也不会去。难道那个人会因为南方路途遥远，就会掉转方向而往北走吗？对于人们想要得到的东西，他们是不会嫌多的；而所厌恶的东西，他们是一点也不想要的。难道因为想得到的不可能全部得到满足，就放弃欲望的追求，而去追求本来就很厌恶的东西吗？因此，欲望合乎道而依从它，如果是这样，那么还能用什么来损害它而导致国家混乱呢！欲望不合乎道而抛弃它，如果是这样，还能用什么来增益它而使国家安定呢！因此，明智的人根据正道来行事，而各家异说的愿望就都衰亡了。

大凡人想要求得某件东西，所想的未必都能得到；而他不喜欢的，也未必都会离开他。因此，人的行动不能没有衡量的准则。就好像称东西，倘若秤不准，那重的东西挂上后秤杆反而会仰起来，使人误以为东西很轻；而轻的东西挂上后秤杆反而会低下去，使人误以为东西很重，这是人对轻重产生迷惑的原因。同样，如果衡量人行为的准则不准确，那么灾祸就已经蕴含在他所希望的事情中，人却误以为是福；福气已经蕴藏在他所厌恶的事情中了，人却以为是祸，这是人对灾祸产生迷惑的原因。道，是古今衡量事物的正确标准，离开道而自己任意选择，就是不知道祸福存在于什么地方了。

交换如果是用一个换一个，人们说没有得到也没有失去；如果用一个换两个，人们说没有损失而有得到；如果用两个换一个，人们说没有得到而有损失。会计算的人择取多的东西，会谋划的人依从他所认可的。用两个换一个，没有人愿意做，是因为人们明白它们的数量。依从道去行动，就像用一个换两个，哪会有损失？离开道而由内心去选择，这就像用两个换一个，哪里得到了什么呢？积累百年的欲望，只能换取暂时的满足，然而还是去做，这是因为他不懂得其中的得失利害。

我又试探着深入地观察那些隐蔽而又难以看清楚的情况：心里轻视道义而又不看重物质利益的，这种人是没有的；外看重物质利益而内心不忧虑的，这种人是没有的。行为违背道义而在外又不危险的，这种人是没有的；外经危险而内心不恐惧的，这种人是没有的。心里忧虑恐惧，那么嘴里衔着牛羊猪狗等肉食也尝不出滋味，耳朵听着钟鼓奏出的音乐也感觉不到悦耳，眼睛看着锦绣的花纹也不知道美丽，穿着轻软暖和的衣服坐在竹席上身体也感觉不到舒适。因此享受万物中最好的东西而不能满足，即使得到短暂时间的满足，那还是不能脱离忧虑恐惧。因此享受万物中最好的东西却忧虑忡忡，占有了万物的利益却仍然十分有害。像这样的人，他追求物质利益，是保养生命，还是出卖寿命呢？想要满足自己的欲望却放纵自己的情欲，想要保养自己的性命却危害自己的身体，想要培养自己的乐趣却侵害自己的心灵，想要护养自己的名声却胡作非为。像这样的人，即使被封为诸侯而称为国君，和盗贼也没有什么区别；即使坐着高级的马车，戴着大官的礼帽，与没有脚的人也没有什么区别。这就叫作使自己被物质利益所奴役了。

人的心情愉快，即使颜色不如平常鲜艳，也可以用来调养双目；即使声音不如平常悦耳，也可以保养双耳；即使粗饭、菜羹，也可以用来调养口胃；即使粗布衣服、粗麻编制的鞋子，也可以满足身体的需要；即使狭窄的房间、芦苇做的帘子、芦苇稻草做的草垫子、破旧的几桌竹席，也可以用来保养形体。因此，虽然没有享受到万物的美

妙，却能够培养自己快乐的心情；没有权势官爵地位，却可以培养自己的名声。像这样，把天下交给他治理，必然为天下的人谋利多，而为自己谋利少。这样就可以叫作看重自己而役使万物。

没有根据的言论，没有见过的行为，没有听说过的谋略，君子要慎重地对待。

性恶

【原典】

人之性恶，其善者伪也。今人之性，生而有好利焉，顺是，故争夺生而辞让亡焉；生而有疾恶焉，顺是，故残贼生而忠信亡焉；生而有耳目之欲，有好声色焉，顺是，故淫乱生而礼义文理亡焉。然则从人之性，顺人之情，必出于争夺，合于犯分乱理而归于暴。故必将有师法之化、礼义之道，然后出于辞让，合于文理而归于治。用此观之，人之性恶明矣，其善者伪也。

故枸（gōu）木必将待檃栝（yǐn kuò）、烝矫然后直；钝金必将待砻厉然后利[①]。今人之性恶，必将待师法然后正，得礼义然后治。今人无师法，则偏险而不正；无礼义，则悖乱而不治。古者圣王以人之性恶，以为偏险而不正，悖乱而不治，是以为之起礼义、制法度，以矫饰人之情性而正之，以扰化人之情性而导之也，使皆出于治，合

于道者也。今之人，化师法，积文学，道礼义者为君子；纵性情、安恣睢②，而违礼义者为小人。用此观之，然则人之性恶明矣，其善者伪也。

孟子曰："人之学者，其性善。"

曰：是不然。是不及知人之性，而不察乎人之性伪之分者也。凡性者，天之就也，不可学，不可事。礼义者，圣人之所生也，人之所学而能、所事而成者也。不可学、不可事而在人者，谓之性；可学而能、可事而成之在人者，谓之伪。是性伪之分也。今人之性，目可以见，耳可以听；夫可以见之明不离目，可以听之聪不离耳，目明而耳聪，不可学明矣。

孟子曰："今人之性善，

将皆失丧其性，故也。”

曰：若是，则过矣。今人之性，生而离其朴，离其资，必失而丧之。用此观之，然则人之性恶明矣。所谓性善者，不离其朴而美之，不离其资而利之也。使夫资朴之于美，心意之于善，若夫可以见之明不离目，可以听之聪不离耳，故曰目明而耳聪也。今人之性，饥而欲饱，寒而欲暖，劳而欲休，此人之情性也。今人饥，见长而不敢先食者，将有所让也；劳而不敢求息者，将有所代也。夫子之让乎父，弟之让乎兄，子之代乎父，弟之代乎兄，此二行者，皆反于性而悖于情也；然而孝子之道，礼义之文理也。故顺情性则不辞让矣，辞让则悖于情性矣。用此观之，然则人之性恶明矣，其善者伪也。

问者曰：“人之性恶，则礼义恶生？”

应之曰：凡礼义者，是生于圣人之伪，非故生于人之性也。故陶人埏埴而为器，然则器生于工人之伪，非故生于人之性也。故工人斲木而成器，然则器生于工人之伪，非故生于人之性也。圣人积思虑，习伪故，以生礼义而起法度，然则礼义法度者，是生于圣人之伪，非故生于人之性也。若夫目好色，耳好声，口好味，心好利，骨体肤理好愉佚，是皆生于人之情性者也；感而自然，不待事而后生之者也。夫感而不能然，必且待事而后然者，谓之生于伪。是性、伪之所生，其不同之征也。

故圣人化性而起伪，伪起而生礼义，礼义生而制法度。然则礼义法度者，是圣人之所生也。故圣人之所以同于众其不异于众者，性也；所以异而过众者，伪也。夫好利而欲得者，此人之情性也。假之人有弟兄资财而分者，且顺情性，好利而欲得，若是，则兄弟相拂夺矣[3]；且化礼义之文理，若是，则让乎国人矣。故顺情性则弟兄争矣，化礼

义则让乎国人矣。

凡人之欲为善者，为性恶也。夫薄愿厚，恶愿美，狭愿广，贫愿富，贱愿贵，苟无之中者，必求于外；故富而不愿财，贵而不愿势，苟有之中者，必不及于外。用此观之，人之欲为善者，为性恶也。今人之性，固无礼义，故强学而求有之也；性不知礼义，故思虑而求知之也。然则性而已，则人无礼义，不知礼义。人无礼义则乱，不知礼义则悖。然则性而已，则悖乱在已。用此观之，人之性恶明矣，其善者伪也。

孟子曰："人之性善。"

曰：是不然。凡古今天下之所谓善者，正理平治也；所谓恶者，偏险悖乱也：是善恶之分也已。今诚以人之性固正理平治邪？则有恶用圣王，恶用礼义矣哉？虽有圣王礼义，将曷加于正理平治

也哉？今不然，人之性恶。故古者圣人以人之性恶，以为偏险而不正，悖乱而不治，故为之立君上之势以临之，明礼义以化之，起法正以治之，重刑罚以禁之，使天下皆出于治，合于善也。是圣王之治而礼义之化也。今当试去君上之势，无礼义之化，去法正之治，无刑罚之禁，倚而观天下民人之相与也。若是，则夫强者害弱而夺之，众者暴寡而哗之，天下之悖乱而相亡，不待顷矣。用此观之，然则人之性恶明矣，其善者伪也。

故善言古者，必有节于今；善言天者，必有征于人。凡论者，贵其有辨合、有符验，故坐而言之，起而可设，张而可施行。今孟子曰："人之性善"，无辨合符验，坐而言之，起而不可设，张而不可施行，岂不过甚矣哉！故性善则去圣王，息礼义矣；性恶则与圣王，贵礼义矣。故檃栝之生，为枸木也；绳墨之起，为不直也；立君上，明礼义，为性恶也。用此观之，然则人之性恶明矣，其善者伪也。

直木不待檃栝而直者，其性直也；枸木必将待檃栝烝矫然后直者，以其性不直也。今人之性恶，必将待圣王之治，礼义之化，然后皆出于治、合于善也。用此观之，人之性恶明矣，其善者伪也。

问者曰："礼义积伪者，是人之性，故圣人能生之也。"

应之曰：是不然。夫陶人埏埴而生瓦[④]，然则瓦埴岂陶人之性也哉？工人斲木而生器，然则器木岂工人之性也哉？夫圣人之于礼义也，辟则陶埏而生之也，然则礼义积伪者，岂人之本性也哉？凡人之性者，尧、舜之与桀、跖，其性一也；君子之与小人，其性一也。今将以礼义积伪为人之性邪？然则有曷贵尧、禹，曷贵君子矣哉？凡贵尧、禹、君子者，能化性，能起伪，伪起而生礼义。然则圣人之于礼义积伪也，亦犹陶埏而生之也。用此观之，然则礼义积伪者，岂人之性也哉？所贱于桀、跖、小人者，从其性，顺其情，安恣睢，以出乎贪利争夺。故人之性恶明矣，其善者伪也。天非私曾、骞、孝己而外众人也⑤，然而曾、骞、孝己独厚于孝之实而全于孝之名者，何也？以綦于礼义故也。天非私齐、鲁之民而外秦人也，然而于父子之义、夫妇之别，不如齐、鲁之孝具敬文者，何也？以秦人之从情性，安恣睢，慢于礼义故也，岂其性异矣哉？

“涂之人可以为禹”，曷谓也？

曰：凡禹之所以为禹者，以其为仁义法正也。然则仁义法正有可知可能之理。然而涂之人也，皆有可以知仁义法正之质，皆有可以能仁义法正之具，然则其可以为禹明矣。今以仁义法正为固无可知可能之理邪？

然则唯禹不知仁义法正，不能仁义法正也。将使涂之人固无可以知仁义法正之质，而固无可以能仁义法正之具邪？然则涂之人也，且内不可以知父子之义，外不可以知君臣之正。不然。今涂之人者，皆内可以知父子之义，外可以知君臣之正，然则其可以知之质，可以能之具，其在涂之人明矣。今使涂之人者，以其可以知之质，可以能之具，本夫仁义法正之可知可能之理，可能之具，然则其可以为禹明矣。今使涂之人伏术为学，专心一志，思索孰察，加日县久，积善而不息，则通于神明，参于天地矣。故圣人者，人之所积而致矣。

曰："圣可积而致，然而皆不可积，何也？"

曰：可以而不可使也。故小人可以为君子，而不肯为君子；君子可以为小人，而不肯为小人。小人、君子者，未尝不可以相为也，然而不相为者，可以而不可使也。故涂之人可以为禹，则然；涂之人能为禹，未必然也。虽不能为禹，无害可以为禹。足可以遍行天下，然而未尝有能遍行天下者也。夫工匠、农、贾，未尝不可以相为事也，然而未尝能相为事也。用此观之，然则可以为，未必能也；虽不能，无害可以为。然则能不能之与可不可，其不同远矣，其不可以相为明矣。

尧问于舜曰："人情何如？"舜对曰："人情甚不美，又何问焉？妻子具而孝衰于亲，嗜欲得而信衰于友，爵禄盈而忠衰于君。人之情乎！人之情乎！甚不美，又何问焉？"

唯贤者为不然。有圣人之知者，有士君子之知者，有小人之知者，有役夫之知者。多言则文而类，终日议其所以，言之千举万变，其统类一也，是圣人之知也。少言则径而省，论而法，若佚之以绳，是士君子之知也。其言也謟，其行也悖，其举事多悔：是小人之知也。齐

给便敏而无类，杂能旁魄而无用，析速粹孰而不急，不恤是非，不论曲直，以期胜人为意，是役夫之知也。

有上勇者，有中勇者，有下勇者。天下有中，敢直其身；先王有道，敢行其意；上不循于乱世之君，下不俗于乱世之民；仁之所在无贫穷，仁之所亡无富贵；天下知之，则欲与天下同苦乐之；天下不知之，则傀然独立天地之间而不畏，是上勇也。礼恭而意俭，大齐信焉而轻货财，贤者敢推而尚之，不肖者敢援而废之，是中勇也。轻身而重货，恬祸而广解苟免，不恤是非、然不然之情，以期胜人为意，是下勇也。

繁弱、钜黍，古之良弓也；然而不得排檠（qíng）则不能自正。桓公之葱，太公之阙，文王之录，庄君之曶，阖闾之干将、莫邪、钜阙、辟闾，此皆古之良剑也；然而不加砥厉则不能利，不得人力则不能断。骅骝、骐（qí）骥、纤离、

绿（lù）耳，此皆古之良马也；然而必前有衔辔之制，后有鞭策之威，加之以造父之驭，然后一日而致千里也。夫人虽有性质美而心辩知，必将求贤师而事之，择良友而友之。得贤师而事之，则所闻者尧、舜、禹、汤之道也；得良友而友之，则所见者忠信敬让之行也。身日进于仁义而不自知也者，靡使然也[6]。今与不善人处，则所闻者欺诬、诈伪也，所见者污漫、淫邪、贪利之行也。身且加于刑戮而不自知者，靡使然也。传曰："不知其子视其友，不知其君视其左右。"靡而已矣！靡而已矣！

【注释】

①砻（lóng）厉：磨的意思。

②恣睢（suī）：任意放纵。

③拂：违戾。

④埏（shān）埴：调和黏土制做陶器。

⑤曾：指曾参。骞：指闵子骞。他们均为孔子的弟子，位列七十二贤。

⑥靡：观摩。

【译文】

人的本性是恶的，善良的行为是人为的。现在人的本性，生下来就有喜好利益之心，顺着这种本性，人与人之间就要发生争夺，也就不再讲求谦让了；生下来就有嫉妒憎恨之心，顺着这种本性，所以残杀陷害的行为就会产生，而忠诚信实就丧失了；生下来就有耳朵、眼睛的欲望，又爱好音乐、美色，顺着这种本性，就会发生淫乱的事情，礼仪制度和道德规范就都丧失了。那么放纵人的本性，顺从人的感情，就一定产生争夺，出现违背等级名分、扰乱礼仪制度的事情而导致暴乱。因此必定要有老师、法度的教化，礼义的引导，然后从谦让出发，行为合乎礼法，从而使社会安定。由此看来，人的本性是恶的就很明显了，那些善良行为是人为的。

所以弯曲的木料一定要依靠整形器进行熏蒸、矫正，然后才能挺直；不锋利的金属器具一定要依靠磨砺，然后才能锋利。人的本性邪恶，一定要依靠老师和法度的教化才能端正，要得到礼义的引导才能治理好。现在的人们没有老师和法度，就会偏邪阴险而不端正；没有礼义，就会叛逆作乱而不守秩序。古代圣明的君王认为人的本性是邪恶的，认为人是偏邪阴险而不端正，叛逆作乱而不守秩序的，因此给他们建立了礼义，制定了法度，用来强制整治人们的性情而端正他们，用来教化人们的情性而加以引导，使他们都能从遵守秩序出发、合乎正确的道德原则。现在的人，得到老师和法度的教化，积累文献经典方面的知识、遵行礼义的，就是君子；纵情任性、任意胡作非为而违反礼义的，就是小人。由此看来，人的本性是邪恶的就很明显了，他们那些善良的行为则是人为的。

孟子说："人之所以学习，是因为人本性是善的。"这种说法是错

误的！这是因为不曾懂得人性，而且不了解本性和人为之间的区别。所谓本性，就是天生的东西，是学习不来的，也不是经过努力从事而做成的；而礼义，则是圣人制定出的，可以通过学习而得到，可以通过努力从事而做成。不可以学习，不可以经过努力而做成，而是先天自然生成的，叫做本性。可以学习、可以通过人为努力而做到，取决于人自己的，叫做人为，这就是天性和人为的区分。

现在人的本性，眼睛可以用来看，耳朵可以用来听。看得清楚离不开眼睛，听得明白声音离不开耳朵。因此，眼睛的视力和耳朵的听力不可能学到是很清楚的了。孟子说："人的本性是善良的，他们作恶只是由于丧失了本性的缘故。"回答是：像这样来解释就错了。如果人的本性生下来就脱离了它固有的自然素质，那就一定要丧失本性。由此看来，那么人的本性是恶的就很清楚了。所以说资质的美和心意的善良，就像视觉清晰离不开眼睛，听觉清楚离不开耳朵一样。如果人的本性生来就脱离他的素质，一定会丧失它的美和善，由此看来，人性本恶就是很明显的了。

现在人的本性，饿了就想吃饱，冷了就想暖和，累了就想休息，这是人的性情。现在的人如果饿了，看到长辈就不敢先吃，要有所谦让；累了不敢要求休息，要为长辈代劳。儿子对父亲谦让，弟弟对哥哥谦让；儿子代替父亲劳作，弟弟代替哥哥劳作，这两种行为，都是违反人的本性而背离性情的；然而这是孝子的原则，礼义的制度。所以依从人的情欲和本性就不会有谦让了，有了谦让就违背了人的情感本性了。由此看来，人的本性是恶的就明显了，善良的行为是人为的。

问的人说："人性既然是恶的，那么礼义是从哪里产生的？"回答说：产生于圣人的后天努力，而不是产生于人的本性。陶器工人用水

和黏土制作出陶器，那么陶器就产生于陶人之造作，而不是陶器工人的本性。工匠削木为器，那么木器就产生于工匠的造作，而不是木匠的本性。圣人积累思考，熟悉社会情况，从而产生了礼义，建立了法度。由此可见，礼义和法度都是圣人后天人为努力的结果，而不是产生于圣人的本性。像眼睛喜欢美色，耳朵喜欢美声，嘴巴喜欢美味，心喜欢利益，身体喜欢安逸，这些全都是出于人的天性和常情，是一有感觉就自然形成的，不是依赖后天学习而产生的。那些并不由感觉生成，必须靠后天人为努力然后才能这样，就称之为产生于人为。因此本性、人为的产生，特点是不一样的。因此圣人改变了邪恶的本性而做出努力，努力的结果就产生了礼义，产生了礼义就制定了法度。所以礼义、法度就是圣人的创造。所以圣人与一般人相同，但没有超过众人的就是本性；与一般人不同，并超过普通人的地方就是人为。贪利而想得到，这是人之常情和本性。假如有弟兄二人分财产，如果顺着人的天性，贪利而想得到，那么兄弟就会互相争夺；如果用文明礼义教化了他们，那他们就是对一般人也会相让。所以顺着人的本性就会兄弟相争，接受礼义规范的教化就会相互推让。

一般来说人想为善，就是因为本性是恶的。浅薄的希望变得丰厚，丑恶的希望变得美丽，狭隘的希望变得宽大，贫穷的希望变得富足，卑贱的希望变得高贵，如果本身没有它，一定向外寻求；因此，富足的不再羡慕钱财，高贵的不再羡慕权势，如果本身有了它，当然不必再向外寻求了。由此看来，人想为善，是因为本性是恶的。现今人的本性本来没有礼义的内容，因此就要努力学习来掌握它；人的本性不懂得礼义，所以认真思索而力求了解它。这样，如果只有本性，人就不会有礼义，也不会懂得礼义。没有礼义秩序紊乱，不懂得礼义就要违背事理。所以，如果人只有本性，悖乱就存在人性之中了。由此可见，人的本性是恶的就明显了，那些善良的行为是人为的。

孟子说："人的本性是善良的。"回答说：这种说法是错误的！凡是从古到今普天之下所谓的善良，是指端正顺理，合乎礼义，遵守社会秩序；所谓的恶，是指偏邪险恶、悖逆作乱、违背社会秩序的。这就是善良和邪恶的区别所在。如果真以为人的本性就是合乎礼义法度，遵守社会秩序的，那么又哪里用得着圣明的帝王，哪里用得着礼义了呢？即使有圣王和礼义，还要在合乎礼义法度、遵守社会秩序上增加什么呢？其实并非如此，人的本性是恶的。因此，古时的圣人因为人的本性是恶的，认为偏邪险恶不端正，悖逆作乱而不守秩序，所以建立君主的权势来统治他们，彰明礼义来教化他们，兴起法度来管理他们，加重刑罚来限制他们，使天下全都达到安定而有秩序，合乎善良。这就是圣王的治理与礼义的教化。如果抛掉君主的权势，而不

用礼义的教化，舍弃法制的治理，而不用刑罚禁止违法乱纪，就此观察天下人民的之间的关系。那些强大的就会侵害弱小的而掠夺他们，人多的就会欺凌人少的而压制他们，不久天下的人就会发生悖乱而互相残害。由此看来，那么人的本性是邪恶的就很明显了，那些善良的行为是人为的。

善于谈论古代的人，一定能在当今得到验证，善于谈论天道的人，一定能在人间得到验证。大凡建言立说，重要的是要有证明、有根据。所以坐而论道，站起来就应该能够张设，推广起来就可以实行。现在孟子说："人的本性是善良的。"却得不到任何验证，坐而空谈，站起来却不能够布置安

排，推广起来也不可以实行，岂不是错得太厉害了！因此，倘若认为人性本来是善良的，那就是不需要圣王、不要礼义；倘若认为人性本来是邪恶的，那就是赞成圣王、推崇礼义。所以檃栝的产生，是因为有曲木；绳墨的发明，是因为有弯曲的木料；设立君主，明确礼义，是因为人性是恶的。由此看来，人性本来是邪恶的，这一道理已经很明显了，那些善良的行为是人为的。

挺直的木头不用矫正工具就自然挺直，这是它的本性挺直。弯曲的木材一定要用矫正工具矫正才会挺直，这是因为它本性弯曲。人的本性恶劣，必定要依靠圣王的治理，礼义的教化，然后才能达到社会安定，合乎善良的标准。所以，人性本恶的道理已经很清楚了，那些善良的行为是人为的。

有人问："礼义是人为积累而成的，是人的本性，所以圣人能制定出礼义。"回答说：这种说法是错误的。制作陶器的人调和黏土而制成瓦器，那么，难道制瓦就是陶匠的本性吗？工匠砍削木头而加工成器具，那么，难道木材加工成的器具是工匠的本性吗？圣人对于礼义，与陶器工人调和黏土而制成瓦器是同一个道理，那么，人为积累而制定出礼义，难道是人的本性吗？即使贤明如同尧、舜，残暴如同桀、跖，他们的本性是一样的。有道德的君子和无行的小人，他们的本性是一样的。如果把积累人为形成的礼义视为人的本性，那么又为何尊重尧、禹，为何尊重君子呢？人们之所以尊重尧、禹、君子，是因为他们能改变人的本性，能做出人为的努力，人为的努力做出后而礼义就产生了。因此，圣人对于人为积累而创造出礼义，与陶器工人调和黏土而制成瓦器是同一个道理。由此可见，人为积累而创造出礼义，难道这是人的本性吗？人们之所以鄙视桀、跖、小人，是因为他

们放纵本性，顺着性情，任意妄为，贪图私利，争夺权势。所以人的本性是恶的就明显了，善良的行为是人为的。

上天并不是偏爱曾参、闵子骞、孝己这些人，而看不起其他人，然而曾参、闵子骞和孝己独独注重孝道之实而成全了孝道的名声，这是什么原因呢？这是因为他们尽力奉行礼义的缘故啊。上天也并不偏爱齐国、鲁国的百姓而嫌弃秦国人，但是父子之间的礼义，夫妇之间的分别，秦国人不如齐、鲁两国人恭敬有礼，这是什么原因呢？因为秦国人纵情任性，胡作非为，轻慢礼义，这难道是他们的本性有差别吗？

“普通人也可以成为禹那样的人。”为什么这么说呢？回答说：禹之所以为禹，是因为他能实行仁义法度的缘故。由此看来，仁义法度就有可以知道、可以做到的道理。然而一般人都具有的素质，也有可以做到仁义法度的条件，所以普通人可以成为禹那样的人也就很明显了。现在如果以仁义法度为根本不可知不可做之理，那么即使是大禹也会不知仁义法制，做不

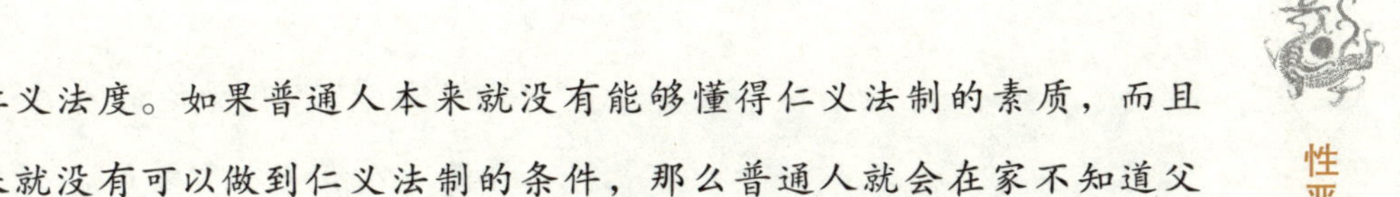

到仁义法度。如果普通人本来就没有能够懂得仁义法制的素质，而且本来就没有可以做到仁义法制的条件，那么普通人就会在家不知道父子之义，在外不知道君臣的规矩。但事实并不是这样的。现在的普通人在家都知道父子之义，在外都知道君臣的规矩，既然如此，他可以懂得仁义法制的素质，可以做到仁义法制的条件是显而易见的了。现在让这些普通人用其知道仁义法度的材质，以及能够做到仁义法度的条件，本着仁义法度可知可做的道理去做，那么他们可以成为禹也就很明显的了。如果让普通人掌握道术的方法，努力学习，专心致志，认真思索，仔细考察，日积月累，积累善行而不停息，就会达到神明的境界，与天地相参。因此，普通人积累仁义法制就可以成为圣人。

有人说："积累善行可以成为圣人，但不是所有的人都能这样，这是什么原因呢?"回答说：可以做到，却不可强使他们做到。小人可以成为君子而不肯做君子，君子可以成为小人而不肯做小人。小人和君子，未尝不可以相互对换，然而他们之所以没有相互对换，是因为可以做到却不可强使他们做到啊。因此，普通人可以成为禹那样的人，那是对的；但普通人都能成为禹那样的人，就不一定对了。虽然没有能成为禹，但并不妨碍可以成为禹。脚可以走遍天下，但未必有能走遍天下的人。工匠、农夫、商人，未尝不可以相互对换为业，然而他们并不曾交换过。由此看来，可以做到，而未必能够这样做；即使不能做到，也不妨碍可以做到。那么，能够不能够与可以不可以，它们的差别是很大的了，它们之间不能等同看待，道理是很明显的了。

尧问舜："人情怎么样?"舜答道："人情很不好，又何必问呢?有了妻子，就不大孝敬父母了，欲望满足了，就不大讲诚信了，取得高官厚禄了，就不怎么忠于君主，人情呀！人情呀！很不美好，又何

必问呢？”只有贤德的人才不这样做。人有圣人智慧的，有士君子智慧的，有小人智慧的，有劳役者的智慧的。说起话来旁征博引，千变万化，但纲领始终如一，这就是圣人的智慧；话说得少，却直截了当，有条理而有法度，就如同用绳墨比着一样，这是士君子的智慧；说话滔滔不绝，他的行为却悖乱无理，这是小人的智慧。能说会道、行为敏捷而不合法度，技能博杂，却无所用，分析问题迅速而无关紧要，不顾是非曲直，总希望能胜过别人，这是劳役者的智慧。

有上等的勇敢，有中等的勇敢，有下等的勇敢。天下有正道，敢于挺身而出；先王有正道，敢于去贯彻执行；对上不顺从混乱时代的君主，对下不混同于混乱时代的人民；仁义道德所在之处就无所谓贫穷，仁义道德不在的地方就无所谓富贵；天下人了解自己，就与天下人同甘苦共患难；天下人不了解自己，就巍然独立于天地之间而无所畏惧，这是上等的勇敢。礼貌恭顺而心意谦逊，注重信用而轻视货财，对于贤人敢于推荐他处在上位，对于不贤的人敢于拉下来将其罢免，这是中等的勇敢。轻视生命而重视货财，习惯于闯祸而又多方解脱，苟且豁免，逃避罪责，不顾是非、正误的实际情况，把希望胜过别人作为目的，这是下等的勇敢。

繁弱、巨黍，是古代的良弓，然而如果没有矫正工具的矫正就不能变正。齐桓公的葱，姜太公的阙，周文王的录，楚庄王的曶，阖闾的干将、莫邪、巨阙、辟闾，这些都是古代的良剑，然而不砥砺就不会锋利，不借助于人力的加工，就不能斩断东西。骅骝、騹骥、纤离、绿耳，这都是古代的良马，但是一定要前面加上辔头制约它，后有鞭策的威慑，还要有造父那样能手驾驭，然后才能日行千里。人即使具有良好的资质，又有较好的辨别能力，也一定要跟随明师学习，结交好的朋友。跟随明师学习，那么所听到的都是尧、舜、禹、汤之道；结交好的朋友，那么所见到的都是忠、信、敬、让的行为。自己在潜移默化种进入仁义的境界，这都是环境的力量造成的。现在与不善的人相处，所听见的都是欺骗奸诈，所看见的都是肮脏、淫邪、贪利的行为，自己都要遭到刑杀了却还不自知，这都是环境的力量造成的。古书上说：“不了解一个人的儿子，看看他儿子的朋友就清楚了；不了解他的君主，看看君主身边的人就知道了。”说的就是潜移默化的影响啊。

君子

【原典】

天子无妻[1]，告人无匹也。四海之内无客礼，告无适也。足能行，待相者然后进[2]；口能言，待官人然后诏。不视而见，不听而聪，不言而信，不虑而知，不动而功，告至备也。天子也者，势至重，形至佚，心至愈[3]，志无所诎，形无所劳，尊无上矣。《诗》曰："普天之下，莫非王土；率土之滨，莫非王臣。"此之谓也。

圣王在上，分义行乎下，则士大夫无流淫之行，百吏官人无怠慢之事，众庶百姓无奸怪之俗，无盗贼之罪，莫敢犯上之大禁，天下晓然皆知夫盗窃之不可以为富也，皆知夫贼害之不可以为寿也，皆知夫犯上之禁不可以为安也。由其道，则人得其所好焉；不由其道，则必遇其所恶焉。

是故刑罚綦省而威行如流。世晓然皆知夫为奸则虽隐窜逃亡之由不足以免也，故莫不服罪而请。《书》云：“凡人自得罪。”此之谓也。

故刑当罪则威，不当罪则侮；爵当贤则贵，不当贤则贱。古者刑不过罪，爵不逾德，故杀其父而臣其子，杀其兄而臣其弟。刑罚不怒罪，爵赏不逾德，分然各以其诚通。是以为善者劝，为不善者沮，刑罚綦省而威行如流，政令致明而化易如神。传曰：“一人有庆，兆民赖之。”此之谓也。

乱世则不然：刑罚怒罪，爵赏逾德，以族论罪，以世举贤。故一人有罪而三族皆夷，德虽如舜，不免刑均，是以族论罪也。先祖当贤，后子孙必显，行虽如桀、纣，列从必尊，此以世举贤也。以族论罪，以世举贤，虽欲无乱，得乎哉？《诗》曰：“百川沸腾，山冢崒（cuì）崩，高岸为谷，深谷为陵。哀今之人，胡憯（cǎn）莫惩！”此之谓也。论法圣王，则知所贵矣；以义制事，则知所利矣。论知所贵，则知所养矣；事知所利，则动知所出矣。二者，是非之本，得失之原也。故成王之于周公也，无所往而不听，知所贵也。桓公之于管仲也，国事无所往而不用，知所利也。吴有伍子胥而不能用，国至于亡，倍道失贤也。故尊圣者王，贵贤者霸，敬贤者存，慢贤者亡，古今一也。故尚贤使能，等贵贱，分亲疏，序长幼，此先王之道也。故尚贤使能，则主尊下安；贵贱有等，则令行而不流；亲疏有分，则施行而不悖；长幼有序，则事业捷成而有所休。故仁者，仁此者也；义者，分此者也；节者，死生此者也；忠者，惇慎此者也。兼此而能之，备矣。备而不矜，一自善也，谓之圣。不矜矣，夫故天下不与争能而致善用其功。有而不有也，夫故为天下贵矣。《诗》曰：“淑人君子，其仪不忒；其仪不忒，正是四国。”此之谓也。

【注释】

①妻：齐。天子无妻：意谓天子尊贵无比、独一无二，无人能够与其齐等。

②相者：指左右扶助的人。

③愈：通“愉”。

【译文】

天子尊贵无比，独一无二，是说别人没有和他地位相等的。四海之内没有人用接待客人的礼节接待他，是说天子没有外出做客的情况。天子脚能走路，但要依靠礼官才能向前走；嘴能说话，但要依靠传达命令的官吏才下达命令。天子不用亲自去看就看得见，不用亲自去听就听得见，不用亲自去说就能取信于民，不用亲自思考就能理解，不用亲自动手就有功效，是说天子的官员非常完备。天子，权势最重，形体最安逸，心境极其愉快，意志没有屈服，身体没有劳累，尊贵的地位是无以复加的了。《诗经》中说：“整个天下，无处不是天子的土地；从陆地到海滨，无人不是天子的臣民。”说的就是这个意思。

圣明的帝王在上，名分、道义在民众中推行，那么士大夫就没有放肆过分的行为，各级官吏就不会有懈怠傲慢的事情，普通

百姓没有奸邪怪诞的习俗，就不会有偷盗的罪行，就没有人敢触犯君主的禁令。天下的人都明明白白地知道：盗窃是不可能发家致富的，抢劫杀人是不可能获得长寿的，触犯君主的禁令是不可能得到安宁的。遵循圣王的正道，那么人们就可以得到他所喜欢的；不遵循圣王的正道，那么必定遭遇他所厌恶的惩罚。这样，刑罚很简略，而君上的威力却像流水一样的通行，无处不在。社会上都清楚地知道那些为奸作乱的即使隐藏逃跑也不能免除惩罚，所以没有不伏法认罪而请求惩处的。《尚书》说：“所有的罪罚都是自取的。”说的就是这个意思。

因此，罪罚相当就有威力，罪罚不当就会受到轻视；德才相当就会受人尊重，德才不当就会被人看不起。古代刑罚不超过犯人的罪行，官爵不超过德行，所以杀了父亲而任用儿子，杀了哥哥而任用弟弟。刑律的处罚不超过犯人的罪行，官爵的奖赏不超过德行，分明地各自按照实际情况来贯彻执行。因此做好事的人受到鼓励，做坏事的人得到指责；刑罚极少用而威力无处不在，政策法令极明确而教化四方。古书上说：“天子有了美好的德行，亿万人民都倚仗他。”说的就是这种情况。

混乱的世道就不是这样：刑罚超过罪行，官爵的奖赏超过了德行，按照宗族来论处罪行，根据世系来举用贤人。因此一个人有罪就诛灭父、母、妻三族，即使德行如同舜一样美好，也不免受到同样的刑罚，这是按照宗族来论处罪行。先祖曾经贤德，后世子孙必定显达，即使行为如同夏桀、商纣一样恶劣，地位必然尊贵，这是根据世系来举用贤人。按照宗族来论处罪行，根据世系来举用贤人，即使想没有祸乱，可能吗？《诗经》中说：“江河沸腾，高山崩溃，高高的山崖变成山谷，深深的山谷变成山陵。哀叹当今的执政者啊，为什么还不警醒！”

说的就是这种情况啊。

议论效法圣王，就知道什么人是应该尊重的了；用道义来处理政事，就知道什么是有利的。议论时知道所要尊重的人，就会懂得应当吸取些什么了；处理政事时知道什么是有利的，那么行动时就会懂得应该从什么地方开始了。这两方面，是正确与错误的根本，是成功与失败的根源。因此周成王对于周公，没有什么地方不听从，是因为他懂得了什么人是应该尊重的。桓公对于管仲，处理国家大事没有什么地方不任用他，是因为他懂得了什么是有利的。吴国有伍子胥而不能任用，导致国破家亡，是背离正道而失去了贤人的缘故啊。因此使圣人尊贵的君主能称王天下，使贤人尊贵的君主能称霸诸侯，礼敬贤人的就存在，怠慢贤人的灭亡，从古到今都是一样的。因此崇尚贤能、使用能人，贵贱有等级，区分亲近的和疏远的，按照次序来安排年长的和年幼的，这就是先王的治国大道。因此崇尚贤能、使用能人，那么君主就会尊贵而臣民就会安宁；贵贱有等级，那么政令就会畅行而不停滞；亲近的和疏远的有了分别，那么恩惠就会施行而不悖事理；年长的和年幼的有了次序，那么事业就会迅速成功而有时间休息。因此，仁，就是喜爱它们；道义，就是分清它们；节操，就是为它们生、为它们死；忠诚，就是敦厚真诚地奉行它们。囊括了这仁德、道义、节操、忠诚而全能做到，德行就完备了；完备而不炫耀，一切都自然美好，就称之为圣人。不炫耀，所以天下的人就不会和他争能，因而他就能极好地利用人们的力量。有功劳而不自以为有功劳，因而受到天下人的尊重。《诗经》中说："那善良的君子，坚持道义不变更。他的道义不变更，所以能够安抚四方国家。"说的就是这种情况。

宥坐

【原典】

孔子观于鲁桓公之庙，有欹（qī）器焉[①]，孔子问于守庙者曰："此为何器？"守庙者曰："此盖为宥（yòu）坐之器。"孔子曰："吾闻宥坐之器者，虚则欹，中则正，满则覆。"孔子顾谓弟子曰："注水焉。"弟子挹（yì）水而注之。中而正，满而覆，虚而欹，孔子喟然而叹曰："吁！恶有满而不覆者哉！"子路曰："敢问持满有道乎？"孔子

曰："聪明圣知，守之以愚；功被天下，守之以让；勇力抚世，守之以怯；富有四海，守之以谦[2]。此所谓挹而损之之道也。"

孔子为鲁摄相[3]，朝七日而诛少正卯。门人进问曰："夫少正卯鲁之闻人也，夫子为政而始诛之，得无失乎，"孔子曰："居！吾语女其故。人有恶者五，而盗窃不与焉：一曰：心达而险；二曰：行辟而坚；三曰：言伪而辩；四曰：记丑而博；五曰：顺非而泽。此五者，有一于人，则不得免于君子之诛，而少正卯兼有之。故居处足以聚徒成群，言谈足以饰邪营众，强足以反是独立，此小人之桀雄也，不可不诛也。是以汤诛尹谐，文王诛潘止，周公诛管叔，太公诛华仕，管仲诛付里乙，子产诛邓析、史付，此七子

者，皆异世同心，不可不诛也。《诗》曰：‘忧心悄悄，愠于群小。’小人成群，斯足忧矣。”

孔子为鲁司寇，有父子讼者，孔子拘之，三月不别。其父请止，孔子舍之。季孙闻之，不说，曰：“是老也欺予。语予曰：‘为国家必以孝。’今杀一人以戮不孝，又舍之。”冉子以告。孔子慨然叹曰：“呜呼！上失之，下杀之，其可乎？不教其民而听其狱，杀不辜也。三军大败，不可斩也；狱犴（àn）不治，不可刑也，罪不在民故也。嫚令谨诛，贼也[④]；今生也有时，敛也无时，暴也；不教而责成功，虐也。已此三者，然后刑可即也。《书》曰：‘义刑义杀，勿庸以即，予维曰：未有顺事。’言先教也。故先王既陈之以道，上先服之；若不可，尚贤以綦之；若不可，废不能以单之；綦三年而百姓从风矣。邪民不从，然后俟之以刑，则民知罪矣。《诗》曰：‘尹氏大师，维周之氐。秉国之均，四方是维。天子是庳（pí），卑民不迷。’是以威厉而不试，刑错而不用，此之谓也。今之世则不然：乱其教，繁其刑，其民迷惑而堕焉，则从而制之，是以刑弥繁而邪不胜。三尺之岸而虚车不能登也，百仞之山任负车登焉，何则？陵迟故也[⑤]。数仞之墙而民不逾也，百仞之山而竖子冯而游焉，陵迟故也。今夫世之陵迟亦久矣，而能使民勿逾乎？《诗》曰：‘周道如砥，其直如矢。君子所履，小人所视。眷焉顾之，潸焉出涕。’岂不哀哉！”

《诗》曰：“瞻彼日月，悠悠我思。道之云远，曷云能来。”子曰：“伊稽首，不其有来乎？”

孔子观于东流之水。子贡问于孔子曰：“君子之所以见大水必观焉者，是何？”孔子曰：“夫水，遍与诸生而无为也，似德。其流也埤（pēi）下[⑥]，裾拘（jū gōu）必循其理，似义，其洸洸（huàng）乎不

淈（jué）尽[⑦]，似道。若有决行之，其应佚若声响，其赴百仞之谷不惧，似勇。主量必平，似法。盈不求概，似正。淖（chuò）约微达[⑧]，似察。以出以入，以就鲜絜，似善化。其万折也必东，似志。是故见大水必观焉。

孔子曰："吾有耻也，吾有鄙也，吾有殆也。幼不能强学，老无以教之，吾耻之。去其故乡，事君而达，卒遇故人，曾无旧言，吾鄙之。与小人处者，吾殆之也。"

孔子曰："如垤（dié）而进，吾与之；如丘而止，吾已矣。"今学曾未如肬赘（yóu zhuì），则具然欲为人师。

孔子南适楚，厄于陈、蔡之间，七日不火食，藜羹不糂（sǎn），弟子皆有饥色。子路进问之曰："由闻之：为善者天报之以福，为不善者天报之以祸，今夫子累德、积义、怀美，行之日久矣，奚居之隐也？"孔子曰：

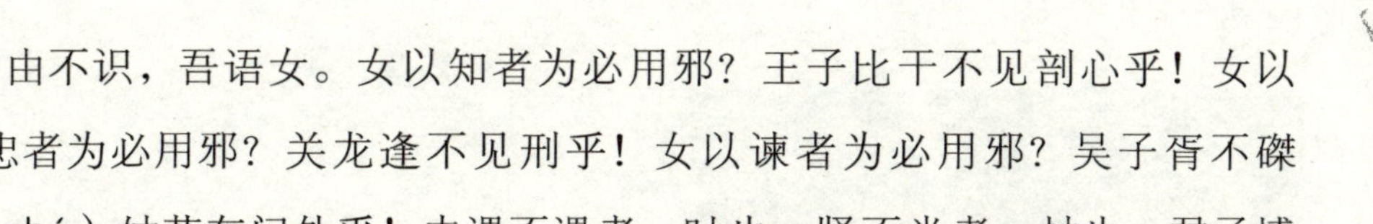

“由不识，吾语女。女以知者为必用邪？王子比干不见剖心乎！女以忠者为必用邪？关龙逢不见刑乎！女以谏者为必用邪？吴子胥不磔（zhé）姑苏东门外乎！夫遇不遇者，时也；贤不肖者，材也；君子博学深谋不遇时者多矣。由是观之，不遇世者众矣，何独丘也哉！且夫芷兰生于深林，非以无人而不芳。君子之学，非为通也；为穷而不困，忧而意不衰也，知祸福终始而心不惑也。夫贤不肖者，材也；为不为者，人也；遇不遇者，时也；死生者，命也。今有其人不遇其时，虽贤，其能行乎？苟遇其时，何难之有？故君子博学、深谋、修身、端行以俟其时。”孔子曰：“由！居！吾语女。昔晋公子重耳霸心生于曹，越王句践霸心生于会稽，齐桓公小白霸心生于莒。故居不隐者思不远，身不佚者志不广；女庸安知吾不得之桑落之下[⑨]！”

子贡观于鲁庙之北堂，出而问于孔子曰：“乡者，赐观于太庙之北堂，吾亦未辍，还复瞻被九盖皆继，被有说邪？匠过绝邪？”孔子曰：“太庙之堂亦尝有说，官致良工，因丽节文，非无良材也，盖曰贵文也。”

【注释】

①攲（qī）器：一种极易倾斜的器皿。

②谦：通“廉”，节俭。

③摄相：代理的宰相。

④嫚令谨诛，贼也：政令废弛，却惩罚严紧，这是在伤害人民。

⑤陵迟：坡度平缓。

⑥埤：通“卑”。

⑦洸洸（guāng guāng）：通“潢潢”，形容水势浩大的样子。

⑧淖（chuò）约：形容柔弱的样子。

⑨桑落：丧亡。

【译文】

孔子在鲁桓公的庙里参观，看到那里有一只倾斜的器皿。孔子问守庙人："这是什么器皿？"守庙人说："这大概是君主放在座位右边来警戒自己的器皿。"孔子说"我听说这种器皿，空着时就倾斜，倒入一半水时就会端正，注满水后就会翻倒。"孔子回头对弟子说："注水吧！"弟子舀了水往里面倒，注入一半时就端正了，注满后就翻倒了，空了就又恢复倾斜了。孔子喟然长叹说："唉！哪有满了不翻倒的呢？"

子路说："请问保持盈满有什么方法吗？"孔子说："聪明睿智，就要用笨拙来保持它；功劳遍布天下，就要用谦让来保持它；勇敢盖世，就要用怯懦来保持它；富有天下，用谦虚来保持它。这就是所谓的保持盈满的方法啊。"

孔子做了鲁国的代理宰相，当政才七天就杀了少正卯。学生进来问他说："少正卯是鲁国的名人啊。老师执掌了政权就先把他杀了，这不是弄错了吧！"

孔子说："坐下！我告诉你其中的缘故。人有五种罪恶，而盗窃并不包含在里面：一是内省通明但用心险恶，二是行为邪僻却又顽固不化，三是说话虚伪却还善辩，四是善于记诵怪异之事而十分广博，五是赞同错误而又进行润色。这五种罪恶，一人只要有一种，就不会幸免于君子的诛杀，少正卯却同时具有这五种罪恶。因此，在他居住的地方，足以聚众成群，言谈足以掩饰邪说、迷惑众人，他刚愎自用，足以反是为非，并且自立一说而不肯听别人的意见。这是小人中的豪杰，是不可不杀的。正因为如此，商汤杀了尹谐，文王杀了潘止，周公旦杀了管叔，姜太公杀了华仕，管仲杀了付里乙，子产杀了邓析、史付。这七个人，虽然时代不同，但内心同样邪恶，是不能不杀的。《诗经》上说：'我忧心忡忡，被一群小人所恼恨。'小人多了，那就值得忧虑了。"

孔子做鲁国的司寇，有父子俩打官司，孔子拘留了儿子，三个月了还没有判决。他的父亲要求停止诉讼，孔子放了儿子。季孙听到这件事很不高兴，说："这位老先生欺骗了我。他曾对我说：'治理国家一定要用孝道。'如今只要杀一个人就可以使不孝之子感到羞辱，却又放了他。"冉子把这话告诉了孔子。

孔子感叹地说："唉！君主丢失了正确的政治原则，臣下把他杀掉，可以吗？不教育他的人民却判决他们的官司，这是在屠杀无罪的人啊。全军打了败仗，不能将其都斩首；法律不恰当，就不能施加刑罚，因为罪过并不在民众身上啊。法令松弛而刑罚严酷，这是残害；

生产有一定的季节，赋敛却没有一定的限度，这是残暴；不教育却要求成功，这是虐待。制止这三种行为，然后刑罚就可以施行了。《尚书》中说：'即使按照合宜的原则用刑，按照合宜的原则杀人，不要立即执行，我们只能说没有把事情处理好。'这是说要应当先进行教育啊。

因此古代的圣王向民众宣布了治国的原则，自己就先遵守它。倘若做不到这一点，就要任用贤人来教导人民；倘若还不能做到这一点，就要罢免无能的人来震慑他们；最多三年，百姓就顺从教化了。如果奸邪的人还不依从，就用刑罚对待他们，那么人民就知道罪过了。《诗经》中说：'尹太师

是周朝的砥柱。掌握着国家的大权，天下靠他来维持。天子由他来辅佐，使民众不迷失方向。’因此刑罚的威力虽然厉害却不用，刑罚可以搁置一边而不实施，说的就是这种道理啊。

现在的社会却不是这样：教化混乱，刑罚繁多，民众迷惑糊涂而堕落，就紧接着制裁他们，因此刑罚更加繁多邪恶却仍然不能克服。三尺高的陡坡，空车也不能推上去；百丈高的山崖，载重的车也能拉上去，这是什么原因呢？是因为坡度斜缓的缘故。数丈高的墙，人不能翻过去；百丈高的山，小孩也能登上去游玩，这也是坡度平缓的缘故啊。现在的社会坡缓的现象太久了，人民能不爬上去吗？《诗经》中说：‘大道平如磨刀石，笔直得像飞箭。它是君子走的路，百姓只能抬头看。留恋着回头看啊，眼泪禁不住往下流。’这难道不可悲吗？”

《诗经》中说：“看着那太阳和月亮，我深深地思念你。道路那么遥远，何时才能回来？”孔子说：“如果志同道合，即使道路遥远，人们能不向你归来吗？”

孔子观看向东流去的河水。子贡问孔子说：“君子看见浩大的流水就一定要观赏它，这是什么原因呢？”孔子说：“那流水，普遍地养育万物而无所作为，就好像德操；它总是流向低下的地方，弯弯曲曲，遵循一定规律，就好像正义；它浩浩荡荡，奔流不息，没有穷尽，就好像道；如果决口使它畅行，它奔流而泄就好似回应响声一样，即使百丈深谷也不怕，就好像勇敢；它注入量器时一定很平，就好像法度；注满量器，不需刮板刮平，就好像公正；它柔弱得能到达所有细微的地方，就好像明察；各种东西在水里淘洗，就变得新鲜洁净，就好像善于教化；它百转千回必然向东，就好像意志。因此君子看见浩大的

流水就一定要观赏它。”

孔子说：“我有认为耻辱的事，我有认为卑鄙的事，我有认为危险的事。年幼时不能努力学习，老了没有什么可以传授予人，在我看来这是耻辱的。离开故乡，侍奉君主，做了官变得显贵，偶然遇到过去的朋友，竟然没有怀旧的话，在我看来这是卑鄙的。和小人相处，在我看来这是危险的。”

孔子说：“即使成绩微小得像蚂蚁洞口的小土堆，但只要不断进取，我就赞许他；成绩即使像山一样大，但如果有一点进步就停滞不前，我就不赞许了。现在有些人学到的知识很少，就自满自足地想着做别人的老师了。”

孔子往南到楚国去，被困在陈国和蔡国之间，七天没有吃过热饭，野菜汤中连米粒都没有，学生们脸上都带有饥色。子路上前问孔子说：“我听说：行善的人，上天会用幸福报答他；作恶的人，上天会用祸患报答他。现在先生积累德行、奉行道义、具有各种美德，这样做已经很久了，为什么处境如此穷困呢？”

孔子说：“仲由你不懂，让我来告诉你吧。你认为有才智的人就

一定会被任用吗？王子比干不是被剖腹挖心了吗？你认为忠诚的人就一定会被任用吗？关龙逢不是被桀杀了吗？你认为劝谏的人就一定会被任用的吗？伍子胥不是被碎尸姑苏城外了吗？能不能得到君主的赏识，靠的是时机；具不具备德才，这是各人的资质了；君子之中博学多识而能深谋远虑，却碰不到时机的多着呢！由此看来，不被社会赏识的人是很多的了！哪里只有我孔丘一人呢！况且，白芷、兰草长在深山老林之中，并不因为没有人欣赏就不

芳香；君子的学习，并不是为了显贵，而是身处贫穷时而不感到困窘，遭受忧患的时候而意志不衰退；明白了祸福死生的道理而思想不动摇。具不具备德才，在于资质，做还是不做，在于人的决定；得到还是得不到赏识，在于时机；是死还是生，在于命运。现在有的人没有遇到机遇，即使贤能，他能有所作为吗？倘若赶上了好时机，那还有什么困难呢？因此君子要广博地学习，谋虑深远，修养心身，端正品行来等待时机。”

孔子说：“仲由，坐下！我告诉你。从前晋国公子重耳称霸之心产生在曹国，越王勾践称霸之心产生在会稽山，齐桓公小白称霸之心产生在莒国。所以处境不穷困的人考虑得不远，没有逃亡过的人志向

不广大。你怎么知道我就不能得意呢？”

子贡参观了鲁国宗庙的北堂，出来后问孔子说：“我参观了太庙的北堂，没有停住脚步，可转回来又看那九扇门都是拼接起来的，那有什么讲究吗？是木匠过失而把木材弄断了吗？”孔子说：“太庙的北堂当然是有讲究的，官吏们招来技艺精良的工匠，依据木材来施加文采，这并非没有好的大木头，恐怕是由于看重文采的缘故吧。”

参考文献

[1]廖名春.国学研究文库:荀子新探[M].北京:中国人民大学出版社,2014.

[2]荀况,司马哲.荀子全书:国学新读大讲堂最新修订版:权威注译本[M].北京:中国长安出版社,2014.

[3]李世化.中华国学精读书系·荀子大讲堂:荀子的人定胜天[M].北京:中央编译出版社,2015.

[4]陈修武.荀子:人性的批判[M].北京:中国友谊出版公司,2013.

[5]刘佳辉.魅力荀子:人定胜天100句[M].北京:北京工业大学出版社,2014.

[6]《国学典藏书系》丛书编委会.青花典藏:荀子 墨子 韩非子(珍藏版)[M].长春:吉林出版集团有限责任公司,2010.

[7]杨柳桥.荀子诂译[M].济南:齐鲁书社,2009.

[8]李佐丰.大学生传世经典随身读:荀子(精选本)[M].北京:高等教育出版社,2009.